汉语儿童不确定性表达习得研究

杨 贝 著

科学出版社

北 京

内 容 简 介

本书笔者调查了说汉语儿童从出生到 6 岁对不确定性表达的习得过程及其影响因素,并提出了以下问题:婴幼儿如何使用身体语言表达不确定性?儿童如何使用词语表达不确定性?看护者对不确定性表达的使用呈现出怎样的特征?影响不确定性表达习得的因素可能有哪些,而这些因素又是怎样互动的?研究结果表明,婴幼儿可以使用多种身体语言方式表达不确定性判断。儿童从 2;2 岁以后开始使用词语表达不确定性,认识情态副词比认识情态动词和认识心理动词早习得。儿童逐步习得了不确定性表达的语义和句法结构,有些用法直至 6;0 岁也未能习得。儿童心理理论、汉语不确定性表达的特征、看护者的语言输入等都会对儿童不确定性表达的习得过程产生影响。

本书可供对母语习得、二语习得和对外汉语教学等领域感兴趣的教学科研人员和研究生参阅。

图书在版编目(CIP)数据

汉语儿童不确定性表达习得研究 / 杨贝著. —北京:科学出版社,2018.8
ISBN 978-7-03-058427-4

Ⅰ. ①汉⋯ Ⅱ. ①杨⋯ Ⅲ. ①儿童-汉语-语言表达-研究 Ⅳ. ①H193.2

中国版本图书馆 CIP 数据核字(2018)第 174810 号

责任编辑:常春娥 / 责任校对:贾娜娜
责任印制:张欣秀 / 封面设计:铭轩堂

科 学 出 版 社 出版
北京东黄城根北街 16 号
邮政编码:100717
http://www.sciencep.com

北京九州迅驰传媒文化有限公司 印刷
科学出版社发行 各地新华书店经销
*

2018 年 8 月第 一 版 开本:B5(720×1000)
2018 年 8 月第一次印刷 印张:13 1/2
字数:280 000

定价:88.00 元
(如有印装质量问题,我社负责调换)

教育部人文社会科学研究青年基金项目
"汉语儿童不确定性表达习得研究"（15YJC740113）成果
广东省高等学校优秀青年教师培养计划
"英汉语儿童情态发展对比研究"（GWTP-SY-2014-08）成果

目　　录

第 1 章　总论 1
　1.1　研究背景 1
　1.2　研究问题 2
　1.3　研究内容 3
　1.4　本书框架 3
第 2 章　儿童不确定性表达习得研究回顾 5
　2.1　不确定性表达习得：基于自发语料的研究 5
　　　2.1.1　语义习得研究 5
　　　2.1.2　句法习得研究 14
　2.2　不确定性表达习得：实验研究 18
　2.3　影响不确定性表达习得的因素 20
　　　2.3.1　儿童心理理论 20
　　　2.3.2　看护者语言输入 21
　　　2.3.3　多因素互动模型 23
第 3 章　研究方法 24
　3.1　婴儿身体语言记录 24
　3.2　汉语儿童口语语料库 24
　3.3　现代汉语语料库 zhTenTen 27
第 4 章　婴幼儿使用身体语言表达不确定性 33
　4.1　婴幼儿的身体语言交流 33
　4.2　杨杨使用身体语言表达不确定性 35
　4.3　小结 37
第 5 章　汉语认识情态动词的习得 39
　5.1　汉语认识情态动词 39
　　　5.1.1　认识情态动词"能" 39
　　　5.1.2　认识情态动词"要" 46
　　　5.1.3　认识情态动词"会" 53

		5.1.4 认识情态动词"应该"	59
		5.1.5 认识情态动词"可能"	65
		5.1.6 认识情态动词"一定"	71
	5.2	汉语儿童认识情态动词的习得特征	77
		5.2.1 词形习得特征	77
		5.2.2 语义习得特征	83
		5.2.3 句法习得特征	86
	5.3	汉语看护者认识情态动词的使用特征	94
		5.3.1 词形使用特征	94
		5.3.2 语义使用特征	97
		5.3.3 句法使用特征	101
	5.4	小结	111
第6章	汉语认识情态副词的习得		113
	6.1	汉语认识情态副词	113
	6.2	汉语儿童认识情态副词"就"的习得特征	120
		6.2.1 词形习得特征	120
		6.2.2 语义习得特征	121
		6.2.3 句法习得特征	122
	6.3	汉语看护者认识情态副词"就"的使用特征	129
		6.3.1 词形使用特征	129
		6.3.2 语义使用特征	129
		6.3.3 句法使用特征	130
	6.4	小结	137
第7章	汉语认识心理动词的习得		139
	7.1	汉语认识心理动词	139
		7.1.1 认识心理动词"想"	140
		7.1.2 认识心理动词"猜"	147
		7.1.3 认识心理动词"知道"	153
	7.2	汉语认识心理动词"想"和"猜"的习得和使用特征	159
		7.2.1 儿童习得特征	159
		7.2.2 看护者使用特征	161
	7.3	汉语认识心理动词"知道"的习得和使用特征	166

		7.3.1 儿童习得特征 ··· 166
		7.3.2 看护者使用特征 ······································· 174
	7.4	小结 ·· 180
第8章	结论 ··· 182
	8.1	研究发现 ··· 182
	8.2	汉语不确定性表达习得影响因素 ····························· 182
		8.2.1 儿童心理理论 ··· 182
		8.2.2 语言特征 ··· 183
		8.2.3 看护者使用特征 ······································· 184
		8.2.4 多因素动态交互 ······································· 186
	8.3	后续研究 ··· 187
参考文献 ··· 188
附录 汉语儿童语料中含不确定性表达的语句 ····································· 195

缩略词和符号

A	录音
D	日记
V	录像
@Bg	Gem 开始行
@Eg	Gem 结束行
@Comment	对话语的评论
*CHI	儿童的话语
*MOT	妈妈的话语
*FAT	爸爸的话语
*GRM	祖母的话语
*GRF	祖父的话语
%act	说话时伴随的动作
××	含混不清的词语
#	词之间的间隔
EndTurn	语轮结束
( )	模糊发音可能表达的词语/句子
<>	重复的词语/句子
[x N]	重复的次数
+…	未完成的话语

第1章

总　　论

1.1　研究背景

情态是对句子表达的命题的真值或事件的现实性地位的主观态度，按其语义类型可分为动力（dynamic）情态、道义（deontic）情态和认识（epistemic）情态三类（Palmer，1986）。动力情态与能力或意愿相关，道义情态与义务或允许有关，认识情态则传递说话人对命题为真的可能性或必然性的看法或态度。现代汉语表达认识情态的语言形式多种多样，如情态动词（"能""要""会""应该""得（děi）""该""可能""一定""准"等）、情态副词（"盖""敢""敢是""大概""或""或许""就""恐""恐怕"等）、心理动词（"想""猜""知道""觉得""以为"等）（Li，2003；崔诚恩，2002；彭利贞，2007；文雅丽，2007）。以上语言形式都表达了说话人对命题为真的不确定性判断，故将其统称为不确定性表达。

国外文献大多调查英语不确定性表达的习得，也有少数研究调查韩语、法语、德语、希腊语、波兰语、日语等其他语言的习得，成果颇丰。但整体而言，国外研究侧重于对情态动词习得的探讨，对心理动词和情态副词的习得较少关注；此外，对习得机制的探讨往往只侧重于某种因素的影响，较少系统深入地讨论不同因素以怎样的方式互动，并共同影响习得过程。有些学者基于儿童产出的自发语料，从不确定性表达的始现年龄、习得顺序、语义和语用发展、句法发展等方面探讨习得过程，发现不确定性表达从儿童2岁以后开始习得；情态副词比情态动词早习得；蕴含可能性层级越高的不确定性表达越早习得；指向将来的不确定性表达比指向过去的不确定性表达早习得；不确定性表达句的主语大多是第三人称（Bassano，1996；Bowerman，1986；O'Neill & Atance，2000；Shatz & Wilcox，1991；Stephany，1986，1993；Torr，1998；Wells，1979，1985）。有些学者试图探究影响不确定性表达习得的因素，发现不确定性表达蕴含的可能性层级及其所处句法位置的凸显度、看护者输入（caregiver input）特征、儿童心理理论发展水平等都会对习得过程产生影响（Alfandre, 2010; Aksu-Koç, 1998; Bassano, 1996; Choi, 1991, 1995, 2006; Farrar & Maag, 2002; Mulder, 2011; Watson, Painter & Bornstein, 2001; Papafragou, 2002; Shatz & Wilcox, 1991）。

汉语学界的研究主要侧重于探讨不确定性表达的始现年龄和语义习得，得到了跟国外研究相似的结论。孔令达等（2004）发现儿童习得了心理动词、情态动词和情态副词的某些用法。例如，"以为"表达"与事实不符的论断"；"会"表达"将来的可能性"；"肯定"表达"断言"；等等。张云秋（2014）跟踪调查了一个说汉语儿童从 1;0 岁到 4;0 岁主观化表达的习得过程，发现该儿童从 2;6 岁（2 岁 6 个月，格式下同）左右开始习得不确定性表达，如"没准儿""会""要""想""可能""应该"和"得（děi）"。杨贝（2014b）跟踪调查了一个说汉语儿童从 1;4 岁到 3;3 岁认识情态动词的早期习得，发现认识情态动词不仅习得较晚，使用频率也比较低；认识情态动词习得的早晚与其蕴含的可能性层级有关，认识必然（epistemic necessity）表达比认识或然（epistemic uncertainty）表达早习得；认识情态句型呈现逐渐多样化的趋势，句法结构则呈现逐渐复杂化的趋势。认识情态动词的习得受到儿童心理理论发展水平、汉语语言特征和输入等多种因素的制约。

以往的研究对于了解汉语不确定性表达的习得有一定的帮助，但也有很多问题没有解决：①限于对词语表达不确定性的探讨，尚未调查婴幼儿如何使用身体语言表达不确定性；②局限于对认识情态动词习得的探讨，较少调查认识心理动词和认识情态副词的习得；③对语义习得的探讨较多，而对于语用、语句类型、主语指向、看护者语言输入特征等其他方面关注不够；④研究大多停留在对儿童语言事实的描写层面，却较少系统深入地探讨影响习得的因素。本书将从上述几个方面推进汉语儿童不确定性表达习得研究。

1.2 研究问题

本书的总目标是探究汉语儿童对不确定性表达的习得过程及其影响因素。为了实现研究目标，笔者将目标分解为以下研究问题：①婴幼儿如何使用身体语言表达不确定性？②儿童如何使用词语表达不确定性？③看护者对不确定性表达的使用呈现出怎样的特征？④影响不确定性表达习得的因素可能有哪些，而这些因素又是怎样互动的？

1.3 研究内容

1. 婴幼儿使用身体语言表达不确定性

本部分将基于对一个男孩杨杨从出生到 1;6 岁的日常观察记录，调查他使用身体语言表达不确定性判断的情况。例如，杨杨从什么时候开始能够使用身体语言表达不确定性？他怎样使用身体语言表达不确定性？这种表达方式大致可以分为几种类型？

2. 儿童使用词语表达不确定性

本部分将基于周兢等创建的汉语儿童口语语料库（来自 CHILDES 语料库，MacWhinney，2018），调查 1;0—6;0 岁不同年龄阶段的说汉语儿童对于不确定性表达的习得过程，具体涉及以下几个方面：①不确定性表达的始现年龄及习得顺序，即儿童最早从何时开始自发产出不确定性表达，以及哪些不确定性表达先习得，哪些后习得？②不确定性表达语义、语用的发展特征，即随着年龄的增长，儿童话语中不确定性表达的语义和语用呈现出怎样的发展变化过程？③不确定性表达的语句类型和主语指向特征，即儿童话语中含有不确定性表达的语句类型属于肯定句、否定句还是疑问句？语句的主语是指向第一人称、第二人称、第三人称还是其他（如玩具、动物）？

3. 解释儿童不确定性表达的习得过程

本部分将使用杨贝（2014a，2014b）提出的多因素动态交互模型，解释儿童不确定性表达的习得过程，主要包括以下几点：①儿童认知因素，即儿童心理理论发展状况对不确定性表达习得造成的影响；②语言因素，即不确定性表达蕴含的可能性层级、语言复杂度以及语言凸显度等对习得造成的影响；③看护者语言输入因素，即看护者话语中不确定性表达的使用频率、语义特征和句法特征等对儿童不确定性表达习得造成的影响；④各因素的动态交互，即随着儿童年龄的增长，不同因素以怎样的方式互动，共同影响其不确定性表达的发展过程。

1.4 本书框架

本书具体框架如下：第 1 章是总论，介绍研究背景、研究现状、研究目标、研究问题和研究内容等；第 2 章回顾儿童不确定性表达习得的相关研究；第 3 章介绍本书使用的语料来源、语料分析工具和分析附码方案；第 4 章调查婴幼儿使用身体语言表达不确定性的情况；第 5 章调查儿童及其看护者对汉语认识情态动词的习得和使用情况；第 6 章调查儿童及其看护者对汉语认识情态副词的习得和使用情况；第 7 章调查儿童及其看护者对汉语认识心理动词的习得和使用情况；第 8 章概括本书的研究发现，使用多因素动态互动模型解释儿童不确定性表达的习得现象，并进一步展望未来的研究方向。

第 2 章

儿童不确定性表达习得研究回顾

下面将先回顾儿童在自然状态下对于不确定性表达的习得，然后再展示儿童在实验状态下的表现。

2.1 不确定性表达习得：基于自发语料的研究

基于自发语料的研究往往聚焦于儿童的语义习得或者句法习得，笔者将分别介绍这两个方面的文献。

2.1.1 语义习得研究

现有研究绝大多数调查英语认识情态表达的习得，也有少数研究调查汉语、韩语、法语、德语、希腊语、波兰语等语言的认识情态表达的习得，研究结果表明，无论儿童习得哪种语言，认识情态都比动力情态和道义情态习得得晚（Bassano, 1996; Bowerman, 1986; Choi, 1991; O'Neill & Atance, 2000; Shatz & Wilcox, 1991; Smoczyńska, 1993; Stephany, 1986, 1993; Wells, 1979, 1985; 杨贝, 2014a, 2014b）。

儿童于 1;10 岁左右开始习得英语动力情态和道义情态，而到 2;0 岁左右才开始习得认识情态[①]。Shatz 和 Wilcox（1991）发现说英语儿童于 1;10—2;6 岁开始习得动力情态意义。2;0 岁的儿童既可以使用肯定的情态动词形式（can、will）和半情态动词形式（going to/gonna、want to/wanna）表达有能力、意图或者愿望做某

[①] 关于英语认识情态表达的始现年龄，不同的研究得到了不同的结论，这可能跟不同的研究方法以及不同的目标语言现象有关。首先，相比于每隔一段时间进行录音或录像的方法，日记记录使研究者能更早捕捉到目标语言现象的始现年龄（Wells, 1979, 1985; Bowerman, 1986）；其次，英语认识情态副词和认识心理动词比认识情态动词早习得（Bowerman, 1986; O'Neill & Atance, 2000）。

事，也可以使用否定的情态动词形式（can't）表达没有能力做某事。

Wells（1979，1985）分别选取了两组各 60 名说英语儿童，每三个月抽样一次，跟踪调查了这些儿童 1;3—3;6 岁以及 3;3—5;0 岁情态动词的习得。结果发现，这些儿童从 2;3 岁开始使用情态动词 can 和 can't 表达动力情态意义"能力"；从 2;6 岁开始使用情态动词 will 表达动力情态意义"意图"；从 3;3 岁开始使用情态动词 may 和 might 表达认识情态意义"可能性"；而认识情态的用法到 5;0 岁左右才能够完全掌握。

Stephany（1986，1993）综述了说不同语言的儿童的情态动词习得情况（主要是现代希腊语、德语和英语），提出认识情态比动力情态和道义情态习得得晚。例如，说英语儿童从 2;0 岁开始就可以使用情态动词 can、will 和半情态动词 going to/gonna，want to/wanna 表达意图和愿望，然而，他们到 2;5 岁以后才开始使用情态动词 may、must 表达认识情态意义。不仅如此，儿童在 3;5 岁之前认识情态表达都很少见。

与英语形态句法相似的其他语言也显示出了相似的习得规律。Smoczyńska（1993）使用日记记录的方法，收集了四个说波兰语儿童 1;6—3;0 岁的语料，调查了情态动词的习得。她发现，儿童可以使用不同的情态动词[*móc*（may）、*musiec*（must）、*wolno*（it is allowed）、*trzeba*（there is need）、*powinien*（should）、*da siq*（root possibility）]表达动力情态意义和道义情态意义，但却不能表达认识情态意义。

认识情态不仅习得得晚，其使用频率也是比较低的（Wells，1979；Bassano，1996；Torr，1998）。Wells（1979）发现，在儿童语料中，表达能力的 can 和表达意图的 will 的使用频率很高，而表达可能性的 might 的使用频率却比较低。Bassano（1996）跟踪调查了一个说法语儿童 1;9—4;0 岁认识情态的习得情况，发现动力情态的使用频率最高（44%），道义情态次之（39%），而认识情态最低（17%）。Torr（1998）调查了一个说英语儿童 2;6—4;2 岁情态动词的习得，发现从研究开始直至结束，动力情态和道义情态的使用频率都比认识情态高。

以上研究都表明，认识情态比动力情态和道义情态习得得晚：动力情态和道义情态一般在儿童 2;0 岁就开始出现，而认识情态要到 2;6 岁左右才开始出现。然而，有一些研究却表明认识情态的某些形式和功能可能会早于 2;6 岁开始习得。

Bowerman（1986）使用日记记录的方法跟踪调查了三个说英语儿童 Christy、Eva 和 Damon 对条件表达的习得，发现 2;0 岁的儿童就能够想象与现实不同的情景，并且能够表达不确定性。儿童使用升调提问，并用这种方式表达对过去、现在和将来情况的不确定性判断。例如，当 Christy 看到爸爸带了一沓照片回家时就说："Daddy buy pictures?"（1;11 岁）。儿童在 2;0 岁以后，就可以使用不同的语言形式（如情态副词 maybe 和 probably，心理动词短语 I think 和 I guess，情态动词 might 和 could）来表达不确定性[例（1）—例（3）]。Bates（1976）也认为，2;0 岁儿童能够想象与现实不同的情景。例如，儿童能够假装睡觉，他们还会用"no no"表明自己的行为是不真实的。Stephany（1986）还提出认识心理动词 think 和认识情态副词 maybe 可能比认识情态动词早习得。

（1）（Christy 站在门外，她的朋友不见了。）（1;11 岁）
　　Christy: Missy inside *maybe*?
（2）（Christy 想要弄好一样东西。）（2;2 岁）
　　Christy: *I think* daddy could do it.
（3）（妈妈让 Damon 坐到自己的座位上。）（2;3 岁）
　　Mommy: Would you like to climb on your plate — your seat?
　　Damon: I too big to climb on my plate. I *might* fall and cry.

Harris、Yang 和 Cui（2017）做了一项对比研究，调查说英语儿童 Adam 和 Sarah 对 know 的习得，以及说汉语儿童芊芊对"知道"的习得。Adam 和 Sarah 的语料来源于 CHILDES，由 Brown（1973）收集完成。Brown 等采用录像的方式收集了 Adam 和 Sarah 2;3—4;0 岁在自然状态下的语料，每个月录像时间不少于两小时。杨贝（2014b）使用日记记录、录音和录像的方式收集了芊芊 1;4—3;3 岁的语料，录音每周两次，每次半小时左右；录像每两周一次，每次半小时左右。研究者发现 Sarah 从 2;3 岁开始产出 know[例（4）]，Adam 从 2;4 岁开始产出 know[例（5）]，芊芊从 1;10 岁开始产出"知道"[例（6）]。

（4）（Sarah 2;3 岁）
　　*MOT: Who's this?
　　*CHI: Uh # baby.
　　*MOT: Baby yeah. What's this?
　　*CHI: I don't *know*.
（5）（Adam 2;4 岁）
　　*FAT: What do you want me to write?
　　*CHI: I *know*.
　　*CHI: I *know*.
　　*CHI: Just checking.
（6）（芊芊 1;10 岁）
　　*MOT: 你这样别人就不跟你玩儿啦，知道了吧？
　　*CHI: 知道。

O'Neill 和 Atance（2000）收集了 CHILDES 中 10 个说英语儿童 2;0—4;1 岁的语料，调查了认识情态表达（maybe、possibly、probably 和 might）的习得，发现 2;0 岁的儿童就能够使用某些词语表达不确定性。因为没有儿童使用 possibly，O'Neill 和 Atance 就调查了其余 3 种表达方式的习得情况。他们发现，儿童 2;0—2;5 岁开始习得英语认识情态副词 maybe 和 probably，2;6 岁开始习得英语认识情态动词 might。

表达认识情态意义的某些语法化形式可能会较早习得。Choi（1991）收集了 3 个说韩语儿童的语料，并跟踪调查了 4 个情态词缀的习得情况。这些词缀是位于句尾的动词曲折变化形式，往往在非正规的人际交往中表明说话者的知识状况。具体来讲，词缀-ta 用于表明对于说话者来说新的/尚未吸收的知识；词缀-e 用于表明对于说话者来说旧的/已经吸收的知识；词缀-ci（或更强的形式-cyana）用于表明说话者和听话者都知道的确定无误的知识；词缀-tay 用于介绍间接的证据（比如传闻或报道）。Choi 发现，儿童在 1;9—2;6 岁习得这些词缀：在 2;0 岁之前习得词缀-ta 和-e，在 2;1—2;6 岁习得词缀-ci 和-tay。说韩语儿童到 2;6 岁已经习得了以上 4 个认识情态词缀，而说英语儿童此时才刚刚开始习得认识情态。Choi 认为，以下因素可能促使说韩语儿童较早习得表示认识情态意义的句尾词缀：词缀位于句尾，因此具有认知显著性；词缀具有义务规约性，这使得看护者的语言输入量较大；词缀不能表达动力情态或者道义情态意义，也不能融入时态或者体态含义，这使其具有语义一致性。Clancy（1985）调查了说日语儿童句尾小品词的习得，Aksu-Koç（1998）调查了说土耳其语儿童动词词缀的习得，这两项研究也表明儿童较早开始习得证据标记形式（evidential marker）。

Bassano（1996）跟踪调查了一个说法语儿童 1;9—4;0 岁情态表达[1]的习得，发现动力情态意义和道义情态意义在 2;0 岁前就开始习得，而认识情态意义到 2;2 岁以后才开始习得［例（7）—例（9）］。法语确定性的认识情态比不确定性的认识情态早习得（Bassano，1996）。根据认识情态表达所实现的功能，Bassano 将其分为三类：体现说话者对命题肯定性判断的确定性情态表达（assertive modalization）；体现说话者对命题保留或不太肯定的判断的不确定性情态表达（disassertive modalization）；体现说话者对现在的事物在将来能否成真的预测性情态表达（prediction）。此外，不确定性情态表达还包括以下四类：不知（ignorance），可能性、信念或盖然性（possibility、belief、probability），假设（hypothesis）和间接疑问（indirect interrogation）。研究表明，儿童从 2;2 岁开始习得预测性情态表达［例（7）］；随后，从 2;3 岁左右开始习得确定性情态表达

---

[1] 法语表达认识情态意义的语言形式多种多样，包括语气、时态、助动词、动词、副词、形容词及语气词等（Bassano，1996）。

[例（8）]和表示"不知"的不确定性情态表达[例（9）]；最后，从 2;7 岁开始习得其他不确定性情态表达[例（10）—例（14）]。以上习得顺序表明，确定性的情态表达比不确定性的情态表达早习得。

（7）（2;2 岁）
　　*CHI: Tout à l'heure manger gateaux.
　　　　等会儿 再 吃 蛋糕.

（8）（2;4 岁）
　　*CHI: Est pas cassé, pas vrai.
　　　　没有 打碎, 不 对.

（9）（2;3 岁）
　　*CHI: Sais pas.
　　　　不知道.

（10）（2;7 岁）
　　*CHI: Peut-être va partir au train.
　　　　也许 要 去 上 火车.

（11）（2;7 岁）
　　*CHI: On dirait des Petits Malins.
　　　　人们 会 说 小狐狸.

（12）（2;11 岁）
　　*CHI: Moi, je crois bien y a encore des oeufs.
　　　　我 嘛, 我 真的 认为 有 更多 鸡蛋.

（13）（2;11 岁）
　　*CHI: Il regarde si y'a pas du papier.
　　　　他 在 看 是不是 没有 纸 了.

（14）（3;8 岁）
　　*CHI: Ça c'est vert, ça doit aller là.
　　　　那个, 它 是 绿色 的, 它 必须 去 那里.

　　Erbaugh（1982）使用录音的方法收集了 4 个说汉语儿童 1;10—3;10 岁共 64 个小时的语料，调查了儿童习得句法过程中的语用情景，其中简要提及了情态动词的习得。Erbaugh 发现，儿童 1;10—2;4 岁开始习得情态动词"会"和"要"，这两个词主要用于回答大人的问题，除此以外就很少见了。以一个儿童胖胖为例，她 1;10—2;4 习得的唯一一个情态动词是"会"。当大人向胖胖提问时，她使用单个的情态动词"会"来回答，这是她产出的第一个情态句。然后，胖胖产出"不会"，也是用于回答大人的问题。最后，胖胖学会在"会"和"不会"后面使动词短语，如"这个会跌倒""我会做一个游泳池"等。儿童 2;6—3;2 岁习得情态动词"能""可以""敢"和"应该"，"要"是儿童最常用的情态动词。Erbaugh 并没有对情态句做意义区分，所以儿童产出的情态句是否表达认识情态意义就无从得知了。

孔令达等（2004）以分年龄段调查为主，以跟踪调查为辅，采用观察法和话题法相结合的取样方法，收集了说汉语儿童 5;0 岁前的语料，调查了说汉语儿童实词习得情况，其中简单提及了能愿动词的习得。分年龄段调查的对象是安徽师范大学附属幼儿园和托儿所 5;0 岁以前的儿童，其中对于 2;0 岁之前的儿童每两个月抽样一次，2;0 岁之后的每半年抽样一次，每次随机抽取 15 名被试，每一被试取样三次，每次约 1.5 小时。跟踪调查的对象有两名儿童，其中一名男童由 0;8 岁跟踪至 2;4 岁，另一名女童由 1;8 岁跟踪至 2;8 岁。孔令达等发现儿童可以使用能愿动词"能""要"和"会"表达认识情态意义（ibid: 112-113）[例（15）—例（17）]，但是没有提及儿童的习得时间、使用频率、看护者输入等其他特征。

（15）（被试甲与乙拔长在墙缝里的草，甲说）（3;0 岁）
我 来 看看，能 不 能 拔 下来？

（16）（被试甲见乙摘公园里的花，甲说）（3;0 岁）
（摘花）要 罚款．

（17）（被试把球扔了出去，说）（3;6 岁）
球 会 弹 回来．

杨贝（2014a，2014b）跟踪调查了一个说汉语儿童芊芊 1;4—3;3 岁情态动词的习得情况。芊芊，独生女，生于广州。芊芊的看护者包括父母和祖父母，父母都是大学英语教师，他们在家中用普通话与小孩交流。杨贝采用自然观察法，通过日记、录像和录音这三种方式收集芊芊在自然状态下跟看护者以及小伙伴之间的自发语料：芊芊妈妈每天都写日记，主要跟踪看护者和芊芊产出的情态表达；每两周录像一次，每次持续半个小时；每周录音两次，每次持续半个小时。表 2-1 显示，汉语认识情态意义比动力情态意义和道义情态意义晚习得[例（18）—例（28）]。情态动词"该""要""会"和"能"的动力情态意义或道义情态意义都在 2;0 岁之前出现，然而，"该""要"和"会"的认识情态意义到 2;1 岁左右才出现，"能"的认识情态意义到 2;7 岁才出现。情态动词"得"（děi）的道义情态意义和动力情态意义在 2;2 岁出现，而认识情态意义直到 3;4 岁还没有出现。认识情态动词不仅习得得晚，其使用频率也最低。在芊芊的语料中，动力情态动词占 71%，道义情态动词占 25%，而认识情态动词只占 4%。

表 2-1　情态动词"该""要""会""能"和"得"三种语义类型的始现年龄

语义类型	该	要	会	能	得
动力情态	×	1;11.22	1;8.29	1;11.04	2;2.08
道义情态	1;11.29	1;9.23	×	1;10.22	2;2.03
认识情态	2;0.31	2;1.19	2;1.29	2;7.15	—

注：1. 情态动词"该""要""会""能"和"得"都可以表达多种情态意义，"×"表示某个情态动词不能表达的情态语义类型；2. "—"表示儿童没有习得的情态语义类型；3. "1;11.29"表示 1 岁 11 个月 29 天，格式下同。

(18)（爸爸抱着芊芊回家。）（1;11.29 岁）
　　*CHI: 该 吃饭 了.

(19)（芊芊看到姑姑拿起太阳伞和水杯往门口走。）（2;0.31 岁）
　　*CHI: 姑姑 该 走 了.

(20)（妈妈在写字，芊芊想让妈妈带她出去玩。）（1;9.23 岁）
　　*CHI: 妈妈 不 要 写.

(21)（爸爸玩芊芊的积木。）（1;11.22 岁）
　　*CHI: 芊芊 要 玩.

(22)（姑姑站在床沿弄蚊帐。）（2;1.19 岁）
　　*CHI: 姑姑 要 摔倒 了.

(23)（芊芊试图打开 DVD 听音乐。）（1;8.29 岁）
　　*GRF: 你 会 不 会？
　　*CHI: 会.

(24)（奶奶给芊芊扇扇子。）（2;1.29 岁）
　　*CHI: 别 扇住 脚 了，会 疼 的.

(25)（芊芊在画画，妈妈帮她扶画纸，她却把妈妈的手推开。）
　　（1;10.22 岁）
　　*MOT: 妈妈 不 能 扶？
　　*CHI: 妈妈 能 扶.
　　%act: 把妈妈的手放回到画纸上.

(26)（一只蝴蝶飞过来，芊芊想要抓住它。）（1;11.04 岁）
　　*MOT: 芊芊 能 不 能 抓住？
　　*CHI: 不 能.
　　*MOT: 那算了，让 蝴蝶 自由地 飞 吧.

（27）（芊芊不小心滑倒了，站起来接着玩儿。）（2;2.03 岁）
　　　*CHI: 得 小心 点．

（28）（早上起床后，妈妈让芊芊先喝一杯水。）（2;2.08 岁）
　　　*CHI: 肚肚××，得 吃药．

　　汉语认识情态动词比英语认识情态动词早习得，杨贝认为这可能跟汉语较强的动词性倾向有关。Tardif、Gelman 和 Xu（1999）的研究表明，汉语儿童更倾向于产出动词，而英语儿童则更倾向于产出名词。由于英汉情态动词都经常依附于谓语动词，因此，汉语较强的动词性倾向可能导致汉语认识情态动词较早习得。此外，杨贝的研究采用了日记、录音和录像相结合的方式，这也使研究者能够较早捕捉到儿童产出的认识情态。相比于每隔一段时间的录音或录像，日记记录使研究者更容易捕捉到目标语言现象的始现年龄，也能记录下来儿童产出的更多更丰富的语言现象。

　　此外，杨贝（2014b）还发现，认识情态的习得顺序与其蕴含的可能性程度有关，儿童先习得蕴含可能性程度高的情态表达，然后逐渐习得蕴含可能性程度低的情态表达。首先，认识必然表达比认识或然表达早习得。Li（2003：138-151）提出，汉语认识情态包含认识必然和认识或然两种可能性层级。芊芊习得认识情态动词的顺序是"该""要""会"和"能"。认识必然表达"该"和"要"较早习得，而认识或然表达"会"和"能"则较晚习得。

　　其次，对同属一个可能性层级的认识情态动词而言，蕴含可能性程度高的情态动词会较早习得。"该"表达"估计情况应该如此"（吕叔湘，1999：214）。"要"表达三种意义："表示可能；将要；表示估计，用于比较句"（吕叔湘，1999：592-593）。Tsang（1981：69）认为，"该"含有某种客观性的意义，这一点是其他认识情态动词所不具备的。芊芊的语料也表明，认识必然表达"该"比"要"早 1 个月左右开始习得。此外，"会"表达"有可能，通常表示将来的可能性，但也可以表示过去的和现在的"（吕叔湘，1999：278-279）。"能"表示"有可能"（吕叔湘，1999：415）。郭昭军（2003）提出，"会"的可能性程度比"能"高得多。芊芊的语料也表明，认识或然表达"会"比"能"早 6 个月左右开始习得。

　　张云秋（2014）收集了一个说汉语的女孩 SYY 1;6—4;6 岁的自发语料，调查了她主观化表达手段的习得。SYY 的父母是北京人，初中文化，普通农民，大多数时间忙于生计，她白天多和奶奶在一起，晚上和父母在一起。该儿童的语言是在没有刻意的语言教育环境中发生和发展的。研究者采用录音和录像的方式收集语料，每周收集 1 个小时的语料，共收集了约 116 个小时的自发语料。儿童主观化表达的习得时间如表 2-2 所示。

表 2-2　儿童主观化表达的习得时间①

表达手段	成员及其习得时间
助动词	该（1;11 岁）、会（2;5 岁）、要（2;5 岁）、别（2;6 岁）、可能（3;8 岁）、应该（3;10 岁）、得（děi）（3;11 岁）、肯定（3;11 岁）、一定（3;11 岁）
认识动词	?看（2;10 岁）、?想（3;6 岁）

注："看"和"想"表示推测时不是单独出现，而是在"我看""我想"这样具有话题标记性的组合中出现，所以张云秋在"看""想"的前面加上"?"表示这种不确定性。

(29)（1;11 岁）
　　SYY: 哥哥该揍我了，揍我了．

(30)（2;5 岁）
　　SYY: 这也是猫？猫会咬人吧？

(31)（2;5 岁）
　　SYY: 别动，要掉的．

(32)（2;6 岁）
　　SYY: 那个怎么不见了？别给我弄掉了．
　　GCY: 没有，没有给你弄掉．

(33)（3;8 岁）
　　SYY: 举伞呢，可能疯啦．

(34)（3;11 岁）
　　SYY: 嗯，肯定有盒子了，对吧．

(35)（3;11 岁）
　　SYY: 应该不是小坡×××．

(36)（4;5 岁）
　　SYY: 要是夏天过年一定很好玩．我们穿着新汗衫去吃年夜饭．

(37)（2;10 岁）
　　SYY: 我看那是爸爸给我扔掉的．

(38)（3;6 岁）
　　SYH: 你妈呢？
　　SYY: 我想我妈玩完都回去了．

---

① 关于习得时间，张云秋排除了模仿性的首现用法，模仿性首现用法之后的语料连续使用该成分的首现时间仍然可以视为习得时间，否则只有下一次同类情况出现或者儿童自主产出时才可以看作习得时间。

综上所述，儿童一般从 2;6 岁左右开始习得认识情态，认识情态不仅比动力情态和道义情态习得较晚，其使用频率也比较低。然而，以下认识情态表达从儿童 2;0 岁左右就开始习得：某些英语认识情态表达（如 maybe、probably、might、could、I think、I guess 等）；韩语、日语或土耳其语表达言据（evidentiality）的语法化后缀；法语表达预测的词汇化形式；某些汉语认识情态动词（如"该""要""会"）。儿童较早开始习得某些认识情态表达或认识情态功能，这表明 2;0 岁左右的儿童就能够掌握某些认识情态意义了。

2.1.2 句法习得研究

相比于丰富的语义习得研究文献，有关句法习得的文献就少得多了，不仅如此，研究结果也是大相径庭。

Fletcher（1978）采用日记记录的方法，调查了一个说英语儿童 Danial 2;0—2;2 岁动词短语的习得，发现情态句的句法结构很快从简单的陈述句发展到问句。在这两个月里，该儿童产出的情态动词包括 can't、can、won't、will 和 shall，这些情态动词出现于陈述句、反向是非疑问句和附加疑问句中。该儿童产出的陈述句最多，占 75%；问句较少，占 25%。该儿童可以把情态动词 can 用于以上三种句法结构，例如 "Can't do my zip up." "Can you do that daddy?" "Can I blow candles out, can't I?"。其余的情态动词（will、won't、can't、shall）只出现于陈述句和反向是非疑问句中。

Shatz、Billman 和 Yaniv（1986）却发现，儿童产出的情态句的句法结构发展缓慢。Shatz 等采用分年龄段调查的方法，每两个月收集一次语料，跟踪了 30 个说英语儿童 2;2—2;8 岁产出的情态表达。研究者发现，在此期间，儿童快速习得情态词汇表达，但是对情态句的句法结构的习得却发展缓慢。Shatz 等发现情态动词可以出现在以下句法结构中：是非问句、反向是非疑问句、wh-问句、附加疑问句、陈述句和祈使句。虽然儿童基本能够产出五种不同的句式，但是 83% 的情态动词只出现于陈述句中。Shatz 等的研究表明，儿童早期的情态习得更多地是由词汇驱动，而非由句法驱动。不过，研究者也承认，每两个月收集一次语料的做法可能低估了儿童的句法发展水平。

上述两项研究调查了儿童产出的情态句的句型，得到了完全相反的结论。Diessel 则从情态句的主语和谓语结构的角度调查了句法的习得状况（Tomasello，2003：246-248）。

Diessel 调查了 5;0 岁以下儿童不定式动词的习得，并描述了 wanna、hafta 和 gotta 的句法发展状况。他发现儿童从 2;3 岁开始习得 wanna、hafta 和 gonna，这三个词在所有的不定式动词中所占的百分比自始至终都超过90%。儿童以短语化的方式使用这三个词:几乎所有的主语都是第一人称I,动词都是肯定的现在时[例(39)—例(41)]。

(39) I wanna VERB PHRASE.
(40) I gotta VERB PHRASE.
(41) I hafta VERB PHRASE.

在 2;0—5;0 岁,儿童产出的不定式动词结构逐渐复杂化。首先,主语逐渐多元化,例如,"多利想喝那个。(Dolly wanna drink that.)"。其次,动词逐渐多元化,例如,"我忘了买汤。(I forgot to buy some soup.)"。最后,儿童习得在两个动词之间使用名词短语结构,例如,want-OBJ to VERB PHRASE。

Fletcher(1978)调查了一个儿童 Daniel 情态句的句法发展,却没有证实 Diessel 提出的从短语化结构到多元化结构的发展历程。当 Daniel 被困在一个大缸里出不来的时候,他产出了第一个情态句"不能(Can't)"。当爸爸问 Daniel "爸爸可不可以去拿杯茶过来?(Can daddy go and get his tea?)"时,他产出了第二个情态句"你可以。(You can.)"。当看护者问"丹尼尔,你不能怎么样?(Can't what, Daniel?)"时,Daniel 产出了第三个情态句"不能拉上拉链。(Can't do my zip up.)"。从此以后,Daniel 很快习得了复杂的结构,例如,"我应该做那件事吗?(Shall I do that?)""我可以上你的床。(I can come in your bed.)""你能再为我做那件事吗?(Will you do that again for me?)"等。Daniel 产出的情态句从简单的结构快速发展为复杂的结构。

以上研究从句型以及句法结构的发展来探讨儿童情态句的习得,还有些研究则从以下两个方面来探讨儿童情态句的习得:情态表达跟其常用句型之间的关系,以及情态表达跟其主语指向之间的关系。

Pea 和 Mawby(1984:204-219)调查了六个说英语儿童 2;4—2;10 岁情态动词(can、will、gonna、want to)的习得,他们发现,英语情态动词多用于肯定句中;动力情态动词 gonna、will 和 want to 经常与第一人称主语同现(gonna 80%;will 81%;want to 95%),表达儿童希望实现的愿望。

O'Neill 和 Atance(2000)发现,认识情态表达的意义与其主语指向之间存在某种同现关系:当表达未来的意图时,情态句的主语往往指向儿童自己,例如,"我也许会走开。(Maybe I will go away.)";当表达自然界存在的可能性时,情态句的主语既不指向儿童自己,也不指向别人,而是指向自然界的事物或动物等,例如,"它也许还会出现的。(It might pop again.)"。

Harris、Yang 和 Cui(2017)发现,儿童产出的含有 know 和"知道"的语句中否定句最多,肯定句次之,疑问句最少;主语指向第一人称的最多,指向第二人称的次之,指向第三人称的最少;此外,肯定句的主语较多指向第一人称,否定句的主语几乎全部指向第一人称(即儿童自己),疑问句的主语全部指向第二人称(即对话者)。研究者认为,这说明儿童一方面倾向于否定自己的知识,另一方面倾向于向看护者提问以获取更多的知识。

杨贝(2014b)发现,儿童情态句的发展体现了从简单结构到复杂结构的发展过程。第一,情态句的句型呈现出逐渐多样化的趋势。芊芊最早产出的认识情态句是肯定的陈述句[例(42)];从 2;2 岁开始产出否定的陈述句[例(43)];从 2;4 岁开始产出选择问句[例(44)],随后产出是非问句[例(45)]和特指问句[例(46)]。认识情态动词"该"和"要"只用于肯定的陈述句中[例(47)、例(48)];而"会"和"能"则出现于多种句型中:"会"[例(43)、例(44)、例(49)];"能"[例(50)、例(51)]。

(42)(爷爷在炒菜。)(D 2;0.31 岁)①
　　　*CHI: 该 吃 饭 了.

(43)(妈妈给芊芊买了一盒纸盒装的酸奶。)(D 2;2.28 岁)
　　　*CHI: 这个 不 会 洒.
　　　%act: 指着酸奶盒.
　　　@Comment: 以前她喝袋装的酸奶时总是拿不好,很容易把酸
　　　　　　　　奶挤到袋子外面.

(44)(妈妈带着芊芊在精品店里玩,芊芊想要拿一个玻璃做的器皿。)
　　　(D 2;4.08 岁)
　　　*MOT: 不 能 摸,会 打 的.
　　　*CHI: 这个 会 不 会 打?
　　　%act: 指着另外一个玻璃器皿.
　　　*MOT: 会.

(45)(在饭店门口,芊芊看到箱子里的海鲜正在往外爬。)
　　　(D 2;4.28 岁)
　　　*CHI: 会 爬 我 身 上 吧?
　　　*MOT: 不 会.

(46)(芊芊问妈妈小鸟会不会听故事,妈妈回答小鸟也会听故事。)
　　　(D 2;7.03 岁)
　　　*CHI: 会 听 谁 讲 故 事?

---

① 杨贝(2014a, 2014b)使用日记、录音和录像三种方式收集儿童的语料。D 代表语料来自日记,A 代表语料来自录音,V 代表语料来自录像。

（47）（芊芊在床上玩儿。）（D 2;1.09 岁）
　　*CHI: 不 叫 吃饭, 妈妈 该 哭.

（48）（姥爷穿好衣服站在门口。）（D 2;1.26 岁）
　　*CHI: 姥爷 要 出去 了.

（49）（奶奶给芊芊扇扇子。）（D 2;1.29 岁）
　　*CHI: 别 扇住 脚 了, 会 疼 的.

（50）（妈妈准备带芊芊出去玩儿,芊芊去换鞋。）（D 3;2.15 岁）
　　*CHI: 妈妈 能 不 能 穿 我的 鞋?
　　*MOT: 不 能, 妈妈 的 脚 太 大.

（51）（芊芊想画一只大老虎,就在画本里找干净的画纸。）
　　（D 3;1.14 岁）
　　*CHI: 怎么 都 画 过 了 呀?
　　*CHI: 说不定 我 能 找到 白纸.

第二,情态句的句法结构也呈现出逐渐复杂化的趋势。芊芊最早产出的认识情态句是结构比较简单的肯定的陈述句[例（42）]。从 2;2 岁开始情态动词的前项能受某些副词修饰[例（43）、例（52）],主要是否定副词"不",其他的还有重复副词"还""也"、范围副词"都"、时间副词"就""现在""等一下""等会儿""长大了""明天"、语气副词"才""肯定""真的"等。从 2;5 岁开始情态动词的后项带"把"字句[例（53）]。

（52）（芊芊看《西游记》,孙悟空的头被砍下来了,却又飞到肩膀
　　　上长好了。）（D 2;11.23 岁）
　　*CHI: 我的 头 砍 下来 就 不 会 长了.

（53）（芊芊爬楼梯玩儿,姥爷怕她摔倒,扶着她往上爬。）
　　　（D 2;5.07 岁）
　　*CHI: 这个 楼 好 高, 会 把 你 摔 下来.

第三,认识情态动词与情态句的句型以及情态句的主语指向之间存在某种同现关系。首先,认识情态动词多数用于肯定句中（80%）,少数用于否定句（15%）和疑问句（5%）中。其次,情态句的主语多数指向别人（55%）,一部分指向芊芊自己（25%）以及天气、动物或玩具等其他事物（20%）。

综上所述,研究者调查了儿童情态句的句法发展,但却得到了不同的结论。有些研究者发现儿童早期产出的情态句绝大多数是陈述句,而另一些则发现儿童

从一开始就产出不同类型的情态句。有些研究者认为儿童情态句的习得体现了从短语化结构到多元化结构的发展过程,而另一些则认为儿童早期情态句的句法结构就是复杂多样的,还有一些研究者则发现情态表达跟其出现的句型以及主语指向之间存在某种同现关系。

2.2 不确定性表达习得:实验研究

通过纵向研究,可以获取儿童认识情态习得的连续发展的数据资料,而实验研究则可以揭示儿童在某个发展阶段对情态意义的理解程度,由此弥补基于自发语料的研究发现(Choi,2006)。实验研究表明,儿童对于认识情态的理解与其蕴含的可能性程度有关;此外,儿童对于认识情态的理解是一个逐步发展的过程。

儿童先理解位于语义连续统两极的情态表达之间的语义区别,然后逐渐理解位于语义连续统中间部分的情态表达之间的语义区别(Hirst & Weil, 1982; Moore, Pure & Furrow, 1990)。Hirst 和 Weil(1982)调查了 3;0—6;6 岁的儿童对四个英语表达(to be、must、should、may)语义区别的理解情况。实验者给儿童呈现一个茶杯和一个盒子,说出两个蕴含可能性程度不同的语句[例如,"花生米肯定在杯子下面。(The peanut *must* be under *the cup.*)"和"花生米也许在盒子下面。(The peanut *may* be under *the box.*)"],然后让儿童判断物品可能处于的位置。实验的理据是,如果儿童知道 must 比 may 蕴含的可能性程度高,那么他就能正确地判断花生米在杯子下面,否则他就不能做出正确的判断。结果显示,3;0—3;6 岁的儿童只能理解事实动词 is 和情态动词 may 之间的语义区别;4;0 岁的儿童能够理解几组表达之间的语义区别(例如,is vs. should、must vs. may);5;6—6;0 岁的儿童能够理解所有配对表达之间的语义区别。Moore、Pure 和 Furrow(1990)沿袭了 Hirst 和 Weil(1982)的实验方法,调查了儿童对一系列情态表达的理解状况,这些情态表达包括情态动词(must、might、could)、情态副词(probably、possibly、maybe)和心理动词(know、think)。结果显示,3;0 岁的儿童不能根据情态句的指示找到物品的正确位置;4;0 岁及以上的儿童则能够根据情态句的指示找到物品的正确位置;如果两个情态表达蕴含的可能性程度区别较大(如 probably vs. maybe),儿童就容易找到物品的正确位置;如果两个情态表达蕴含的可能性程度区别较小(如 possibly vs. maybe),儿童就很难找到物品的正确位置。这个实验表明,儿童对于信念的理解规律不只局限于某几个情态动词,而是适用于不同类型的认识情态表达。

儿童先理解确定性的认识情态表达的意义,然后逐步理解不确定性的认识情态表达的意义（Bassano, Hickmann & Champaud, 1992）。实验者调查了4;0岁、6;0岁和8;0岁三组儿童对法语认识情态表达的理解情况。实验者给儿童放映了一些电影片段，其中一个目标对象指控另外一个对象做了某件事。电影放映之后，实验者对儿童进行访谈，询问他们对电影中的指控会做出怎样的判断，确定的判断还是不确定的判断？结果显示，4;0岁和6;0岁的儿童比8;0岁的儿童更倾向于做出确定的判断。

儿童从3;0岁左右开始理解单个认识情态表达的意义，从4;0岁左右开始理解不同的认识情态表达之间的语义关系（Byrnes & Duff, 1989）。实验者调查了3;0岁、4;0岁和5;0岁三个年龄组的儿童对英语认识情态表达（has to、can't be、might、might not）的理解情况。实验包含以下两项内容：第一，实验者告诉儿童两个暗示物品位置的情态句，然后让儿童判断物品处于可能的位置（与Hirst和Weil的实验设计相同）；第二，实验者告诉儿童一个暗示物品位置的情态句，然后让儿童判断物品可能的位置。结果显示，3;0岁的儿童能够根据单个情态句的指示找到物品的正确位置，但却往往不能根据两个情态句的指示找到物品的正确位置；此外，对于所有年龄组的儿童而言，单个情态句的指示任务更容易完成。

儿童到12;0岁才能够对情态系统进行元语言分析（metalinguistic analysis）（Coates, 1988）。实验者准备了一些卡片，每张卡片上都写着一个情态句，所有情态句的命题都是一样的["我明天去拜访我的祖母。（I visit my grandmother tomorrow.）"]，唯有情态表达不同[例如，一张卡片上写着"我能明天去拜访我的祖母。（I *can* visit my grandmother tomorrow.）"，而另外一张卡片上写着"我应该明天去拜访我的祖母。（I *should* visit my grandmother tomorrow.）"]。然后，把相同的卡片分别呈现给三组受试（8;0岁组、12;0岁组和成年人组），并要求受试把意义相似的卡片分为一类。结果显示，成年人把卡片分为以下四类：认识可能性（epistemic possibility）、根可能性/能力/许可（root[①] possibility/ability/permission）、意图/预测/将来（intention/prediction/futurity）、责任/必要（obligation/necessity）。除了一些细微的差别，12;0岁的儿童跟成年人的分类基本相同。8;0岁的儿童没有把认识可能性归为一类，此外，他们的划分标准前后也不一致。

综上所述，儿童对于认识情态意义的理解体现了逐步抽象化的过程。儿童从3;0岁左右开始理解单个认识情态意义，从4;0岁左右开始理解不同的认识情态表达之间的语义关系。儿童先理解位于语义连续统两极的情态表达之间的语义区别，然后逐渐理解位于语义连续统中间部分的情态表达之间的语义区别，到12;0岁左右才能够对情态系统进行元语言分析。基于自然语料的研究表明儿童从2;6

---

① 有些学者（如Coates, 1983; Sweetser, 1990）把情态分为根情态（root modality）和认识情态（epistemic modality）两类，其中根情态包含动力情态和道义情态。

岁（甚至 2;0 岁左右）就开始产出认识情态表达了，而实验研究却显示儿童从 3;0 岁左右才开始理解认识情态意义。实验研究的结果比较滞后，这可能是因为实验任务的设计不够自然，因此儿童较难完成。

2.3 影响不确定性表达习得的因素

2.3.1 儿童心理理论

心理理论产生于 Premack 和 Woodruff 于 1978 年对黑猩猩能否识别他人意图的研究，围绕他们所提出的这种概念，后人进行了大量的研究，并应用到儿童身上。20 世纪 80 年代以来，关于儿童心理理论发展的研究是继皮亚杰关于儿童认知发展的研究和元认知研究之后的又一个重要研究方面，儿童心理理论已逐渐被看作是认知发展的基础领域之一，学者们对此开展了大量研究（Artinger，et al., 2014；Brosseau-Liard, Penney & Poulin-Dubois, 2015；Cowell, et al., 2015；Hoerl, 2018；Hughes & Devine, 2015；Imuta, et al., 2016；Kirk, et al., 2015；Low & Perner, 2012；Happé, 1995；Milligan, Astington & Dack, 2007；Pelligra, et al., 2015；Richman & Ridshahri, 2017；Slaughter, 2015；Slaughter, Peterson & Mackintosh, 2007；Wellman, 2002，2014，2016，2017；Wellman & Liu, 2004；Wellman, et al., 2006；方富熹等，2009；苏彦捷、刘艳春，2012；肖晓等，2014）。心理理论是指个体对自己或他人的心理状态（如意图、愿望、信念等）的认识和理解，并以此对他人的心理和行为进行解释和推理的能力。因为个体的这种推理能力无法直接观察到，并且它可以用来预测他人的行为，所以被称为一种理论。由于对这些心理状态理解的难度不同，因此理解它们的能力通常在不同的年龄发展出来：最容易理解的应该是简单的情绪状态，新生儿就已经开始能识别陌生人不同的情绪表情；其他一些心理状态，如愿望和意图，可以被非表征地解释，因而较难理解；信念要更复杂一些，它包括对世界的表征或解释，因而更难理解（Papafragou, 2002；Wellman, 2002：167-187）。

Wellman 等（2006）做了一项跨文化比较研究，以自编的心理理论量表测查比较了中美两国 3;0—5;0 岁儿童的心理理论发展，研究结果进一步证实了儿童对于不同的心理状态的理解遵从一定的发展次序。量表包括五项任务：①不同的愿望；②知与不知；③不同的信念；④内容错误信念；⑤伪装的情绪。研究发现两种不同文化群体中的儿童对上述任务的理解均表现出稳定一致的发展次序，两者的次序大致相同但具有重要差别：中国儿童的理解次序如果从易到难排列则如上所列，这一次序与美国儿童的差别在于中国儿童先理解"知与不知"，然后是"不同的信念"，而美国儿童则恰好相反。方富熹等（2009）使用了 Wellman 等（2006）

设计的测量工具对参加过横断研究的北京 3;0 岁儿童（时间 1）在他们 4;0 岁（时间 2）和 5;0 岁（时间 3）时进行了焦点追踪研究。研究结果表明，随着测查时间的延伸，个体儿童的作业成绩不仅逐步提高，而且这种提高符合量表任务的发展次序。这再一次证实中国个体儿童的发展次序与欧美儿童的发展次序大致相同但有重要的差别。

认识情态动词比动力情态动词和道义情态动词习得得晚，这与儿童心理理论的发展水平有关。由于认识情态体现了说话者对于命题不太肯定的判断，与对信念的理解有关，较难理解，因此，要习得认识情态，儿童的心理理论必须发展到较高水平。

认识情态的习得不仅依赖于儿童心理理论的发展，也会反过来影响儿童心理理论的发展。有些研究调查了正常儿童语言能力和心理理论发展水平之间的关系（Astington & Jenkins，1999；Astington & Pelletier，2018；Farrar & Maag，2002；Hughes & Dunn，1998；Hughes & Devine，2015；Jenkins & Astington，1996；Ruffman，et al.，2003），发现二者之间存在相关性。Farrar 和 Maag（2002）调查了儿童在 2;0 岁时的语言能力和他们在 4;0 岁时的心理理论发展水平之间的关系。研究者通过父母报告、分析儿童的自发语料、检测儿童对不同长度句子的记忆情况等方式评估儿童的语言能力；通过调查儿童对错误信念（false belief）任务、表征转换（representational change）任务和区分外表与事实（appearance-reality）任务的完成情况来评估他们的心理理论发展水平。研究结果显示，儿童早期的语言能力和他们后期的心理理论发展水平之间存在显著相关性。如果儿童在 2;0 岁时有比较高的语言能力，他们在 4;0 岁时就能较好地完成各项心理理论实验任务。此外，看护者的语言，尤其是关于心理状态的语言，能够预测儿童后期对心理理论任务的完成情况（Ensor，et al.，2014；Hughes，Devine & Wang，2017；Kirk，et al.，2015；Ruffman，Slade & Crowe，2002；Taumoepeau & Ruffman，2008）。然而，在正常家庭长大的聋哑儿童或者有语言障碍的儿童对心理理论任务的完成情况往往不好（Durrleman，Burnel & Reboul，2017；Jester & Johnson，2015；Nilsson & López，2015；de Villiers，2005；Peterson & Siegal，1999；Peterson & Siegal，2000；Woolfe，Want & Siegal，2002）。

总而言之，认识情态习得和儿童心理理论之间的关系是双向互动的。

2.3.2　看护者语言输入

很多研究都显示，看护者的语言（尤其是妈妈的语言）对儿童早期情态词形和语义的习得都会产生很大的影响。

Wells（1979）的研究显示，语言输入影响习得顺序。Wells 发现，在他的样本中，100%的妈妈都使用情态动词 will 和 can。这两个情态动词不仅被儿童最早习得，其使用频率也是最高的。在儿童的语料中，100%的儿童会使用 will；98%的儿童会使用 can。然而，只有 13%的妈妈使用情态动词 may。相应地，may 不仅习得得晚，其使用频率也很低，只有 17%的儿童使用 may。

Shatz 等（1990）开展了一项对比研究，受试被分成两组，一组是八个说德语的妈妈，另一组是八个说英语的妈妈，研究者调查对比了这两组妈妈在儿童 2;5 岁和 2;9 岁时跟儿童对话中情态动词的使用频率和功能的异同。研究发现，英语认识情态在输入中使用频率很低，当儿童 2;5 岁时，仅占输入的 10%。Shatz 等认为，认识情态比动力情态和道义情态习得得晚，这跟看护者较低的语言输入频率相关。Shatz 等还把英语和德语的情态语义功能分成以下八类：同意、意图、允许、义务、必要性、可能性、条件性和可实施性。两组妈妈最常用的都是意图和可能性，这两种功能在儿童语料中也是最常见的，占情态动词总量的 2/3。

然而，有些时候输入和习得之间并没有相关性。Wells（1979）发现虽然有些情态动词在妈妈的输入中频率较高，这些词在儿童语料中的使用频率却比较低。比如，83%的妈妈都使用情态动词 would，但仅有 22%的儿童使用 would；27%的妈妈使用 ought，但仅有 3%的儿童使用 ought。Shatz 和 Wilcox（1991）发现，儿童能够习得妈妈使用较少的情态动词，比如，说德语的妈妈很少使用情态动词表达必要性，儿童却习得了这种用法。Choi（1991）调查了四个表达认识情态的韩语句尾词缀的习得顺序，并统计了这些词缀被习得之前在母亲话语中的使用频率，发现词缀-e 在输入中出现的频率最高（35%），词缀-ta 在输入中出现的频率排第三（8%），然而儿童最早习得的是词缀-ta，然后才习得-e。

杨贝（2014b）的研究表明，情态词形和情态语义的习得跟看护者的输入有关，而情态句法的习得跟看护者的输入似乎无关。第一，情态词形的习得顺序与输入频率之间存在部分相关性。一方面，输入频率高的情态动词会较早习得，而输入频率低的情态动词则会较晚习得。在芊芊开始习得认识情态动词之前，"要"和"会"的输入频率较高（要 29%；会 63%），芊芊第二个习得"要"，第三个习得"会"；"能"的输入频率极低（5%），芊芊最后习得"能"。另一方面，输入频率低的情态动词不一定就晚习得。在芊芊开始习得情态动词前，"该"的输入频率很低（5%），但"该"却最早被习得。第二，情态语义的习得顺序与输入频率相关。儿童从 1;9 岁左右开始习得汉语动力情态和道义情态，而认识情态从 2;0 岁才开始习得，这跟认识情态动词被习得之前在输入中较低的使用频率（5%）有关。第三，句法习得特征跟输入似乎无关。儿童最早产出的情态句是结构比较简单的肯定的陈述句，然后情态句的句型呈现逐渐多样化的趋势，情态句的句法结构也呈现出逐渐复杂化的趋势。然而，在看护者的话语中，认识情态动词从一开始就被用于结构复杂的多种句型中。此外，儿童产出的情态句的主语多指向其他人（55%），而看护者产出的情态句的主语则多指向天气、动物、玩具等其他事物（64%）；儿童产出的情态句以陈述句为主（80%），而看护者产出的则以疑问句为主（51%）。

总而言之，情态习得和看护者的输入存在部分相关性。

2.3.3 多因素互动模型

Shatz 和 Wilcox（1991）提出了汇流制约模型（converging constraints model）来解释情态习得，在这个模型里，制约因素（constraints）是指引导或影响习得的因素。Shatz 和 Wilcox 认为，在儿童习得情态动词的过程当中有很多种制约因素都会起作用，比如看护者输入、认知处理过程、形式与功能之间的关系和普遍语法等，不同的因素在不同时期发挥作用，引导着儿童向成人系统逐步靠近。

杨贝（2014a）提出了多因素动态互动模型来解释汉语认识情态的习得。她认为，语言本身的特征、看护者输入和儿童心理理论发展都会对习得产生影响，只有综合考虑这三种因素的动态交互，才能充分解释汉语认识情态的早期习得特征。认识情态较晚习得可能是以下三种因素的综合作用的结果。首先，认识情态语义比较抽象。动力情态和道义情态分别表达存在于自然界和社会中的可能性和必然性，而认识情态则表达存在于心理世界的可能性和必然性，后者比前者的语义更加抽象。其次，认识情态对儿童心理理论水平的要求较高。动力情态和道义情态与意图、愿望、允许等心理状态有关，可以被非表征地解释，因此较容易理解，而认识情态则与信念有关，包括对世界的表征和解释，因此较难理解。最后，认识情态动词被习得之前在输入中的使用频率极低（5%），而动力情态动词和道义情态动词被习得之前的输入频率却比较高（54%；41%）。

第 3 章

研 究 方 法

本书将使用自然观察法和语料库方法调查从出生到 6;0 岁不同年龄阶段的儿童对于不确定性表达的习得情况。语料来源主要有自建的婴儿身体语言记录、周兢等创建的汉语儿童口语语料库、英国兰卡斯特大学团队所建的现代汉语语料库 zhTenTen。下面将一一介绍这些语料的特征及其附码分析方案。

3.1 婴儿身体语言记录

笔者收集了杨杨从出生到 1;6 岁的身体语言，这些日常记录主要用于第 4 章婴幼儿使用身体语言表达不确定性的分析。杨杨是一名说汉语的小男孩，生于广州，父母都是大学教师，祖父母的受教育程度从小学到高中不等，他们在家中用普通话与小孩交流。本研究采用自然观察法，通过日记和录像这两种方式观察杨杨在自然状态下跟看护者之间的互动情景，活动范围涉及室内和室外，活动形式多种多样，包括吃饭、穿衣、洗澡、玩玩具、看书、社交等。

3.2 汉语儿童口语语料库

周兢等创建的汉语儿童口语语料库主要用于第 5、6、7 章的认识情态动词、认识情态副词和认识心理动词习得的分析。周兢等创建的语料库是目前国际范围内最大的汉语儿童口语语料库。该语料库包括 11 个年龄组从 14 个月到 72 个月的儿童群体的语料，男女儿童人数相等，家庭经济状况中等，均为独生子女，与父母的日常交流语言均为普通话。所有儿童均无听力障碍及发展迟滞问题。群组语料收集方式采用录像的方法，研究者采用半结构化的情境让母亲和孩子互动，在儿童所熟悉的幼儿园的安静的活动室中收集母子交流内容，语料记录时间不超过 30 分钟。

笔者和另外一名研究者使用 CLAN 软件对周兢等创建的汉语儿童口语语料库

进行分析和附码，两名研究者的附码一致率较高（附码步骤不同，一致率也稍微不同，总体而言，一致率均为95%—100%）。分析附码的具体步骤如下。

第一，从语料库中提取含有目标词语的语句，剔除儿童直接模仿、含糊不清的词语、诗歌背诵和儿歌咏唱，儿童不断重复的语句只计一次。

第二，对已经提取的语句做词性和语义附码，只保留表达不确定性的语句。有些词语有多种词性，可以表达多种语义，但只有某种词性的某种语义才表达不确定性。例如，"要"可以用作动词、助动词和连词［例（1）—例（3）］。例（1）中的"要"是动词，表达"希望得到或保持"；例（2）的"要"是助动词，表达"需要、应该"；例（3）的"要"是连词，表达"假设、要是"（吕叔湘，1999：591-593）。当"要"用作助动词的时候，既可以表达动力情态和道义情态意义，又可以表达认识情态意义［例（4）—例（6）］。例（4）的"要"表达动力情态意义"做某事的意志"；例（5）的"要"表达道义情态意义"需要、应该"；例（6）的"要"表达认识情态意义"可能"（吕叔湘，1999：591-593）。笔者剔除了"要"用作动词和连词的语句，也剔除了"要"用作助动词时表达动力情态和道义情态的语句，只保留"要"用作助动词表达认识情态意义的语句作为目标语句。

（1）这本词典我还要，那本我不要了，你拿去吧。（吕叔湘，1999：591）

（2）任何事情总得要先调查研究再下结论。（吕叔湘，1999：592）

（3）要见着小蔡的话，问她收到老李的信没有。（吕叔湘，1999：593）

（4）他想要来北京参观。（吕叔湘，1999：592）

（5）你告诉他，千万不要麻痹大意。（吕叔湘，1999：592）

（6）不顾实际一味蛮干要失败的。（吕叔湘，1999：592）

再例如，"就"可以用作介词、连词和副词［例（7）—例（9）］。例（7）中的"就"是介词，表示"引进动作的对象或范围"；例（8）中的"就"是连词，表示"假设兼让步、就是、即使"；例（9）中的"就"是副词，表示"很短时间以内即将发生"（吕叔湘，1999：315-319）。当"就"用作副词时，有七种语义［例（9）—例（15）］。例（10）中的"就"表示"强调在很久以前已经发生"；例（11）中的"就"表示"两件事紧接着发生"；例（12）中的"就"表示"加强肯定"；例（13）中的"就"表示"确定范围"；例（14）中的"就"表示"强调数量多寡"；例（15）中的"就"表示"承接上文，得出结论，如果（只要、既然、因为）……就……"（吕叔湘，1999：315-318）。笔者剔除了"就"用作介词和连词的语句，也剔除了"就"用作副词时［例（9）—例（14）］类似的语句，只保留了"就"表示"承接上文，得出结论，如果（只要、既然、因为）……就……"的语句作为目标语句。

（7）昆明就气候而论最适宜不过的。（吕叔湘，1999：318）

（8）你就说得再好听，我也不信。（吕叔湘，1999：319）

（9）你等会儿，他马上就回来。（吕叔湘，1999：315）

（10）他十五岁就参加工作了。（吕叔湘，1999：315）

（11）送他上了火车，我就回来了。（吕叔湘，1999：316）

（12）他家就在这胡同里头。（吕叔湘，1999：316）

（13）老赵就学过法语（没学过别的外语）。（吕叔湘，1999：316）

（14）老周就讲了两小时，别人都没时间谈了。（吕叔湘，1999：317）

（15）为了赶时间，就少休息一会儿。（吕叔湘，1999：317）

第三，对不确定性表达语句的句型附码，包括肯定句、否定句或疑问句[例（16）—例（18）]。

（16）*MOT: 你 看看 他 老 是 站 会 跌交①的．

（17）*MOT: 往 中间 放 就 不 会 倒 了．

（18）*MOT: 贴 在 这边 那 是 不 是 要 掉 下来 呢？

第四，对不确定性表达语句的主语指向附码，包括第一人称、第二人称、第三人称、其他事物（动作、玩具、动物等）、不确定[例（19）—例（23）]。

（19）*CHI: 我 会 找 一 只 天鹅．

（20）*CHI: 你 要 画 大眼睛 哎．

（21）*MOT: 老 这样 阿姨 要 骂 的．

（22）*MOT: 嘿 它 的 这个 脚 怎么 会 坏 的？

（23）*CHI: 怎么 会 是 这么 ×××啊？

为了方便分析，笔者把11个年龄段的语料分成了五个阶段，第一阶段包括14、20、26个月的语料；第二阶段包括32、36个月的语料；第三阶段包括42、48个月的语料；第四阶段包括54、60个月的语料；第五阶段包括66、72个月的语料。表3-1显示了儿童和看护者在各阶段产出的语句数量。此外，为了方便与已有文献做对比，笔者把周兢等的语料库中儿童的年龄表达方式从×个月转换成

---

① "交"是错别字，此处应该是"跤"，这可能是转写者的笔误。周兢等创建的汉语儿童口语语料库的转写文本中存在一些错别字和符号误用的现象，解释同此，后面不再一一标注。

了 X;Y 岁（X 代表年，Y 代表月份）的格式：14 个月转换成 1;2 岁，20 个月转换成 1;8 岁，26 个月转换成 2;2 岁，32 个月转换成 2;8 岁，36 个月转换成 3;0 岁，42 个月转换成 3;6 岁，48 个月转换成 4;0 岁，54 个月转换成 4;6 岁，60 个月转换成 5;0 岁，66 个月转换成 5;6 岁，72 个月转换成 6;0 岁。

表 3-1 儿童和看护者在不同发展阶段的语句数量

发展阶段	儿童语句数量	看护者语句数量
第一阶段	2 376	6 950
第二阶段	2 739	7 245
第三阶段	4 530	12 890
第四阶段	4 637	10 513
第五阶段	4 666	8 533
总数	18 948	46 131

3.3 现代汉语语料库 zhTenTen

现有的对不确定性表达语言特征的描述基本都是语言学家基于自己的直觉给出的定义、辨析和举例。这种传统的方式虽然能提供很多有价值的信息，但却根本没有考虑词语搭配的典型性和丰富性的问题，也无从得知某个词语使用频率的问题。基于大规模语料库的研究使用实证数据和更为先进的统计方法，可以弥补过去依赖直觉的研究存在的不足。第 5、6、7 章将使用 zhTenTen 调查汉语不确定性表达的使用频率和典型搭配信息，以进一步完善现有的对以上语言表达特征的描述。

调查汉语不确定性表达的语料来自英国兰卡斯特大学团队所建的现代汉语语料库 zhTenTen [2011]（共 1 729 867 455 词）。该语料库来源于各种网络汉语语料（共 2 590 270 个文件），于 2015 年被上传到 Sketch Engine （SkE）中。SkE 是第四代语料库检索工具的杰出代表。SkE 有以下优点：第一，SkE 不仅内嵌了英语、汉语、日语、意大利语、德语等上百个语种的语料库（如 British National Corpus、zhTenTen [2011]、CHILDES 等），还允许研究者上传自己的语料库。第二，SkE 利用自然语言处理技术对语料库进行预处理，主要包括词语切分、词性附码和语法剖析。第三，SkE 提供了七种计算搭配强度的统计方法，分别是 T 值、MI 值（互信息值）、MI3 值、对数近似值、最低敏感值、logDice 及 MI_log_f。数值越大，搭配强度越高。目前，这七种计算方法中，logDice 被认为是最好的，也是 SkE 的缺省设置（Kilgarriff & Rundell, 2002；Kilgarriff, et al., 2014）。

下面以认识情态副词"恐怕"为例，探讨如何使用 SkE 自动提取索引行和计算搭配词。首先，从网址 www.sketchengine.co.uk 进入 SkE 的主界面（图 3-1）。尚未使用过 SkE 的研究者可以点击左上角的 Register 注册，即可获得 30 天免费使用权限。

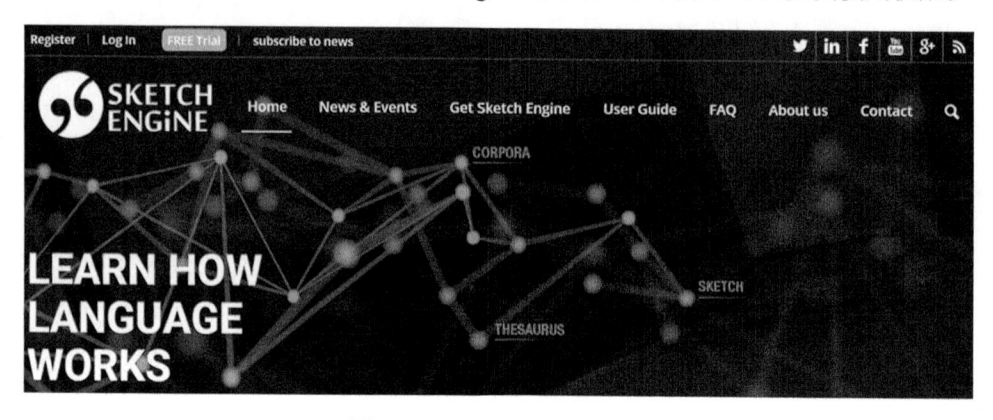

图 3-1　Sketch Engine 主界面

大学或科研机构也可集体购买 SkE 的使用权。已注册用户输入自己的账号和密码，然后点击 Login，便可进入类似图 3-2 的界面。

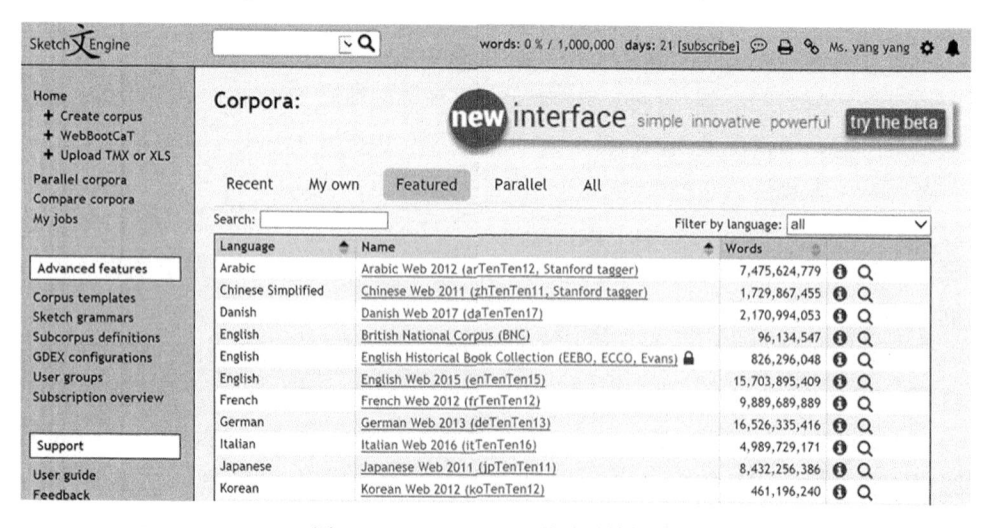

图 3-2　Sketch Engine 登录后的界面

点击"Chinese Web 2011（zhTenTen11，Stanford tagger）"，在弹出的检索界面（图 3-3）中选择"word"，输入检索词"恐怕"，在"PoS"中选择"adverb"，然后点击"Make Concordance"按钮，则会生成含有"恐怕"的 39 765 个索引行，图 3-4 给出了部分索引行。

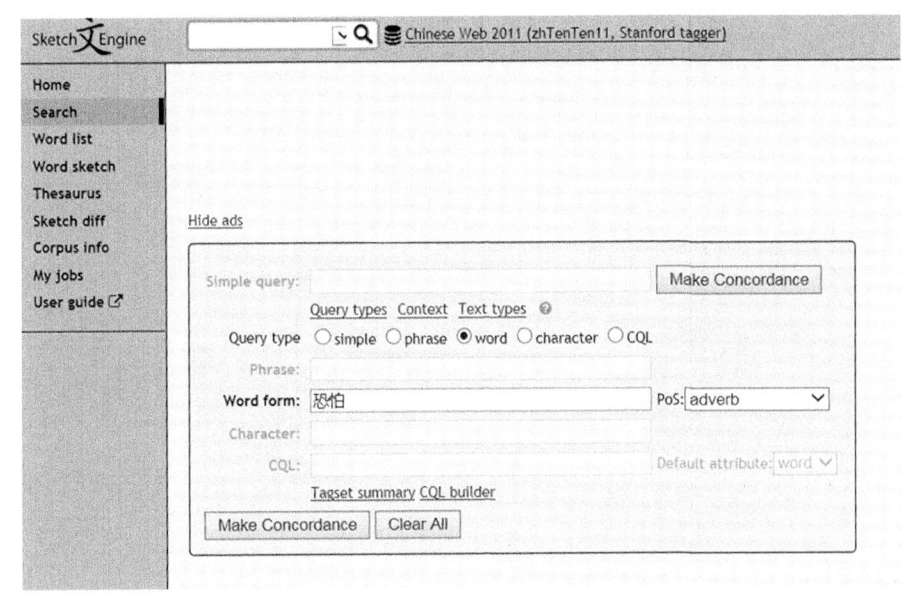

图 3-3　Sketch Engine 的检索界面

图 3-4　"恐怕"在 zhTenTen 中的部分索引行

生成索引行后，就可在索引的基础上计算搭配词了。在搭配分析选项设置（图 3-5）中执行如下操作。在 5∶5 的缺省跨度保持不变的情况下，把搭配词在"语料库中的最小频数"（Minimum frequency in corpus）和"跨度内的最小频数"（Minimum frequency in given range）分别设定为 100 和 50（具体数字取决于语料库的规模；由于 zhTenTen 的规模为 17 亿词，故做此选择）。在"Show functions"中选择所有七种统计方法，然后在"Sort by"中选择缺省值"logDice"作为搭配强度的排序方法。点击"Make candidate list"按钮后，生成图 3-6 界面。

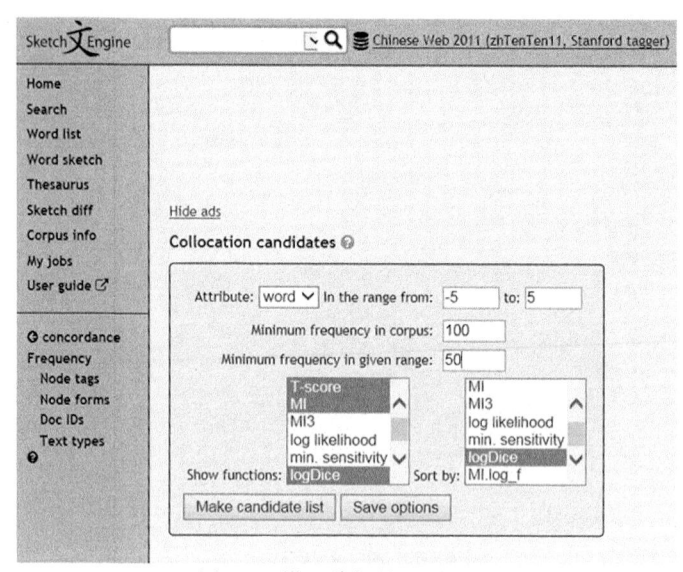

图 3-5　搭配分析的选项设置

图 3-6　"恐怕"搭配词的统计值

左侧的字母"P"表示 positive filter，如果点击该字母，则会显现相关的搭配词和与"恐怕"共现的索引行。比如，如果点击排列第一的搭配词"难以"左侧的"P"，则会弹出图 3-7 的界面。

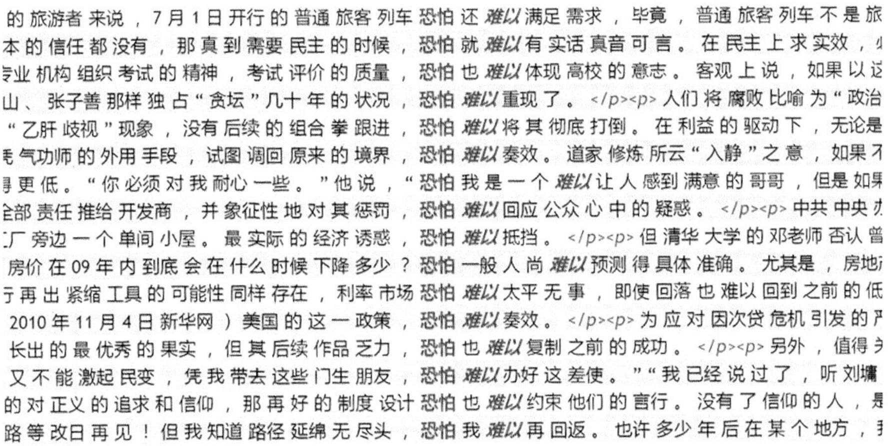

图 3-7　"恐怕"与其搭配词"难以"共现的部分索引行

研究者可以保存搭配列表（通常为 txt 文件），并把数据存入 Excel 中，从而开展进一步的研究。表 3-2 列出了笔者整理的"恐怕"的前 100 个搭配词。

表 3-2　副词"恐怕"在 zhTenTen 中的前 100 个搭配词

序号	搭配词	共现频数	logDice	序号	搭配词	共现频数	logDice
1	难以	961	7.151 24	17	会	3 873	5.288 23
2	难	1 811	7.132 39	18	这么	302	5.224 1
3	连	746	6.634 06	19	想到	181	5.219 48
4	未必	167	6.464 63	20	不止	64	5.216 77
5	的话	560	6.412 3	21	算	188	5.193
6	辈子	116	5.945 7	22	大多数	167	5.177 83
7	只有	992	5.857 95	23	真的	193	5.176 8
8	吧	511	5.659 57	24	没	666	5.138 18
9	还是	837	5.562 6	25	一时	94	5.134 79
10	多少	347	5.552 04	26	算是	85	5.128 89
11	下去	203	5.470 78	27	原因	521	5.126 29
12	如此	433	5.466 21	28	太	584	5.120 13
13	永远	201	5.394 39	29	呢	566	5.116 67
14	逃	69	5.394 23	30	无法	374	5.116 47
15	很少	77	5.376 78	31	失望	66	5.101 67
16	早	438	5.331 07	32	行	342	5.086 38

续表

序号	搭配词	共现频数	logDice	序号	搭配词	共现频数	logDice
33	那么	509	5.067 53	67	这	4 791	4.708 08
34	没有	2 083	5.059 05	68	不然	55	4.692 18
35	在于	273	5.049 78	69	绝大多数	66	4.689 23
36	只	1 312	5.045 68	70	来说	320	4.680 93
37	有点	129	5.034 95	71	那时	81	4.668 68
38	也	5 985	5.007 94	72	看来	123	4.647 57
39	敢	185	4.991 24	73	剩下	58	4.647 29
40	谁	335	4.981 83	74	还	2 607	4.642 29
41	莫属	40	4.973 82	75	现在	706	4.630 84
42	够	218	4.964 93	76	有些	248	4.612 78
43	难免	60	4.931 65	77	远远	77	4.605 65
44	？	2 004	4.929 12	78	知道	418	4.603 05
45	再	1 130	4.922 86	79	短期	91	4.596 68
46	乐观	82	4.908 85	80	最	1 701	4.557 71
47	将来	120	4.903 48	81	中国人	100	4.557 35
48	绝无仅有	38	4.885 85	82	否则	100	4.541 23
49	等到	62	4.872 96	83	麻烦	58	4.526 36
50	到时候	40	4.867 15	84	胜任	39	4.524 84
51	仅仅	183	4.850 57	85	难度	89	4.521 18
52	合适	100	4.844 56	86	些	130	4.519 54
53	吗	343	4.844 24	87	不过	235	4.513 7
54	凶多吉少	35	4.837 68	88	到时	32	4.510 18
55	究其	43	4.831 85	89	简单	216	4.505 16
56	这样	993	4.821 46	90	一点	152	4.500 17
57	容易	270	4.818 31	91	真正	315	4.497 42
58	答案	119	4.802 13	92	最为	79	4.492 11
59	很	2 115	4.799 89	93	为数	35	4.480 95
60	不	9 431	4.772 9	94	并不	335	4.477 6
61	为过	35	4.757 03	95	男人	84	4.476 37
62	这个	1 225	4.751 05	96	比	529	4.468 94
63	想	768	4.747 1	97	今天	282	4.462 37
64	清楚	160	4.741 79	98	少	304	4.460 81
65	时日	36	4.718 26	99	就	4 041	4.455 23
66	得	1 217	4.709 72	100	即便	61	4.454 18

第4章

婴幼儿使用身体语言表达不确定性

4.1 婴幼儿的身体语言交流

美国加利福尼亚大学洛杉矶分校心理学名誉教授 Mehrabian 在 1971 年提出，一个人对他人的印象，约有 7%取决于谈话的内容，辅助表达的方法如手势、语气等占了 38%，肢体动作所占的比例则高达 55%，这就是著名的梅拉宾法则。梅拉宾法则表明，在人们进行信息交流时，身体语言交流显得尤为重要。

在身体语言交流的科学研究领域中，早期最具有里程碑意义的重要事件就是自然主义者 Darwin 于 1872 年出版了《人与动物的情感表达》一书。这部著作首次提出了人类、猩猩和猴子从共同的祖先那里遗传了类似的面部表情，并用这些表情表达其特定的情绪，证明了人类与动物的情感具有高度的相似性。1969 年，英国著名的动物学家和人类行为学家 Morris 在《裸猿》一书中对人类的行为和动作给出了动物行为学方面的解释，之后在《人类行为观察》中再次强调，人们应该把身体语言交流归功于我们身上潜伏的动物本性。然而，虽然人类大部分的身体语言交流方式具有相似性，但通过到不同国家、不同城市走访，人们会发现身体语言交流的某些方面又有很大的文化差异性。家族遗传特征、文化、环境和教育都造成人在表达方式上的差异。因此，人类身体语言交流是先天遗传和后天习得共同作用的结果。

近年来关于身体语言交流的研究成果也十分丰硕，研究者认为镜像神经元的发现把先天遗传和后天习得关联起来。镜像神经元的功能是反映他人的行为，使人们学会从简单模仿到更复杂的模仿，由此逐渐发展出了语言、音乐、艺术、使用工具等。由于镜像神经元的存在，人类才能学习新知、与人交往，因为人类的认知能力、模仿能力都建立在镜像神经元的功能之上。人脑中存在的镜像神经元，具有视觉思维和直观本质的特性，它对于理解人类思维能力的起源、理解人类文化的进化等重大问题有重要意义。镜像神经元是近来认知神经科学研究的热点。有些研究者甚至大胆地断言，镜像神经元之于心理学，犹如 DNA 之于生物学。

1996 年，意大利帕尔马大学研究人员 Rizzolatti 和 Arbib 在猴子身上找到了一种从未被人发现的脑细胞群，并称之为"镜像神经元"。1998 年，Rizzolatti 和 Arbib 根据经颅磁刺激技术和正电子断层扫描技术得到的证据提出，人类也具有镜像神经元，而且有一部分存在于大脑皮层的布罗卡区（控制说话、动作和对语言理解的区域）。他进一步提出，人类正是凭借这个镜像神经元系统来理解别人的动作意图，同时与别人交流。镜像神经元也为人们观察儿童学习的过程提供了线索。美国加利福尼亚大学洛杉矶分校心理学家 Greenfield（2006）提出，镜像神经元为文化的进化和演变提供了强大的生物学基础，镜像神经元能够直接吸收文化。每一代人都是通过模仿、观察，来教育下一代人的。此外，儿童语言习得与镜像神经元的功能密不可分（MacWhinney，2010）。

婴儿从呱呱坠地时起，就开始模仿护理者的手势和气质，塑造他们的身体语言。一些研究人员推测，婴儿在看到父母开心的笑容时，也会吸收这些积极表情，并感受这些情绪。婴儿的镜像神经元会促使肌肉响应这些表情，显示进行关切的视觉接触，随后便报之一笑。之后，父母显得很快乐，这又强化了反射过程。婴儿从内心感受到了父母的欣喜，从而会自动再次寻求同样的体验。研究发现婴儿可以使用多种身体语言方式与看护者之间互动交流（Haslett & Samter，2015；Kuchirko，Tafuro & Lemonda，2017；Liszkowski & Ramenzoni，2015；Lock & Goldring，2010；Takada，2011）。

笔者观察并记录了一个小男孩杨杨从出生到 1;6 岁与看护者之间的日常交流，发现他可以使用身体语言表达情感、愿望、允许、禁止、推测等多种情态意义，如例（1）—例（8）所示。

（1）（0;4.21 岁）

杨杨开始认生了。他只让妈妈抱着，别人还不能够看他。要是奶奶看他，他就会把头扭向另外一边，不看奶奶。要是奶奶追着他看，他会低下头，把头埋进妈妈的怀里躲起来。奶奶要是持续叫他，追着他看，他就要开始哭了。

（2）（0;8.15 岁）

杨杨会爬了，从此以后，他的自由性增加了，领地也变大了。他想要什么，就直接爬过去拿。

（3）（1;0.02 岁）

杨杨从 1;0 岁左右学会用食指指东西，他不停地用手指这儿指那儿，还伴随着"啊啊"的叫声，让大人给他拿这个拿那个。要是给他拿的东西不是他想要的，他就把东西推到一边，接着指自己想要的东西，直到达到目的为止。

（4）（1;0.28 岁）

只要妈妈一坐下来，杨杨就会转到妈妈的身后，双手搭在妈妈的肩膀上，双膝弯曲，屁股上下晃动，表示想让妈妈背背他。妈妈要是把他背起来，他就高兴地咯咯笑；妈妈要是不理他，他就会继续要求，然后叫唤，发出想要哭的声音。

（5）（1;0.29 岁）

姐姐想抱抱杨杨，他却紧紧地夹着自己的两个上臂，用前臂和手把姐姐的手往外推，表示不想让姐姐抱。

（6）（1;0.29 岁）

妈妈喂杨杨吃饭，他把头偏向一边，或者干脆把妈妈喂进嘴里的食物吐出去，表示他不想吃了。

（7）（1;1.14 岁）

杨杨不想走路，就站在大人的面前，用自己的手使劲把大人的双手往下按，意思是让大人抱抱他。

（8）（1;1.20 岁）

杨杨把口琴使劲往妈妈的嘴上按，意思是妈妈必须吹口琴，妈妈如果顺从他的意愿吹口琴了，他就会安静地坐着听妈妈吹；妈妈如果不吹，他就会再次把口琴用力按在妈妈嘴上，强迫妈妈吹口琴。

4.2　杨杨使用身体语言表达不确定性

杨杨从 9 个月开始似乎就可以对不确定的情况做出反应，他用来表达不确定性的身体语言方式大致可以分为以下四类。

第一，基于概率大小做出判断。

（9）（0;9.05 岁）

杨杨总是喜欢缠着妈妈、爸爸和爷爷带他出门，但是他从来不缠奶奶和姐姐，这是因为奶奶和姐姐几乎从来都不带他出门。基于以往的经验，杨杨做出谁更可能带他出门的判断，就紧盯住那几个人。

第二，基于距离远近做出判断。

（10）（0;10.02 岁）

杨杨想拿东西却又够不着，他就指挥大人抱着他去拿。他会用手指向某个物体，发出"啊啊"的声音，示意大人抱他去取。杨杨手指的往往是距离较近的物体,而不会是很远的物体,大概他也意识到很远的物体可能够不着。

(11)(1;1.11岁)

杨杨近期很想走路,当他距离大人比较远的时候,会慢慢地小心地走,走了几步以后,当他接近大人了,就疾步快走,直冲到大人的怀里。这体现了他对距离的判断:离大人比较远的时候比较危险,可能会摔倒,需要小心慢行;离大人比较近的时候比较安全,不太可能摔倒,可以加速前进。

(12)(1;3.14岁)

杨杨跟妈妈在操场踢球,杨杨把球踢出去,妈妈把球踢回到他附近,方便他再次踢球。有一次,妈妈用力过大,把球踢出去好远,杨杨没有像往常那样高兴地接着踢球,而是站在原地看着球叫唤,露出想哭的样子,大概是他看到球离他太远,不可能踢得到了。

第三,基于过程先后做出判断。

(13)(0;9.10岁)

杨杨很喜欢玩儿捉迷藏的游戏。奶奶把门关上,打开门,说"mou",他高兴地咯咯笑,奶奶再把门关上,打开门,说"mou",他又高兴地咯咯笑,这样反复玩儿很多次,他始终乐此不疲。在奶奶关上门以后,杨杨往往会盯着门耐心地等待,他觉得奶奶还在门的另一侧,还会接着跟他玩游戏;有时等了好一会儿,门也没有再次打开,他就意识到奶奶可能已经离开了,没有人跟他玩儿游戏了,他就转身玩儿其他玩具去了。

(14)(1;0.02岁)

杨杨喜欢玩儿摔电话的游戏,他把墙上的电话取下来,然后松手扔掉。有趣的是,每当松手的那一刻,他就立刻紧闭双眼,抿着嘴,为电话"哐"地一声摔在地上做好心理准备。他意识到一松手,电话就会响。

(15)(1;1.09岁)

杨杨学会开灯了。每当他用一只手按下开关,紧接着就用另一只手指向屋顶的灯,并发出"啊"的声音,感觉是在跟大人说"看,灯亮了吧"。然后,再按一下开关,紧接着又用另一只手指向那盏灯,发出"啊"的声音,像是说"看,灯灭了吧"。他会反反复复地玩儿这个游戏,他意识到了一按开关,电灯就会亮(灭)。

（16）（1;1.09 岁）

杨杨喜欢玩儿音乐盒。他把音乐盒递给妈妈，妈妈帮他拧发条，音乐响起来，他安静地坐着，享受着动听的音乐。等音乐演奏完毕，他就会再把音乐盒递给妈妈，期待妈妈再拧发条，让音乐盒演奏音乐。他自己也会尝试着拧发条，但往往不成功。他意识到拧了发条，音乐就会响起来。

（17）（1;2.22 岁）

爸爸穿好衣服和鞋子，准备带杨杨出去玩儿。杨杨跑去找到爸爸的眼镜并递给他，这是因为杨杨注意到爸爸每当要出门的时候就会戴上眼镜。

（18）（1;3.14 岁）

妈妈准备带杨杨出门，妈妈刚刚穿上一只鞋，杨杨立刻拿起另外一只鞋递给妈妈，等妈妈换好了鞋，他就又拿起拖鞋往鞋柜里塞，然后伸着双手让妈妈抱，妈妈抱起他，他就高兴起来，右手食指指向大门，意思是"收拾好了，要带我出去玩儿了吧"。

（19）（1;3.19 岁）

妈妈经常给杨杨讲动物书，每念完一个动物的名字，就会学这种动物的叫声，杨杨很喜欢。妈妈指着图片说"老虎"，但是没有像以前那样接着学老虎叫，而是什么都不做，静静地坐着。过了几秒钟，杨杨看着妈妈，似乎是说"应该学它叫唤了"，妈妈学了老虎叫，他很满意，又高兴起来了。妈妈试了好几次，该学动物叫的时候不叫，杨杨就会看着妈妈，期待着妈妈完成应该完成的部分。

第四，玩假装游戏。

（20）（1;1.11 岁）

杨杨拿了妈妈的眼镜，妈妈问他要，他伸手要把眼镜递给妈妈，当妈妈准备接过来的时候，他又迅速把眼镜揽进自己的怀里，咯咯地笑，这样反反复复了好多次。杨杨学会假装了，他似乎在说"你以为我会给你，其实我是逗你玩儿"。

4.3 小　　结

婴儿从出生就开始使用各种身体语言跟他人交流，这是潜伏在人体内的动物本能和基于镜像神经元的模仿学习共同作用的结果。婴儿的身体语言交流方式是多种多样的，他们可以表达多种情绪、愿望、想法等。然而，身体语言又是模糊含混的，比如，杨杨很难用身体语言精确地表达认识情态"要"和"可能"的区别。儿童到 1;0 岁左右开口说话，从此以后，他们的表达开始变得更加丰富多彩，更加准确无误。

第 5 章

汉语认识情态动词的习得

5.1 汉语认识情态动词

汉语认识情态动词的名称、归类、与其他词类的关系、在句中的功能、成员的数量、某些成员的身份等，都还存在很多争议。彭利贞（2007：101-104）借鉴典型范畴论，对范畴成员身份进行了界定，认为典型和较典型的汉语认识情态动词包括"能""要""会""应该""得（děi）""该""可能""一定"和"准"。由于本书调查的儿童只习得了"能""要""会""应该""可能"和"一定"，以下将详细介绍这些词的特征。首先，本章将介绍语言学家对以上认识情态动词特征的描述，然后，将以 17 亿词的汉语语料库 zhTenTen 为研究语料，借助第四代语料库检索工具 SkE，调查这些表达的使用频数和典型搭配特征[①]。

5.1.1 认识情态动词"能"

吕叔湘（1999：415）认为，"能"表示"有可能"，很少被用于单独回答问题，否定用"不能"。此外，"能"常与表示可能的"得"同用，可以用在"应该"后面，也可以用在"愿意"前面。以下例（1）—例（5）均出自吕叔湘（1999：415）的研究。

---

① 大多数汉语情态动词是多义的。比如，情态动词"能"和"要"可以表达三种情态意义：动力情态意义、道义情态意义和认识情态意义。情态动词"会"可以表达动力情态意义和认识情态意义；情态动词"应该"可以表达道义情态意义和认识情态意义。由于 zhTenTen 没有对情态动词的语义附码，因此我们使用 SkE 的检索结果展示的是情态动词所有意义的用法特征。即使如此，基于语料库的研究还是很有价值的。首先，语料库技术能提供大量反映语言现象的例证，语料库分析则能展示出预期不到的语言形式，因此，"它能强化、反驳或者修正研究人员的直觉"（Partington，2003：12）；其次，语料库技术可以自动生成某个词语的搭配词信息（如搭配词的位置、与节点词的共现频数以及搭配强度值等），这使研究者可以客观地、轻而易举地提取节点词的典型搭配特征。

(1) 天这么晚了，他能来吗？

(2) 我看他不能来了。

(3) 只要认真读下去，就能读得懂。

(4) 这本书写得比较通俗，你应该能懂。

(5) 搬到这么远的地方，他们能愿意吗？

彭利贞（2007：153）认为，"能"表达认识情态"可能"，即说话人对命题为真的可能性做出推测。表示"可能"的"能"一般出现于疑问句与否定句中。此外，认识情态动词"能"与现实体标记"了"同现时，表达说话人对现实事件可能性的推测；与经历体标记"过"同现时，表达对经历事件的可能性的推测；与静态持续体标记"着"同现时，表示对静态持续事件的可能性的推测（彭利贞，2007：223-241）。

(6) 我还能吃了你？（王朔《我是你爸爸》，引自彭利贞，2007：225）

(7) 瑞宣知道不能放了金三爷，低声的问李四爷："尸首呢？"（老舍《四世同堂》，引自彭利贞，2007：224）

(8) 你一个娘们儿家，能去过那地方？（霍达《年轮》，引自彭利贞，2007：235）

(9) 走到门口，小春正在门前的石墩上唱"太阳出来上学去"呢，脸色和嗓音都足以证明他在最近不能犯过腹痛。（老舍《不说谎的人》，引自彭利贞，2007：235）

(10) 你这反革命口淫犯能闲着？（王朔《顽主》，引自彭利贞，2007：240）

(11) 反正糟老头子在虎山，不能还带着大烟袋；只要没大烟袋，咱一点也不怕他！（老舍《小坡的生日》，引自彭利贞，2007：240）

下面将使用语料库的方法，从使用频数和典型搭配来展示认识情态动词"能"在 zhTenTen 语料库中的用法特征[①]。

图 5-1 显示，动词"能"在 zhTenTen 中共出现了 3 537 033 次（每百万词出现 1 679 次）。

[①] 由于 zhTenTen 只有词性附码，没有语义附码，所以我们只能检索到"能"用作动词时的使用频数和典型搭配，却无法检索到"能"表达认识情态意义时的使用频数和典型搭配。下同。

第 5 章　汉语认识情态动词的习得

```
Query 能, V.*  3,537,033 (1,678.98 per million)
Page 1  of 176,852  Go   Next | Last
china-id.c...        也提出了更高要求。因为公司规模小、技术含量低，生产出的产品不能满足顾客的要求，因此
china-id.c...        证书，如今已是成为一名合格的室内设计专业人才。然而在前进道路永远不能止步，除了扎实的专业
jnsq.org.c...        有特色的内容，那么些要重点总记述。当然，在篇目设计和内容记述中不能简单沿袭或照搬首轮沙
jnsq.org.c...        个性太少，难以承载广阔深厚的历史内容。对于一部分重要人物，二轮志书不能只满足人物生平加主要
jnsq.org.c...        二轮志书不能只满足人物生平加主要事迹，应多方收集材料，精心提炼最能表现人物思想精神的部
jnsq.org.c...        最能表现人物思想精神的部分，必要时参考一些口述史资料，这样塑造的人物不但能激发读者强烈的阅读兴
jnsq.org.c...        有益的尝试和探索，对于地方志书自身的生存、发展十分必要，期待二轮志书在地方经济和社会发展
cas.cn               课考试得第 5 名奖给的一份北京城的油印讲义。为此，我始终为能熟练说出北京所有内心
cas.cn               关远没有过去。拿近年来说，不少场合要你讲点话或是让你题词，我只能极力推辞，而主持人则
cas.cn               。我后来才领悟，正是由于他的这种专注的治学特点，才使他能在十年之中在几个不
cas.cn               实质提出形象的模型，以最简单的数学方式概括结果。他的这些治学特点不能不对我有很深的影响
cas.cn               道理难容。但是，研究中断了几十年，自己年龄已近 60，研究工作怎样才能做得起来呢？我当时
cas.cn               补上恐怕是做不到的，所以我拿定主意，承认这个局限性，不去做自己能力的问题。但是要坚持
gzxnc.gov....        家新型农村金融机构开业，其中村镇银行 100 家，贷款公司 7 家，但依然不能解决农民贷款难问题。
gzxnc.gov....        县区开展了新农保试点，大约有 24% 的年满 60 周岁的农村老人每月至少能领取到 55 元的基础养老
gzxnc.gov....        驻的那些村具备以下特点：均为省级贫困村、村党组织软弱涣散、不能形成核心、战斗力不强
```

图 5-1　动词"能"在 zhTenTen 中的部分索引行

表 5-1 显示了动词"能"在 zhTenTen 中的前 100 个搭配词。图 5-2 到图 5-11 显示了动词"能"与前 10 个搭配词的部分索引行。这些索引行显示，动词"能"与前 10 个搭配词共现时都可以表达认识情态意义"有可能"。

表 5-1　动词"能"在 zhTenTen 中的前 100 个搭配词

序号	搭配词	共现频数	logDice	序号	搭配词	共现频数	logDice
1	才	407 282	11.483 99	19	自己	96 395	9.067 3
2	不	1 105 134	11.256 6	20	未	68 216	9.028 78
3	只	271 693	10.857 35	21	人	137 535	9.009 31
4	能	199 602	9.849 46	22	但	89 165	9.002 17
5	就	236 602	9.667 49	23	好	94 408	8.985 81
6	也	219 999	9.553 7	24	的	1 532 658	8.924 28
7	都	165 588	9.488 91	25	我	150 284	8.911 72
8	希望	88 518	9.426 51	26	。	895 030	8.854 91
9	更	116 493	9.308 48	27	这	132 611	8.836 81
10	我们	149 565	9.296 56	28	一	275 644	8.802 62
11	？	106 905	9.275 46	29	而	98 361	8.798 99
12	你	107 733	9.239 52	30	如果	61 843	8.776 26
13	让	94 063	9.183 13	31	说	85 494	8.748 08
14	地	121 460	9.177 02	32	在	298 285	8.734 5
15	还	121 699	9.171 03	33	到	98 073	8.730 25
16	这样	79 642	9.133 05	34	个	159 503	8.673 06
17	使	86 119	9.119 48	35	又	66 058	8.671 7
18	，	2 342 157	9.118 41	36	有	156 125	8.632 68

/ 41 /

续表

序号	搭配词	共现频数	logDice	序号	搭配词	共现频数	logDice
37	用	64 892	8.597 22	69	时	48 530	8.109 57
38	他	87 553	8.586 32	70	一定	36 978	8.104 34
39	上	112 326	8.581 63	71	再	39 081	8.084 45
40	只有	46 383	8.549 07	72	和	187 963	8.078 57
41	做	57 500	8.504 7	73	每	47 238	8.067 52
42	把	62 741	8.492 83	74	最	47 843	8.062 57
43	是	265 884	8.479 79	75	；	81 903	8.060 33
44	它	50 752	8.456 84	76	要	79 593	8.059 66
45	多	79 765	8.456 08	77	对	89 095	8.048 7
46	得到	45 816	8.455 22	78	并不	31 425	8.011 67
47	所	62 982	8.422 53	79	没	32 318	8.006 9
48	他们	56 735	8.412 72	80	因为	36 173	8.006 63
49	种	74 428	8.407 78	81	实现	36 534	7.995 67
50	"	184 533	8.402 95	82	下	42 615	7.968 57
51	解决	46 604	8.398 46	83	从	50 773	7.959 48
52	"	182 965	8.389 57	84	保证	30 168	7.948 74
53	中	110 057	8.354 85	85	达到	32 145	7.940 65
54	，	77 435	8.349 54	86	后	47 246	7.939 35
55	得	49 941	8.348 33	87	既	29 590	7.920 68
56	满足	37 334	8.324 36	88	却	31 777	7.913 01
57	很	58 098	8.313 22	89	通过	40 711	7.907 87
58	问题	63 276	8.289 08	90	看到	29 446	7.906 93
59	真正	37 437	8.277 2	91	这些	34 156	7.897 81
60	学生	59 341	8.259 74	92	之	41 948	7.871 29
61	什么	41 312	8.243 34	93	做到	27 848	7.869 52
62	给	44 833	8.221 5	94	但是	31 284	7.866 44
63	有效	37 930	8.206 65	95	呢	28 710	7.866 26
64	出	39 634	8.180 51	96	所以	30 182	7.858 74
65	吗	34 127	8.167 83	97	或	40 713	7.857 32
66	这个	43 676	8.164 54	98	大	54 538	7.842 47
67	为	102 357	8.162 56	99	以	52 749	7.840 48
68	其	49 848	8.119 05	100	并	47 346	7.837 18

正是由于他的这种专注的治学特点，*才*使他能在十年之中在几个不同的领域取得重大成就。
几十年，自己年龄已近60，研究工作怎样*才*能做得起来呢？我当时想，科学家老了会掉队
身份转变成一名农民、一名村干部，这样*才*能用心了解农村，发展农村。当初这些驻村干部临
多个部门的力量，发挥十根筷子的作用，*才*把渡口渡船的安全监管工作落到实处。在清明节
恢复了公平的价值取向，只有把握了这个*才*能谈别的。然后这十年间社保制度由单项突破变
具有把握正确的方向，具有一定的技巧性，*才*能达到事半功倍的效果。如何高效利用复习时间获
生活指导。但是习惯是要通过长期的练习*才*能形成。家庭教育的作用是学校教育所不能取代的
的广度和难度，使他们经过较大的努力*才*能获得成功。当他们遇到学习困难时，家长要帮助
常告诫刚入学的孩子，在操场等活动区域*才*能奔跑，不要因为课间奔跑受伤吃苦。教育孩子不
国外买到的，只有通过自力更生、自主创新*才*能建立自己的强大的科技基础。目前正在制订的国
观察者的运动速度只有当接近光速的时候，*才*能发现它。爱因斯坦借助于同时相对性的概念，通
始终坚持在全局中谋划，在大局下行动，*才*能找准方位、赢得地位、发挥作用。新时期的民政
民政事业发展的过程中，只有把握规律，*才*能事半功倍；只有尊重实际，才能少走弯路；只有
把握规律，*才*能事半功倍；只有尊重实际，*才*能少走弯路；只有扎实工作，*才*能取得实效；只
重实际，*才*能少走弯路；只有扎实工作，*才*能取得实效；只有与时俱进，*才*能不断发展。必须
扎实工作，*才*能取得实效；只有与时俱进，*才*能不断发展。必须坚持从社会主义初级阶段的基本

图 5-2　动词"能"与其搭配词"才"共现的部分索引行

为公司规模小、技术含量低，生产出的产品*不*能满足顾客的要求，因此尽管市场需求在不断增多
的室内设计专业人才。然而在前进道路永远*不*能止步，除了扎实的专业知识之外，丰富的工作经
重点记述。当然，在篇目设计和内容记述中*不*能简单沿袭或照搬首轮济南市志中的模式和思路
的历史内容。对于一部分重要人物，二轮志书*不*能只满足人物生平加主要事迹，应多方收集材料
简单的数学方式概括结果。他的这些治学特点*不*能不对我有很深的影响。但也无可讳言，长时期
其中村镇银行100家，贷款公司7家，但依然*不*能解决农民贷款难问题。经国务院同意，银监会决
点：均为省级贫困村、村党组织软弱涣散、*不*能形成核心、战斗力不强。 河南省委组织
案批复后三个月内支付给农民。希望这一规定能在推行中*不*走样、不打折扣。 农村网民
大多数农民，得了病而不需要住院治疗，就*不*能受益——没有生大病的人觉得自己交钱没有受益
加快，这种二元结构的医疗保障制度和管理*不*能满足城乡流动人口的医疗保障需求，所以还必须
好来。将来不管是学物理、数学也好，假使*不*能把内心的想法写出来，是会吃亏很大的。</p
规定作出说明，并提供相关证明材料。 *不*能作出合理的说明并提供相关证明材料的，在评
存在并且相等。 如果你这两个题都*不*能马上回答，那就说明你的基础知识没有掌握扎
了。我敢保证下次你遇到同类的题你还是*不*能做出或是完全正确的做出。这就解释了，平时
成资料汇编，要加强志书的著述性，同时又*不*能写的太过于空洞，表面上看篇幅不小，实际上
入了人的活动，增强志书的可读性。但是也*不*能光有文字资料，数据等其他资料也必须具备，

图 5-3　动词"能"与其搭配词"不"共现的部分索引行

的历史内容。对于一部分重要人物，二轮志书不能*只*满足人物生平加主要事迹，应多方收集材料
说，不少场合要你讲点话或是让你题词，我*只*能极力推辞，而主持人则很难谅解。这时总借
所以我拿定主意，承认这个局限性，*只*去做自己能做的问题。但是要坚持自己动手第一线的
高的可以考到140分甚至更高，而很多人却*只*能考100来分。与英语的很多人受线不同，数
面、以及企业的历史发展演变过程，这些显然*只*能是一个笼统地概括。在分类上，综合性条目
，也一定要打肿脸充胖子，我可以没钱，但*只*能我自己知道，一定要让外人知道我有钱。
数学考试中常常出现有些考生在有些题目上*只*能交白卷，这种现象在其他科目的考试中几乎
最新鲜出炉的"体脂测量仪"（百度、淘宝……都能搜到）让您*只*需15秒一踏便知，随时监测
"安全的大米"不是"绝对不含砷"的大米，而*只*能是"砷含量低于某个安全限"的大米。
，当非机动车道上的车辆放行时，一次绿灯*只*能通过十余辆车，通行效率非常低。将非机动
傲气，只爱听表扬的话和赞美的话，参加竞赛*只*能取胜不能失败。这些孩子的确也是一些接受
爱听表扬的话和赞美的话，参加竞赛*只*能取胜不能失败。这些孩子的确也是一些接受能力较强
就根本找不到一点儿可供启发的资料。我们*只*能靠自己的力量和集体的智慧突破氢弹。理论
。方志文字表现形式的相对固定，使体裁创新*只*能局限于各种形式的具体操作之中，创新空间
有再继续深造，所以在选择招聘职位时，我*只*能避开自己专业的工作选择做销售这个职业。
一百平方，但是第二套房价对我是打击。现在*只*能是满足大局。将来看看势头再说。不管怎

图 5-4　动词"能"与其搭配词"只"共现的部分索引行

孩子 意识到自己也有强与别人的地方，别人 能 成功，自己同样 能 成功（红花、红旗、五角星获
有强与别人的地方，别人 能 成功，自己同样 能 成功（红花、红旗、五角星获得）。 孩
，只爱听表扬的话和赞美的话，参加竞赛只能取胜不 能 失败。这些孩子的确也是一些接受能力
表扬的话和赞美的话，参加竞赛只 能 取胜不能失败。这些孩子的确也是一些接受能力较强、领
软一直都是陆风的造车理念，以这样一部即能翻山又 能 舒服游走在城市之中的国产 SUV 来说 12
是陆风的造车理念，以这样一部即 能 翻山又能舒服游走在城市之中的国产 SUV 来说 12 万至 14 万
，但是想想以后的路还长，连这点打击都不 能 承受以后还能做什么呢？既然自己不 够出类拔萃
的路还长，连这点打击都不 能 承受以后还能做什么呢？既然自己不够出类拔萃那就努力让
炒。第三个就是合理的价位。房价过快上涨能不 能 取得合理价位，房价下降能不能达到合理
第三个就是合理的价位。房价过快上涨 能 不能取得合理价位，房价下降能不能达到合理价位
价过快上涨能不能取得合理价位，房价下降 能 不能达到合理价位，我觉得很难。像北京这样
上涨能不能取得合理价位，房价下降能 不 能达到合理价位，我觉得很难。像北京这样城市
现，像我这样低收入家庭，住房条件很差，能 不 启动来买房，另一方面来启动美国的经济。于
像我这样低收入家庭，住房条件很差， 能 不能启动来买房，另一方面来启动美国的经济。于
民银行印的。银行为什么印那么多钞票呢？能不 能 少？不行。为什么不行？第一 收入增加了
行印的。银行为什么印那么多钞票呢？ 能 不能少？不行。为什么不行？第一 收入增加了，土

图 5-5 动词"能"与其搭配词"能"共现的部分索引行

大多数 农民，得了病而不需要 住院 治疗， 就 不能受益 —— 没有生大病的人觉得自己交钱没有受益
郤存在并且相等。 如果你这两个题都不能马上回答，那 就 说明你的基础知识没有掌握扎
知识的盲点而且能形成知识的 网络，还有 就 是能学到解题的一些方法技巧。但在辅导班之前
人喜欢 奢侈品一样，哪懂什么品牌文化啊，只要能证明我有钱 就 行，即使自己的收入不足以支撑
金唱片都是扯淡，真正最流行的歌曲专辑销量能达到 30 万张 就 已经凤毛麟角了。 那么
这个行业的收入到底是什么情况呢？一首歌 就 能保证一辈子荣华富贵？难怪那些年轻人趋之如鹜
将一个条目列为一个专题， 就 应当突出表现它能成为专题的方面，让它能独立存住脚，体现
守法。原开发商批地建设项目是合法的， 就 不能用还未成型的导则，哪怕是十二五规划，去
便。但是现在因为，一，龙井现在基本是茶 就 卖出价钱，没人再会那么仔细的择茶；二，
不太做细致的择茶工作，只要过得去 就 行了，能看上去叶茎不要太长，一芽三四叶不要连芽
点。此外，有人主张"既然是一种著述， 就 不能绝对的'述而不论'，主张 在述体中有画龙点睛
为人所知了。退役之后，两人 就 一直在想，能为中国的花滑事业再做点什么？于是想到了以
早在 2003 年就想进入中国市场，7 年一直未能成功， 就 是因为各方面的条件都未成熟，缺
两三亩田不到一小时就耕好了，不用一天 就 能把薄膜铺好，真是省工、省时、省力还省钱
因为空间有限，前来贺喜的人吃过饭 就 走，不能多做停留。 和张玉梅的婚礼类似，赵
， 张玉梅最大的心愿， 就 是女儿和女婿们携手并肩，幸福地走过一生。而这个心愿，t

图 5-6 动词"能"与其搭配词"就"共现的部分索引行

好来。将来不管是学物理、数学 也 好，假使不能把内心的想法写出来，是会吃亏很大的。</p
入了人的活动，增强志书的可读性。但是 也 不能光有文字资料，数据等其他资料也必须具备，
业或事业中的某一类、某一方面。但是 也 不能说两类条目全然没有相似之处：从名称上看，
日平均气温稳定在 3℃以上，中午最高温度 也 能保持在 5℃-10℃，因此在晴暖的午后进行灌溉
毒不贵。一年也就花费 二三十万，尔等屁民 也 能吸得起。先不说俺那富豪领导的豪迈口气吧
粗线条的，一个微观性的、细致化的，但 也 不能说它们之间完全没有相似点。实际上，专题性
C 四缸发动机，同时其配备的 6 速手动变速箱 也 能使驾驶者感受到更多的驾驶乐趣。 值得
要符合档案管理要求，审计经费再紧张， 也 不能缺了档案管理的需要。两年来，该办投入近 1
纸既能帮助家长营造一个看书的环境，同时 也 激起孩子阅读文章的兴趣。不仅如此，还应该
阅读家长一点点心。这样即可以让孩子少喊几声饿， 也 能让家长稍哄口气吃饭。有老人照顾会好很多。
自己或者与自己相近的一流球队的对抗中 也 不能完全占据上风，但是却可以让他们在面对比自
二类应该是山居。那怕也离景点多远， 也 不能破坏建造旅游设施。法制南昌创建办。一工作人
在一个很低的比率，叶子也不大，基本上 也 能接受。 早年 杭州龙井和嵊州龙井常常会
，是人人不是少数人。享有，一定要享有，不能没有， 也 不是拥有。适当住房，不同的国家有
一松动可能也要反弹。也不敢收紧， 也 不能收紧。因为房地产是中国经济的长子，价格的
的甚至不出现发烧症状，所以就算是医生 也 不能鉴别甲流，而普通市民单靠症状鉴别也不可

图 5-7 动词"能"与其搭配词"也"共现的部分索引行

/ 44 /

第 5 章 汉语认识情态动词的习得

都 存在 并且 相等。 如果 你 这 两 个 题 都 不能 马上 回答，那 就 说明 你 的 基础 知识 没有 掌握 ，平时 感觉 有些 同学 数学 很强，你 问 他 题，它 都 能 给 你 解释 的 很好，可是 考试 时 却 很难 得 高分 题型 和 知识 盲点。其实 这时 你 会 发现 真题 一般 都 能 做 很 高 的 分。 12 月：做 李永乐 的《 一门 课程 打基础，一环 紧扣 一环，只要 坚持 跟着 老师 教学 进度 走，再 学 就 不存在 这些 问题 了，所以 不 吸？亦或是 因为 能 成为 天王 天后 都 是 有 后台 的？这 又 ；也 有人 说，他们 都 做 生意。可 人人 做 生意 都 能 成功 吗？显然 不 可能。他们 难道 是 有 什么 捷 和 定理。只要 同学们 认真 复习 了，这些 题 应该 都 能 做得 出来，分数 也 拿 一大半。同时 在 这 部分 最 新鲜 出炉 的 "体脂 测量仪"（百度、淘宝……都 能 搜到）让 您 只需 15 秒 一路 便 知，随时 监测 家长 都 不 开心。所以，学校 一般 都 非常 希望 家长 能 常 告诫 刚 入学 的 孩子，在 操场 等 活动 区域 才 很 明显 的 拉扯感，转速 徘徊 在 3000 转 之间，他 都 能 达到 悠然 自在 的 境界。 公路 驾驶 平顺性 曾经 被 肯定 过 的 特长——唱歌 却 连 学校 海选 都 不能 通过。那时 我 的 自信心 遭受 了 前所未有 的 打击 有。但是 想想 以后 的 路 还 长，连 这点 打击 都 不能 承受 以后 还 能 做 什么 呢？既然 自己 不够 出类 p>不管 买 的 起 买 不起，头 采 龙井 拍卖，每年 都 能 成为 茶客 或者 伪 茶客 口头 的 谈资。早年 还要 活 密切 相关。"三 创 一 办" 就是 要 让 大家 每天 都 能 呼吸 新鲜 的 空气，喝上 干净 的 水，吃上 放心 恰 是 80 后。一 看 网上 都 是 80 后，都 是 希望 房子 能 买得起。我们 的 记者 都 是 80 后，他们 有 发言 疏导。所以 这 两 条 出路，哪 一 条 不 解决，都 不能 解决。这个 不是 房地产 不能 解决，而是 整个

图 5-8　动词 "能" 与其 搭配 词 "都" 共现 的 部分 索引 行

方案 批复 后 三个 月 内 支付 给 农民。希望 这 一 规定 能 在 推行 中 不 走样、不 打折扣。</p><p>农村 网 家长 都 不 开心。所以，学校 一般 都 非常 希望 家长 能 常 告诫 刚 入学 的 孩子，在 操场 等 活动 区域 才 能 有些 地方 书籍 种类 单一，更新 不快。希望 贵 单位 能 针对 残疾人 的 特点 为 他们 提供 一些 好 的 书籍 和 是 80 后。一 看 网上 都 是 80 后，都 是 希望 房子 能 买得起。我们 的 记者 都 是 80 后，他们 有 发言 巫昌祯 说，夫妻 互相 忠实 写进 法律，是 希望 人们 能 忠于 爱情，珍惜 爱情，改变 社会 风气。婚姻法 严重，省里 的 同志 把 这个 问题 向 中央 反映，希望 能 通过 修改 婚姻法 来 遏制 这种 不良 社会 现象。</ 留守 妇女、留守 老人 和 留守 儿童。希望 有关 部门 能 考虑 到 这些 新 的 问题，采取 必要 的 措施。</p 也 也 很 希望 能够 与 高层 人物 合作 并 服务，也 希望 能 有 这样 的 机会（之前 我 向 他 介绍 过 7723 班） 暮来，四目 对望，羞涩 无语，啊，此刻 多么 希望 能 有 如 水 的 月光。此刻 没有 月光，只有 朝阳 悄悄 可是 老板 知道 我 拿 全勤奖 的 原因，真 希望 他 能 知道，这样 他 会 吐血，我 就 可以 回家 过年 了。 和 视角 为 我们 带来 了 一堂 生动 的 法律课，希望 能 对 您 未来 的 工作 和 生活 有所 裨益。（文／摄影 才，并能 充分 发挥 人才 作用，希望 博士后 的 工作 能 与 理论物理所 新 成立 的 卡弗里 理论物理 研究 丽奥，为 此 热狗 准备 了 公仔 送给 陈冠希，希望 他 能 像 游戏 里 的 超级 玛丽奥 一样 冲破 难关。</p> ，"不一定 要 照顾 我，因为 我 很 独立，但 希望 他 能 不断 让 我 看到 闪光点，让 我 学习。我 生性 不 自治区 政府 要 尽早 谋划。王乐泉 希望 院士 专家们 能 从 国家 能源 开发 利用 的 战略 高度，关注 新疆 的 概念 有了 更加 全面 的 理解，更 希望 有 一天 也 能 有 机会 走上 这个 讲台，成为 优秀 学子 中 的 一员

图 5-9　动词 "能" 与其 搭配 词 "希望" 共现 的 部分 索引 行

办方 刻意 的 线路 安排 试驾 相比，这种 方式 更能 让 记者 全方位 地 感受 一款 车 的 性能 和 实用。 < 在 中低速 行驶 状态 提供 强大 的 扭矩 支持，并能 产生 更好 的 操控性 与 燃油 经济性，更加 适合 城市 中 具有 更佳 的 燃油 经济性、更为 优异 的 运动 性能 和 更 灵活 的 储物 空间。2012 款 思域 最为 突出 的 是 缸 发动机，同时 其 配备 的 6 速 手动 变速箱 也 能 使 驾驶者 感受 到 更多 的 驾驶 乐趣。 值得 一 意力 不 集中、不 专心 的 坏 习惯，家长 千万 不能 性急 和 灰心，更 不能 把 他 看成 是 孩子 多动症。而 的 坏 习惯，家长 千万 不能 性急 和 灰心，更 不能 把 他 看成 是 孩子 多动症。而 应 根据 孩子 注意 发展 的 孩子 刚刚 入学 的 这一年，父母 至少 要 有 一人 能 把 精力 更多 的 放 在 孩子 身上。 家长 发现 了 感觉 出来，而且 少量 的 茶 稀释 在 水里，更 能 让 你 感受 到 很多 细微 的 东西。而 笔者 个人 的 经验 可以 让 一个 更具 活力 的 巴特尔 在 更 关键 时刻 能 起到 更 重要 的 作用。而 经过 一个 赛季 磨炼，身体 节省 一点 体力，从而 让 他 出现 在 场上 的 时候 能 发挥 更大 的 功效。 对于 外线，原本 人手 充 的 时候，他 就 会 用 运动 来 调整。渴望 成功 才 能 更 享受 过程。李伟强 早已 规划 好 了 自己 的 人生 目标 界 技术 是 相对 传统 的 清洁煤 技术。这种 技术 能 更有效 的 让 煤 燃烧，产生 温度 更高 的 蒸汽 和 压力 资本 特别 是 民间 资本 进入，给 投资者、各类 能人 更多 的 机会。要 推进 事业单位 改革，鼓励 民间 J 处理 在 萌芽 状态，起 防患 于 未然 的 作用，更 能 达到 投资 审计 "免疫 系统" 的 目的。但是，跟踪 审 本质 和 时代 特征，采取 切实 有效 的 措施，才 能 更 有效 地 促进 我国 科学技术 的 发展，促进 我国 自主 时候，对 线性代数 的 复习 应 注意 哪些 问题 才 能 更 有效率？考研 教育网 教育 集团 数学 考试 辅导 中心

图 5-10　动词 "能" 与其 搭配 词 "更" 共现 的 部分 索引 行

/ 45 /

将关系到能否打好基础的重要问题。您最终能选择*我们*学校，这是对我们的极大信任，对此我
很本找不到一点儿可供启发的资料。*我们*只能靠自己的力量和集体的智慧突破氢弹。理论部充
社会经济和环境方面有影响。如果说*我们*不能很好的解决住有所居的问题，就可以酿成社会问
80后。一畅网上都是80后，都是希望房子买得起。*我们*的记者都是80后，他们有发言权，
会酿成政治问题。如果各个收入不同问题都能满足了，那么*我们*的销售也会增加，各种都能
第二部分是岗位工资，属于*我们*所谓"能上能下"的部分；第三部分是绩效工资，与项目
第二部分是岗位工资，属于*我们*所谓"能上能下"的部分；第三部分是绩效工资，与项目经费、
花也能结出硕大的果实。*我们*期待着李航也能在明年满载理想的方向走的更高更远
要把别人的钱掏空。大家想想，*我们*如果能把酒桌上、牌桌上的"好作风"放到家里去，
做一件事的时候，要多想想*我们*做这件事能得到什么，不做又会失去什么？在对待学习和锻炼
和锻炼上，要多想想，*我们*通过学习和锻炼能得到什么好处，不去学习和锻炼，会对自己产生
要多肯定自己，不要否定自我，这样*我们*才能坚定信心。《秘密》一书中提到，这个世界和社
议不但将有助于促进核技术的发展，而且还能为*我们*开辟更安全地在全球范围内推广利用核能的
学现象。 从群体心理角度，*我们*或许能看出更多。仓央嘉措的诗，真假莫辨，仓央嘉措
儿，真是很给面子，但是*我们*的接待丝毫不能有瑕疵，比如他们过来都是商务舱或者头等舱，
安装和维修技术，下岗后四处寻找工作都没能如愿以偿。*我们*了解情况后，将他的求职意向

图 5-11　动词"能"与其搭配词"我们"共现的部分索引行

5.1.2　认识情态动词"要"

吕叔湘（1999：592-593）认为，"要"表达三种意义：表示可能，前面可以加"会"，句末可以加"的"，表示否定不说"不要"，而说"不会"；表示将要，前面可以加"快""就"，句末常加"了"；表示估计，用于比较句，"要"可以用在"比……"的前或后，也可以用在"得"后，意思不变。此外，疑问句都不问"要不要……"，而是问"是不是要……"。

（12）看样子会要下雨。（吕叔湘，1999：592）

（13）不顾实际一味蛮干要失败的。（吕叔湘，1999：592）

（14）他这数字是有根据的，不会错。（吕叔湘，1999：593）

（15）他要回来了。（吕叔湘，1999：593）

（16）麦子眼看就要割完了。（吕叔湘，1999：593）

（17）他要比我走得快些。（吕叔湘，1999：593）

（18）你比我要了解得多。（吕叔湘，1999：593）

（19）天是不是要下雨？（吕叔湘，1999：593）

彭利贞（2007：138-141）认为，"要"还可以表达认识情态"必然"，表达说话人对事件的事实性或命题的真值的必然性的推断。此外，认识情态动词"要"与现实体标记"了"同现时，或反向表达假定的必然，或正向表达推定的必然；与经历体标记"过"同现时，都是从假定的角度对经历的事件进行必然的推断；与静态持续体标记"着"同现时，或反向表达假定的必然，或正向表达推定的必

然（彭利贞，2007：225-242）。

（20）姑，你要死了怎么办？（刘恒《贫嘴张大民的幸福生活》，引自彭利贞，2007：226）

（21）甘蜜蜜觉得自己马上就要昏死过去了。（毕淑敏《昆仑殇》，引自彭利贞，2007：228）

（22）但只要见过安琪儿，你就会原谅她的妈妈。（毕淑敏《原始股》，引自彭利贞，2007：236）

（23）我爸要活着，知道我当了作家，非打死我。（王朔《一点正经没有》，引自彭利贞，2007：241）

（24）他们知道，这些灯要一直在那里亮着，一直到很深很深的夜里，发着红红的光。（汪曾祺《下水道和孩子》，引自彭利贞，2007：241）

下面将使用语料库的方法，从使用频数和典型搭配方面展示动词"要"在 zhTenTen 语料库中的用法特征。

图 5-12 显示，动词"要"在 zhTenTen 中共出现了 6 237 231 次（每百万词出现 2 960.70 次）。

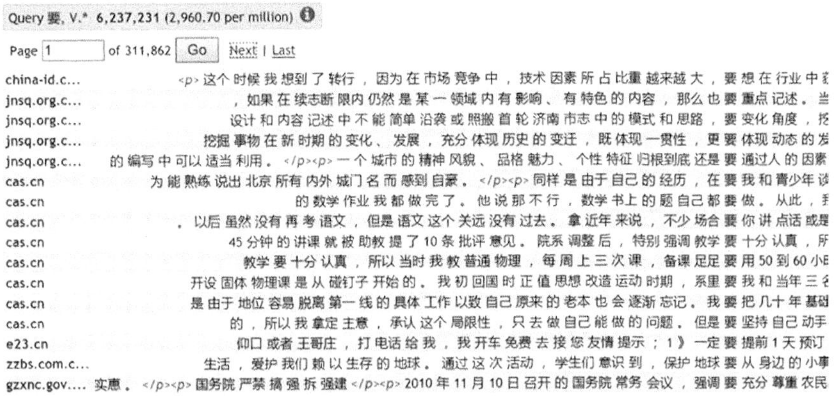

图 5-12　动词"要"在 zhTenTen 中的部分索引行

表 5-2 显示了动词"要"在 zhTenTen 的前 100 个搭配词。图 5-13 到图 5-22 显示了动词"要"与前 10 个搭配词的部分索引行[①]。这些索引行显示，当"要"跟"不""要""就""还"和"我们"共现时，可以表达认识情态意义"可能"

[①] 表 5-2 显示，动词"要"在 zhTenTen 中的前 10 个搭配词中有两个是标点符号。严格来讲，标点符号不能算作搭配词，只能算作搭配形式。由于 SkE 没有对搭配词和搭配形式做出区分，所以生成的搭配词表把标点符号也包括进来。鉴于此，笔者没有调查动词"要"和标点符号共现的情况，而是调查动词"要"和另外两个词语"加强"和"是"（分别位于搭配词表的第 11 位和第 12 位）共现的情况。下同。

"将要""估计";而当"要"跟"一定""各""工作""加强"和"是"共现时,基本都只表达道义情态意义"义务"。

表 5-2 动词"要"在 zhTenTen 中的前 100 个搭配词

序号	搭配词	共现频数	logDice	序号	搭配词	共现频数	logDice
1	不	631 523	10.207 53	31	做	127 304	9.046 77
2	。	2 154 029	10.061 72	32	学习	130 592	9.020 09
3	一定	230 259	10.052 87	33	建设	159 657	9.019 72
4	要	378 637	9.957 88	34	要求	125 294	8.977 57
5	就	369 495	9.950 81	35	说	139 772	8.957 05
6	还	283 944	9.917 91	36	"	311 004	8.952 93
7	各	313 747	9.883 2	37	地	143 661	8.941 31
8	,	3 992 837	9.860 05	38	问题	139 239	8.933 93
9	我们	288 843	9.816 89	39	注意	97 762	8.917 17
10	工作	369 005	9.778 42	40	上	180 317	8.907 14
11	加强	193 579	9.670 64	41	这	171 668	8.848 45
12	是	673 186	9.668 61	42	时	118 901	8.847 57
13	;	304 976	9.613 84	43	同时	107 450	8.821 04
14	把	193 902	9.561 78	44	他	140 199	8.820 1
15	的	2 426 390	9.549 86	45	中	188 103	8.811 83
16	有	343 902	9.497 57	46	多	137 730	8.797 52
17	部门	177 604	9.491 07	47	认真	93 604	8.796 46
18	一	491 762	9.457	48	三	126 189	8.796 05
19	都	218 479	9.447 78	49	:	195 025	8.791 57
20	也	241 375	9.329 65	50	做好	92 836	8.774 99
21	我	247 413	9.292 87	51	以	136 744	8.773 2
22	"	392 597	9.288 12	52	想	94 748	8.765 41
23	和	474 494	9.252 93	53	更	115 098	8.756 53
24	在	471 851	9.235 64	54	、	666 718	8.742 43
25	好	160 785	9.225 37	55	进一步	94 433	8.715 09
26	你	149 224	9.161 25	56	去	94 130	8.699 73
27	自己	146 830	9.129 85	57	二	103 451	8.698 43
28	对	231 284	9.108 92	58	教育	120 320	8.687 78
29	个	261 033	9.107 66	59	坚持	83 863	8.635 13
30	发展	191 133	9.079 5	60	到	124 284	8.631 72

续表

序号	搭配词	共现频数	logDice	序号	搭配词	共现频数	logDice
61	人	137 124	8.616 81	81	干部	73 910	8.377 82
62	首先	79 523	8.606 03	82	,	106 243	8.375 98
63	组织	100 721	8.604 11	83	必须	72 364	8.373 9
64	单位	94 919	8.592 76	84	既	67 530	8.367 12
65	学生	105 225	8.574 53	85	与	134 927	8.343 86
66	级	84 153	8.554 98	86	为	141 712	8.332 46
67	领导	89 503	8.553 12	87	进行	93 911	8.331 08
68	充分	80 600	8.551 34	88	重视	65 502	8.315 46
69	每	96 888	8.550 07	89	强调	63 990	8.311 8
70	管理	107 518	8.495 13	90	而	95 124	8.293 22
71	从	103 099	8.491 86	91	用	78 272	8.290 64
72	?	90 953	8.478 99	92	但	80 201	8.289 69
73	落实	76 041	8.466 26	93	让	74 829	8.259 28
74	积极	79 467	8.441 01	94	比	65 091	8.255 33
75	又	84 091	8.426 61	95	政府	74 391	8.252 33
76	方面	85 631	8.424 86	96	了	239 224	8.252 26
77	大	109 648	8.420 49	97	来	81 840	8.243 58
78	提高	82 782	8.403 39	98	这个	70 723	8.235 69
79	按照	71 694	8.393 48	99	学校	75 763	8.230 25
80	企业	99 302	8.384 68	100	服务	79 691	8.209 62

图 5-13 动词"要"与其搭配词"不"共现的部分索引行

汉语儿童不确定性表达习得研究

给我，我开车免费去接您友情提示；1》一定要提前1天预订1）为了爬山运动方便，请穿运
化是非常重要的，这个我们在复习的时候一定要特别重视，而且一定要练习得比较熟练。初
我们在复习的时候一定要特别重视，而且一定要练习得比较熟练。初等变换不只是一种方法
要眼高手低。 注重基础就是一开始一定要把本科学习的课本拿出来好好看，包括基本的
本拿出来好好看，包括基本的定理、定义一定要弄懂记熟，课后习题一定要认认真真的做一遍
的定理、定义一定要弄懂记熟，课后习题一定要认认真真的做一遍，做题的过程是把重要的
知识点加在一块。说了这么多就是一点，一定要注重基础，不用去钻研难题。再次强调：千万
等等。 不要眼高手低就是在复习时一定要动手做题，不要就看看，觉得自己会了就不
到解题的一些方法技巧。但在辅导班之前一定要把基础知识学扎实，否则到课堂上你会感觉
即使自己的收入不足以支撑这种消费，也一定要打肿脸充胖子，我可以没钱，但只能我自己
子，我可以没钱，但只能我自己知道，一定要让外人知道我有钱。记得一位时尚圈的资深
，再集中精力来啃那几个难的题目。步骤一定要写清楚，公式一定要写出来，数学是按步骤
几个难的题目。步骤一定要写清楚，公式一定要写出来，数学是按步骤给分，多写一步
的经验与收获。做题很重要的一点就是一定要注意思考和总结，对了的题要知道它主要考
公用房要优先考虑档案室用房，各项设施一定要符合档案管理要求，审计经费再紧张，也不
新入学的孩子，你不要觉得书包特别沉，一定要帮着拎。我们家长每天回家要有意识的问

图 5-14　动词"要"与其搭配词"一定"共现的部分索引行

的一些性质的一道题。我们不只是从方法上要理解它，而且要掌握关于的初等变换。像其他
一道题。我们不只是从方法上要理解它，而且要掌握关于的初等变换。像其他的求矩阵的值
等等。 不要眼高手低就是在复习时一定要动手做题，不要就看看，觉得自己会了就不
要眼高手低就是在复习时一定要动手做题，不要就看看，觉得自己会了就不动手写了，或是
有魄力，遇到好项目，要敢于果断出击；四是要有定力，要把握好原则，干干净净做事；五
到好项目，要敢于果断出击；四是要有定力，要把握好原则，干干净净做事；五是要有合力
有定力，要把握好原则，干干净净做事；五是要有合力，要正确对待责任，一切都是为了安源
把握好原则，干干净净做事；五是要有合力，要正确对待责任，一切都是为了安源发展的需要
关键是理念不清，就是社会保障到底是要社会公平还是要效率。九十年代中期我们确立了
理念不清，就是社会保障到底是要社会公平还是要效率。九十年代中期我们确立了市场经济的
确。2、写字时的姿势要正确。写字身体姿势要端正，要做到"三个一"，即身体离桌子要一
写字时的姿势要正确。写字身体姿势要端正，要做到"三个一"，即身体离桌子要一拳；眼
在家中教一教孩子扫地，因为小学里每个孩子要做值日生（不要在孩子做值日生的日子迟到
扫地，因为小学里每个孩子要做值日生（不要在孩子做值日生的日子迟到，也不要灌输扫地
各个政府都在救市，我们中国也不例外。出手要重，出拳要快，最终都落实到房地产。下半年
在救市，我们中国也不例外。出手要重，出拳要快，最终都落实到房地产。下半年中国房地产

图 5-15　动词"要"与其搭配词"要"共现的部分索引行

和扶贫开发政策两项制度的有效衔接，就是要把具有劳动能力的农民区别出来，通过开发式扶
理老师常跟我们说学物理是很鸡的哦！你们要小心！我们也就战战兢兢的学习。因此考试时
越来越强烈。企业作为创新主体，也就是说要通过企业的行为、通过企业的投资来实现更多
互让一让的情形还依然存在，这就要求我们要形成合力，共同克服存在的问题，树立正气、
习归结为一句话：注重基础、多加练习、不要眼高手低。 注重基础就是一开始一定要
眼高手低。 注重基础就是一开始一定要把本科学习的课本拿出来好好看，包括基本的
一块。说了这么多就是一点，一定要注重基础，不用去钻研难题。再次强调：千万
要把课本好好看看。 多加练习就是要多做些练习题，因为在做题的过程中能不断的
纳、做题方法、知识的盲点等等。 不要眼高手低就是在复习时一定要动手做题，不
眼高手低就是在复习时一定要动手做题，不要就看看，觉得自己会了就不动手写了，或是看
真题，一天一套，在三个小时内完成，就要在考场上那样。做完后对着答案改一改并且好
面，比如说介绍一个企业、集团的情况，就要涉及到它企业内部的方方面面，以及企业的历史
敢一些，观察某一类树木的某一个部分，就要走得更近一些，甚至使用放大镜。这里的整
上具体某部影视作品。至于莫少聪，就更不要提了，无论名字还是面相，完全没有印象。好
厚度+上臂部皮褶厚度想要测量皮褶厚度，就要用到皮褶钳子！测量时右手要住钳子，左手捏
数据，然后套在上面的公式里就好了！下面要给大家一个参考值：男性20-30岁左右，正常体

图 5-16　动词"要"与其搭配词"就"共现的部分索引行

/ 50 /

老金。按照进度,"十二五"时期,相关部委**还要**进一步扩大新农保试点面,到期末将覆盖至全[
病小伤,抗风险能力差。同时,"新农合"**还要**建立医疗救助制度,即对于特困户、五保户、交
中央政府和地方政府在经济发展的过程中,**还要**不断提高对"新农合"的投入,并且适当增加农
父亲不得不到三个地方教书、演讲,回家后**还要**写书,我们看了实在很佩服。父亲常强调哲学
:会建设,确保社会安全稳定。程结林**还要**求,要转变机关作风,加大创新,顾全大局,提高效率
可能会影响他今后的发展。 今天我还要在这里和大家谈谈小学新生入学心理准备和习惯
情况,用自己的语言回答老师的提问。同时,**还要**听同学们的发言。这实际上也是给孩子提出了
情况,老师往往要花上很多的工夫去纠正,**还要**联系家长一起教育。如果你发现自己的孩子有J
规定时间练坐,走路时不奔跑的教育等等。**还要**进行下述行为的培养。 1、爱清洁讲卫
教代会、工会会员(代表)大会合并召开的**还要**做好工会的准备工作。9、会议召开前半个月
查询、排版、打字的速度,比采用拉丁字母**还要**快。因此21世纪初,汉字才有可能跃居因特网
一点点艺术的熏陶,也许比我接受科学训练**还要**更早一些,更多一些。初中的美术老师,给我
都能成为茶客或者伪茶客口头的谈资。早年**还要**担心朋友买错,得叮嘱一声,别买到仿冒龙井
算钱,多数都达不到雇主的要求,所以往往进行再次分拣,**还要**择掉一些多余的茎叶。曾
到雇主的要求,所以往往要进行再次分拣,**还要**择掉一些多余的茎叶。曾经有个梅家坞的茶农
。志体例的重要区别,在第二轮修志中**还**是要坚持"横排竖写"的编纂原则,保持志书自身

图 5-17 动词"要"与其搭配词"还"共现的部分索引行

养老服务业持续协调发展。" *各*级财政要安排专项资金,加大对新建、改建和扩建社会
力度,确保资金安全。会上吴顺恩要求*各*部门要在更加宽广的范围内获取项目信息,加强整体1
因地因苗制宜,分类指导。*各*类麦田返青期都要镇压划锄,针对苗情,促控结合,做好肥水管
可依。要采取行政的措施,*各*级规划审批部门要严格项目审批,确保新建项目达到国家绿色建筑
发展是有基础有条件的,关键在于*各*级组织要善于带着干部干、引导群众干、吸引客商干、
围。袁川最后要求各镇街管委会和*各*职能部门要做到"四个一"即拟一个项目进度表、拿一个
负责人为办公室成员。各处室和机关*各*党支部要密切配合,结合本处室工作,认真抓好落实,
隐患增多。各乡镇、各涉安职能部门、*各*单位要从践行科学发展观,站在对人民群众生命财产
排水畅通,防止基础沉降变形发生坍塌。同时要加大对拆房和*各*类建筑施工工地的安全监管
具体部署,各乡镇、各涉安职能部门和*各*单位结合当前夏季安全生产工作特点,进一步加大安
普及夏季安全基本知识。*各*相关单位、企业要开展一次夏季全员安全教育活动,提高职工自
息报送工作各乡镇、各涉安职能部门和*各*单位认真制定应急预案,做好应急队伍和应急物资
公用房要优先考虑档案室用房,*各*项设施一定要符合档案管理要求,审计经费再紧张,也不能
不可替代的作用。他希望,学校*各*教学单位要在非竞赛年,把全体青年教师组织发动起来,
系统地学习文化科学知识,完成*各*科作业,并要认真地遵守学校、班级的各项规章制度。他们
发展,不断做大做强企业;全市*各*级工商联要转变观念,强化服务,为揭阳未来五年发展作

图 5-18 动词"要"与其搭配词"各"共现的部分索引行

父亲不得不到三个地方教书、演讲,回家后还要写书,*我们*看了实在很佩服。父亲常强调哲
的哲学史,当时觉得很难,看不懂。父亲也要*我们*读文学、历史的书,后来文学、历史、
物理老师常跟我们说学物理是很难的哦!你们要小心!*我们*也就战战兢兢的学习。因此考试时
前已经完成37项,并且从今年年底开始,*我们*要启动国际专利申请。因为我们的成套设备开始
相互让一让的情形还依然存在,这就要求*我们*要形成合力,共同克服存在的问题,树立正气、
数据,必要时可列表反映。*我们*知道,地方志要注重对事业的基本面貌及其成果的记述,要!
目中要有所侧重。对于已经萎缩的事业,*我们*要如实地记述它消亡的时间、原因及过程;对于
情况以及它们所从事的行业发生的变化*我们*也要如实地记述,特别是要突出"变化"二字,在
正在面临宝贵的机遇,处于重要的关头,*我们*要抓住金融危机后产业转移的机遇、抓住市委、
态不清,就是社会保障到底是要社会公平还是要效率。九十年代中期*我们*确立了市场经济的取
包括地区的、行业的等等。所以*我们*说首先是要普惠,但是是有差别的普惠,再到公平的普
制度的回归? 郑功成:*我们*绝对不是要回归计划经济时代的社保制度。计划经济时代
新入学的孩子,你不要觉得书包特别沉,一定要帮着拎。*我们*家长每天回家要有意识的问
特别沉,一定要帮着拎。*我们*家长每天回家要有意识的问孩子在学校的情况,帮助他们[
星获得)。 孩子是需要激励的,*我们*要在孩子的心田里播下自尊、自信的种子,让
孩子来说,确实是有一定难度的。因此,*我们*根据孩子的心理发展水平,根据学校的要求,

图 5-19 动词"要"与其搭配词"我们"共现的部分索引行

，坚决 完成 市委 市政府 下达 的 全年 工作 任务 ，要 推进 项目 建设 ，培育 经济 发展 后劲 ；推进 平台
精神，认真 落实 胡锦涛 总书记 关于 机关 党建 工作 要 走 在 前头 的 重要 指示 和 视察 山东 时 的 重要 讲话
好 防中毒、防雷电、防淹溺 和 防暑 降温 工作。要 加强 对 污水 管道、污水 泵站、电镀池、地下 隐
高于 一切，把 "为民解困" 作为 民政 工作 的 第一要事，把 "群众满意" 作为 检验 民政 工作 的 主要 标
规范化。在 充分 发扬 民主 的 前提 下，各项 工作 要 达到 统一、简化、有序、优化 的 要求。（一）
教代会、工会 会员（代表）大会 合并 召开 的 还要 做好 工会 的 准备 工作。9、会议 召开 前 半个月
和 形式，宣传 大会 精神。4、各 专门 工作 小组 要 根据 各自 的 职责，协助 和 督促 行政 有关 部门 贯
"追赶型"、"跨越式" 的 发展 是 续修 工作 首先 要 解决 的 思想 问题。总之，二 轮 修 志 要 突破 传统
同时 加强 管理 平台 建设，特别 是 知识库 建设 工作 要 加快 步伐，为 青藏 铁路 工程 研究 做出 贡献。
、最具 代表性 的 青年 向 上级 组织 推荐。组委会 要 以 严肃 认真 的 工作 态度，按照 实事求是 的 原则
顺利。江组长 要求，换届 纪律 工作 不能 放松，要 进一步 认清 形势，加大 力度，各级.. <p
务。三是 切实 提高 公务员 素质。政府 工作 人员 要 加强 理论 学习 和 现代 知识 学习，切实 提高 对 中
年 年初 召开 的 国务院 第三次 廉政 工作 会议 上 说 要 推进 政务 公开，提高 透明度，保障 人民 群众 的
表 审计 既 有 密切 关联 又 有 显著 区别。笔者 认为 要 做好 这项 工作，应 重点 做好 如下 几个 方面 工作
了 老百姓 关心 的 项目；2、时效性 原则，即 选题 要 围绕 当前 政府 中心 工作，从 政府 亟待 解决 的 热
机关 必须 重视 外资 效益 审计 成果 的 转化 工作，要 善于 从 效益 审计 结果 各个 层面 收集 挖掘 带有 普

图 5-20 动词 "要" 与 其 搭配词 "工作" 共现 的 部分 索引 行

条目 写成 "流水账"，将 志书 搞成 资料 汇编，要 加强 志书 的 著述性，同时 又 不能 写的 太过于 空泛
，苗情 转化 升级 还是 有 可能 实现 的。再次，要 加强 气象、农业、水利 等 多 部门 的 联动 与 协作
过往 船舶 宣传，并 提醒 过往 船舶 在 夜间 航行 时 要 加强 瞭望、谨慎 驾驶，按照 规定 航路 行驶，视线
要 内容，各 支部 书记 和 直属 单位 党组织 负责人 要 加强 对 本支部、本单位 党员 学习 情况 的 督促 检查
日益 突出。各 乡镇、各 涉安 职能 部门 和 单位 要 切实 加强 夏季 用电 安全 监管，尤其 要 针对 夏季 用
易 造成 危险 化学品 挥发、泄漏 和 爆燃 的 情况，要 加强 危险 化学品 生产、经营、储存 企业 安全 监
好 防中毒、防雷电、防淹溺 和 防暑 降温 工作。要 加强 对 污水 管道、污水 泵站、电镀池、地下 隐
密切 关注 气象 预报，及时 采取 防雷 安全 措施。要 加强 对 学生 假期 的 安全 教育，防止 各类 交通 和
整顿 等 强制 措施，避免 边 整改 边 发生 事故。要 突出 加强 重点 领域、重点 行业 和 重要 时段、重大
的 奶具、毛巾、汤勺 等 用品，以及 孩子 玩具 要 加强 消毒，可用 开水 烫洗。另外，家长 也要 时
了 积极 贡献。会议 提出，2011 年，市 工商联 要 加强 非公有制 经济 人士 思想 政治 工作，深化 完善
加强 对外 交流 与 联络，打造 品牌 商会。同时，要 加强 自身 建设，提高 工商联 队伍 的 战斗力，为 做
优秀 的 科研、技术 支撑 和 管理 人员 队伍，同时 要 不断 加强 和 完善 制度 建设，真正 把 院 工作 会议 精
新，为 攻克 "三大 难题" 做出 贡献。特别 强调 要 加强 前瞻性 研究，把 未来 大气 升温 对 青藏 铁路
。正如 江泽民 主席 批示 中 指出 的 那样："尤其 要 加强 对 冻土 地区 的 工程 地质 应用性 勘探、研究 和
意。 刘善泳 先生 在 其 文章 中 提出 了 要 加强 和 挖掘 地方志 的 社会 生态 记录 功能，很 有 新

图 5-21 动词 "要" 与 其 搭配词 "加强" 共现 的 部分 索引 行

和 扶贫 开发 政策 两项 制度 的 有效 衔接，就 是 要 把 具有 劳动 能力 的 农民 区别 出来，通过 开发式 扶
望 越来越 强烈。企业 作为 创新 主体，也 就 是 说 要 通过 企业 的 行为、通过 企业 的 投资 来 实现 更多
的 一些 性质 的 一道题。我们 不只 是 从 方法 上 要 理解 它，而且 要 掌握 关于 的 初等 变换。像 其他
要 眼高手低。 注重 基础 就 是 一 开始 一定 要 把 本科 学习 的 课本 拿 出来 好好 看，包括 基本 的
识点 加在 一块。说 了 这么 多 就 是 一点，一定 要 注重 基础，不用 去 钻研 难题。再次 强调：千万
是 要 把 课本 好好 看着。 多 加 练习 就 是 要 多 做些 练习题，因为 在 做题 的 过程 中 能 不断 的
纳、做题 方法、知识 的 盲点 等等。 不要 眼高手低 就 是 在 复习 时 一定 要 动手 做题，不要
掉。 不要 眼高手低 就 是 在 复习 时 一定 要 动手 做题，不要 就 看看，觉得 自己 会 了 就 不动
日 平均 气温 低于 3℃，则 不能 进行 灌溉。另外 要 注意 的，即使 当天 平均 气温 大于 3℃，但
 经济 观察 网 朱冲/文 孙兴，对不起，我 还 真 没听 说过 你 的 名字
个 难的 题目。步骤 一定 要 写 清楚，公式 一定 要 写 出来，数学 是 按 步骤 给分 的，多写 一步 就 多
已经 拉开、产业 格局 逐步 调整 的 大 环境 下，要 实现 跨越 发展 是 有 基础 有 条件 的，关键 在于 各
。袁川 说，抓 项目 关键 要 培养 "五力"，一 是 要 有 眼力，注重 抓好 学习 和 日常 积累，善于 分析
分析 形势，判断 项目 是否 符合 发展 需要；二 是 要 有 耐力，引进 项目 要 有 坚忍不拔 的 毅力 和 咬定
拔 的 毅力 和 咬定 青山 不 放松 的 韧劲；三 是 要 有 魄力，遇到 好 项目，要 敢于 果断 出击；四 是
魄力，遇到 好 项目，要 敢于 果断 出击；四 是 要 有 定力，要 把握 好 原则，干干净净 做事；五 是

图 5-22 动词 "要" 与 其 搭配词 "是" 共现 的 部分 索引 行

5.1.3 认识情态动词"会"

吕叔湘（1999：278-279）认为，"会"表示"有可能"，通常表示将来的可能性，但也可以表示过去的和现在的可能性，可以用来单独回答问题，否定用"不会"，有时可以和"要""肯"连用。"不会不"表示极大可能，意思接近"一定"。

（25）不久你就会听到确实消息的。（吕叔湘，1999：278）

（26）他怎么会知道的？（吕叔湘，1999：278）

（27）现在他不会在家里。（吕叔湘，1999：279）

（28）现在还不太清楚，情况会要向什么方向发展。（吕叔湘，1999：279）

（29）你叫他别去，他会肯吗？（吕叔湘，1999：279）

（30）他知道了，不会不来的。（吕叔湘，1999：279）

彭利贞（2007：144）认为，"会"表达的认识情态位于"可能"与"必然"之间的"盖然"，表示一种极高的可能性。此外，情态动词"会"与现实体标记"了"同现时，可以表达对某个事件在未来时间内或者非未来时间内实现的盖然性推论；与经历体标记"过"同现时，表达对命题有很高的确信程度，有时候甚至带有武断的意味；与静态持续体标记"着"同现时，表示对静态持续事件的盖然推断（彭利贞，2007：229-243）。

（31）也许我们等待十年八年，也没有什么传染病大流行，但也许就在忽然之间，它会冒了出来。（池莉《霍乱之乱》，引自彭利贞，2007：231）

（32）爸爸怎么会受了伤呢？（霍达《穆斯林的葬礼》，引自彭利贞，2007：230）

（33）任何人都会有过这样两类不同的早期经历，它们的作用对不同的人往往有所不同。（王登峰《大学生心理卫生与咨询》，引自彭利贞，2007：237）

（34）年过得热热闹闹，人就不会总想着老家了。（老舍《鼓书艺人》，引自彭利贞，2007：242）

下面将使用语料库的方法，从使用频数和典型搭配方面展示动词"会"在 zhTenTen 语料库中的用法特征。

图 5-23 显示，动词"会"在 zhTenTen 中共出现了 3 061 769 次（每百万词出现 1 453.40 次）。

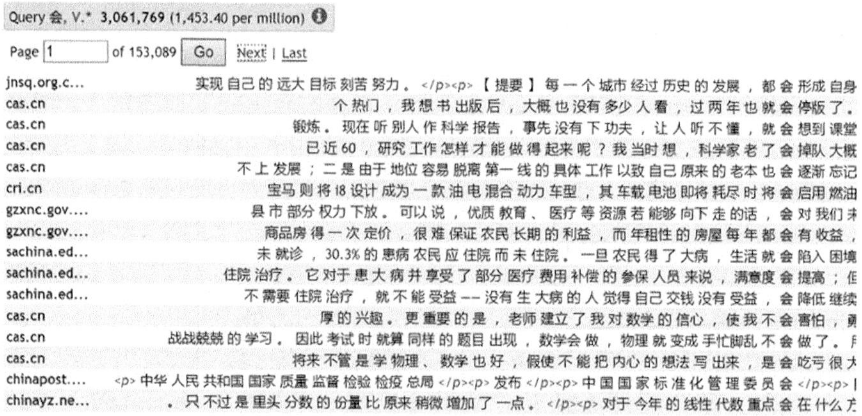

Query 会, V.* 3,061,769 (1,453.40 per million)

Page 1 of 153,089 Go Next | Last

jnsq.org.c...	实现 自己 的 远大 目标 刻苦 努力 。</p><p> 【 提要 】 每 一 个 城市 经过 历史 的 发展 ， 都 会 形成 自身
cas.cn	个 热门 ， 我 想 书 出版 后 ， 大概 也 没有 多少 人 看 ， 过 两 年 也 就 会 停版 了 。
cas.cn	锻炼 。 现在 听 别人 作 科学 报告 ， 事先 没有 下 功夫 ， 让 人 听 不 懂 ， 就 会 想到 课堂
cas.cn	已 近 60 ， 研究 工作 怎样 才 能 做 得 起来 呢 ？ 我 当时 想 ， 科学家 老 了 会 掉队 大概
cas.cn	不 上 发展 ； 二 是 由于 地位 容易 脱离 第一 线 的 具体 工作 以致 自己 原来 的 老本 也 会 逐渐 忘记
cri.cn	宝马 则 将 i8 设计 成为 一 款 油 电 混合 动力 车型 ， 其 车载 电池 即将 耗尽 时 将 会 启用 燃油
gzxnc.gov....	县 市 部分 权力 下放 。 可以 说 ， 优质 教育 、 医疗 等 资源 若 能够 向下 走 的话 ， 会 对 我们
gzxnc.gov....	商品房 得 一 次 定价 ， 很 难 保证 农民 长期 的 利益 ， 而 年租性 的 房屋 每 年 都 会 有 收益 ，
sachina.ed...	未 就诊 ， 30.3% 的 患病 农民 应 住院 而 未 住院 。 一旦 农民 得 了 大病 ， 生活 就 会 陷入 困境
sachina.ed...	住院 治疗 。 它 对于 患 大 病 并 享受 了 部分 医疗 费用 补偿 的 参保 人员 来说 ， 满意度 会 提高 ；
sachina.ed...	不 需要 住院 治疗 ， 就 不 能 受益 —— 没有 生 大病 的 人 觉得 自己 交钱 没有 受益 ， 会 降低 继续
cas.cn	厚 的 兴趣 。 更 重要 的 是 ， 老师 建立 了 我 对 数学 的 信心 ， 使 我 不 会 害怕 ，
cas.cn	战战兢兢 的 学习 。 因此 考试 时 就算 同样 的 题目 出现 ， 数学会 做 ， 物理 就 变成 手忙脚乱 不 会 做 了 。
cas.cn	将来 不管 是 学 物理 、 数学 也 好 ， 假使 不 能 把 内心 的 想法 写 出来 ， 是 会 吃亏 很
chinapost....	<p> 中华 人民 共和国 国家 质量 监督 检验 检疫 总局 </p><p> 发布 </p><p> 中 国 国 家 标 准 化 管 理 委 员 会 </p><p>
chinayz.ne...	。 只 不过 是 里头 分数 的 份量 比 原来 稍微 增加 了 一点 。 </p><p> 对于 今年 的 线性 代数 重点 会 在 什么

图 5-23 动词“会”在 zhTenTen 中的部分索引行

表 5-3 显示了动词“会”在 zhTenTen 中的前 100 个搭配词。图 5-24 到图 5-33 显示了动词“会”与前 10 个搭配词的部分索引行。这些索引行显示，当动词“会”跟前 10 个搭配词共现时都只表达认识情态意义“有可能”。

表 5-3 动词“会”在 zhTenTen 中的前 100 个搭配词

序号	搭配词	共现频数	logDice	序号	搭配词	共现频数	logDice
1	不	597 584	10.416 68	20	很	93 797	9.123 63
2	就	346 872	10.293 21	21	这样	66 432	9.027 01
3	你	168 347	10.005 96	22	产生	55 283	8.970 78
4	也	270 177	9.923 42	23	到	108 415	8.968 47
5	都	209 649	9.923 07	24	这	135 604	8.943 03
6	可能	113 939	9.852 71	25	时	79 036	8.937 5
7	有	306 401	9.659 6	26	他	104 075	8.930 63
8	会	143 755	9.553 27	27	，	2 048 459	8.930 09
9	将	156 253	9.531 43	28	后	85 566	8.909 22
10	一定	81 435	9.408 11	29	他们	72 540	8.898 76
11	影响	80 095	9.306 96	30	上	131 204	8.878 94
12	我	187 688	9.301 03	31	。	888 024	8.854 44
13	我们	140 137	9.293 4	32	的	1 390 147	8.790 13
14	出现	72 557	9.290 12	33	被	68 082	8.745 97
15	人	149 344	9.208 77	34	自己	6 945	8.725 98
16	还	115 240	9.195 03	35	一些	54 390	8.709 89
17	?	89 539	9.146 42	36	给	56 410	8.699 39
18	才	71 815	9.135 53	37	让	60 045	8.671 03
19	更	94 921	9.131 68	38	一	243 245	8.656 52

续表

序号	搭配词	共现频数	logDice	序号	搭配词	共现频数	logDice
39	但	64 280	8.655 71	70	只	37 761	8.160 8
40	因为	50 419	8.642 69	71	"	150 730	8.148 85
41	在	265 541	8.596 93	72	相信	27 719	8.120 96
42	时候	43 031	8.554 27	73	所以	32 069	8.116 86
43	好	64 209	8.546 67	74	这些	34 846	8.080 71
44	造成	39 551	8.541 37	75	把	43 070	8.075 55
45	对	119 718	8.538 49	76	时间	37 725	8.068 91
46	多	77 689	8.513 23	77	再	33 752	8.026 14
47	使	50 985	8.505 13	78	那么	27 804	8.016 11
48	大	81 026	8.504 45	79	那	33 303	8.012 88
49	而	74 796	8.501 87	80	次	47 863	8.011 16
50	种	73 039	8.479 39	81	肯定	25 948	7.982 95
51	个	130 295	8.435 82	82	是	184 185	7.978 52
52	导致	35 128	8.410 92	83	孩子	28 187	7.974 64
53	去	43 884	8.404 85	84	为什么	24 925	7.943 7
54	说	61 893	8.391 31	85	成为	32 045	7.939 32
55	这个	46 100	8.386 93	86	如果	30 773	7.925 86
56	地	65 164	8.382 02	87	觉得	25 125	7.919 94
57	它	42 558	8.355 47	88	但是	28 932	7.918 88
58	,	71 774	8.330 97	89	了	166 300	7.917 88
59	发现	36 137	8.285 92	90	呢	25 915	7.899 45
60	"	164 394	8.275 13	91	来	40 592	7.873 32
61	做	43 980	8.256 62	92	太	25 175	7.851 31
62	很多	34 721	8.246 6	93	而且	25 820	7.842 27
63	问题	56 712	8.238 4	94	!	30 979	7.841 11
64	发生	34 700	8.225 86	95	天	29 224	7.826 84
65	中	95 607	8.215 42	96	更加	24 200	7.825 79
66	每	47 813	8.208 99	97	增加	25 564	7.820 16
67	什么	35 922	8.203 93	98	下	34 908	7.809 32
68	带来	30 633	8.185 02	99	往往	22 429	7.808 24
69	她	37 877	8.162 54	100	甚至	23 908	7.806 35

科学报告，事先没有下功夫，让人听不懂，就会想到课堂教学的锻炼很重要。 我开设 固
要的是，老师建立了我对数学的信心，使我不会害怕，勇敢的表达出来。记得当时我们学习物理
的题目出现，数学会做，物理就变成手忙脚乱不会做了。所以如何提高学生的学习兴趣，以及建
来分。与英语的很多人受线不同，数学一般不会受线，比的是分数的差距，数学的目标就是力
习时一定要动手做题，不要就看看，觉得自己会了就不动手写了，或是看到一个题没什么思路
会并不代表你能完全做正确，或者一道题你不会，你在第一次遇到是没有多加思考而是直接就
前一定要把基础知识学扎实，否则到课堂上你会感觉自己听不懂或是感觉辅导班没什么用。</p
他农业措施保持土壤水分，满足作物需要，则不会形成农业干旱。气象干旱是农业干旱的先兆，阻
贵，不是一件标榜身份的事情，他们估计也不会去干。就像很多人喜欢奢侈品一样，哪懂什么
，5个选择，一般都是中等难度的题，绝对不会是很难的题，就考的内容来说，是一些比较基
的婴儿每天可以吃67克。显然，正常婴儿是不会吃到这个量的，所以卫生部的专家认为目前的
方国家，也有一些反思，比如福利过高是不是会给政府带来过于沉重的负担，以及是否会不利于
信任，对此我们表示深深的感谢。我们一定不会辜负全体家长对我们的信任，一定尽最大的努
，对他一生都有益。这一步迈不好，将可能会影响他今后的发展。 今天我还要在这里
"因为孩子会有很多年的书要读，这样的言论会让他迷茫，不把学习当回事。言者无心，听者
也不理不睬，我想无论什么天大的理由孩子也不会信服，看书比看电视更有趣。</p>（二）

图 5-24 动词"会"与其搭配词"不"共现的部分索引行

书出版后，大概也没有多少人看，过两年也就会停版了。没有料到，由于固体物理学全面大发
科学报告，事先没有下功夫，让人听不懂，就会想到课堂教学的锻炼很重要。 我开设
应住院而未住院。一旦农民得了大病，生活就会陷入困境。"脱贫三五年，一病回从前。""
的题目出现，数学会做，物理就变成手忙脚乱不会做了。所以如何提高学生的学习兴趣，以及
，大量的购买者涌向平价直销点，其他销售点就会压缩利润空间，以赢得市场份额，最终使全行
刹车，然后按方向盘右下方的启动按扭，汽车就会立即启动。 我所试驾的09款凯美瑞是
复习时一定要动手做题，不要就看看，觉得自己会了就不动手写了，或是看到一个题没什么思
二者都会从历史发展的角度去记述，也就是都涉及到一个历史发展演变的过程问题。在分
着老师教学进度走，再学习后边开设的课程就会很轻松。为了督促我们学习，学校要求各班自
孩，对父母也非常的孝顺，只要一有时间她就会去爸爸的公司帮忙。在她的心里一直有一个
，不是一件标榜身份的事情，他们估计也不会。就像很多人喜欢奢侈品一样，哪懂什么
准确的、科学的肥胖界定概念，知道的人恐怕会少之又少了。医学上测量肥胖不光只看体重
曲"认真落实每一部分、每一章节的复习，就会在不知不觉当中获得知识巩固与解题能力的同
的财力支撑和条件保障也会更好，民政事业就会加快发展，其对经济社会的积极作用也就越
，听到别人能在舞台上一展歌喉，我的心里就会一阵翻江倒海。但是没有量变哪来的质变，
言论，但是政府官员很少说，因为一不小心就会说错话，他的讲话被标题化，很谨慎。本来

图 5-25 动词"会"与其搭配词"就"共现的部分索引行

出考研数学是考得相当基础的，每个题你都会有相当熟悉的感觉。其实再难的题只是由多个
在复习过程中经常犯的错误。因为一道题你会并不代表你能完全做正确，或者一道题你不会
并不代表你能完全做正确，或者一道题你不会，你在第一次遇到是没有多加思考而是直接就
一定要把基础知识学扎实，否则到课堂上你会感觉自己听不懂或是感觉辅导班没什么用。</p
，还是要总结题型和知识盲点。其实立题一般都做很高的分。 12月
担心。反和正的。一种担心。房地产市场会强烈反弹。你要调了四个月，房价部门松动了
.20元。如果你拿出10.20元，那么外国售票员会诧异地看着你，然后先把你的0.20元放在一边
的人会马上帮忙捡起来，送还你的手上，还会有人给你找来一个好的袋子或者盒子或者什么
们是真正的艺术圣殿，只有身临其境，你才会渐渐体味到西藏艺术的魅力，相信欣赏过扎什伦
塔王"美誉的白居寺中的精美壁画后，你一定会获得前所未有的艺术灵感和心灵上的满足。在E
没办法了，我爱这个工作，我爱聊天。我们会倦怠，但一旦你想象有一天你的工作被剥夺走
丰富了，朋友多了路好走，你的人生道路就会走得更顺畅。 （三）学习和锻炼可以J
把，当你看到一个自己非常喜欢的人，你就会想尽办法去接近她（他），直到你自己目的J
得到心理上的安慰和平衡，但是长此以往，就会让你总是依赖借口，不再努力，变得与世无争、
你如果有一段时间没有学习和锻炼，你反而会觉得生活中缺少了什么似的。</p>三、要让
的海鲜特别好吃，确实明不失传。晚上他们会陪你打着电筒在海边捉螃蟹，真的相当有意思

图 5-26 动词"会"与其搭配词"你"共现的部分索引行

出版后，大概也没有多少人看，过两年也就会停版了。没有料到，由于固体物理学全面大发展
脱离第一线的具体工作以致自己原来的老本也会逐渐忘记。我要把几十年基础理论的发展认真
可能通过一些独立的小的题目出来，也可能会在一些综合的题里头考察。 伊宁市平价
者都会从历史发展的角度去记述，也就是都会涉及到一个历史发展演变的过程问题。在分类
方面，由于分类的标准和角度不同，二者也会有些相似或不同。 其次是综合性条目和
发布。 接下来，我们农业气象中心也会继续向有关部门提供墒情逐日监测，以及适宜灌
不是一件标榜身份的事情，他们估计也不会去干。就像很多人喜欢奢侈品一样，哪怕什么
了大量摄入时的急性中毒，长期少量地摄入也会有致癌的风险。但是自然界的水中，或多或少
和土壤。即使是在合格的饮用水中，也可能会有相当含量的无机砷。美国的饮用水中，砷的安
往往是崇敬而信服的，对家长的信口回答也会当真，牢牢记在心里，形成不正确的观念。更
不理不睬，我想无论什么天大的理由孩子也不会信服，看书比看电视更有趣。 （二）
扬，但自控力差，不能够获得多次表扬，也会觉得没有信心。 家长可以多向孩子提供
还可以反映给年级组长，家长委员会。学校也会把学生的在校受教育情况反映给家长，比如
上一顿有营养的苹果餐，对缓解腹泻症状也会有不错疗效。由于苹果有健脾益胃、收敛止泻
点中他的"穴位"而已，不过起步的一刻也不会因为扭力不够大而反倒挂掉发动机，柴油发动机
的发动似乎已经控制的比较的在行，否则也不会在那么多美国的SUV车款上面使用了。之前已经

图 5-27　动词"会"与其搭配词"也"共现的部分索引行

【提要】每一个城市经过历史的发展，都会形成自身特有的城市特征，显示出独特的城市
保证农民长期的利益，而年租性的房屋每年都会有收益，且租金额可随市场价调节。北京市此
出考研数学是考得相当基础的，每个题你都会有相当熟悉的感觉。其实再难的题只是由多
题，还是要总结题型和知识盲点。其实这时你会发现真题一般都能做很高的分。 12月
的发展变化的，再者，既然是志书，二者都会从历史发展的角度去记述，也就是都会涉及到
者都会从历史发展的角度去记述，也就是都会涉及到一个历史发展演变的过程问题。在分类
癌的风险。但是在自然界的水中，或多或少都会有一些砷。而水稻在生长过程中会对它起到富
谈到考研数学的复习效果，许多考生都会把解题能力作为一项重要的衡量指标。诚然，
的响声、做事过程中的障碍与困难等等，都会使孩子中断正在进行的事情。家长应帮助孩子
、写字习惯的培养 入小学后孩子都要会写自己的名字，而且要有一定的速度，根据老
天天长大，对学校生活的熟悉，孩子和家长都会感到轻松些，这时您就可以适当撤开手，让孩
善于观察的习惯，每次去开水房打开水我都会发现不少同学将壶里剩下的开水直接倒进下水道
，这些年基本上不用这么叮嘱了，大部分人都会熟门熟路，直接找杭州龙井村、梅家坞或狮峰山
下的子变成金融海啸。大家都在分析，为什么会出现这样一个问题。有人说是美国金融机构失
一首歌，叫《莫斯科郊外的晚上》。老年人都会唱，曲子动听，词也优美。"小河轻轻流，心
收入不同问题都能满足了，那么我们的销售也会增加，各种都会买得起。反过来，光是一味

图 5-28　动词"会"与其搭配词"都"共现的部分索引行

也可能通过一些独立的小的题目出来，也可能会在一些综合的题里头考察。 伊宁市平价
达到1万亿元。 "人口老龄化一方面可能会导致经济增速放缓、社会压力上升，但辩证地
了45岁后，到了更年期，这种隐性肥胖很可能会变成超重。体重超标是女性十大健康警讯的第
水和土壤。即使是在合格的饮用水中，也可能会有相当含量的无机砷。美国的饮用水中，砷的
，对他一生都有益。这一步迈不好，将可能会影响他今后的发展。 今天我还要在这
小学生的父母，因为孩子的个性、经历，可能还会遇到各种各样的问题，会有忙中有错，力不从
甜美的事。 一些妈妈因为担心喂奶可能会使宝宝腹泻症状加重，就盲目给宝宝禁食或停
第一回合证明一旦没有托蒂，罗马前场甚至可能会出现集体哑火的被动。除了武基尼奇被逼无奈
载体的实物资料，二轮修志中的彩色图版可能会借助这些资料，倘若运用现代科学技术，连同
司控，就是金融杠杆。当然这个退烧当中可能会误伤一些人。我一套房价，买60平方，想买
放慢，对中国经济意味着什么？这两种可能都会爆发。我最近有个分析不知道对不对。
与09年持平。二手房下降。开发商理解可能价格会下降。所以稳中有降是可能的。不同城市表现
加上心态愈发成熟的莱科宁，法拉利今年有可能会无敌。 告别了墨尔本的乱局，从马来西
其他院士的意见，因此有时可能会做出错误判断。如果能听取广大科学界的意见
命时报》向大众呼吁，生活中的不良习惯可能会成为猝死的直接"导火索"，中老年人要时刻堤
，哪怕是身体健康的人，长时间看电视也可能会有致命后果。看电视1小时可增加心脏病死亡

图 5-29　动词"会"与其搭配词"可能"共现的部分索引行

/ 57 /

怎样才能做得起来呢？我当时想，科学家老了会掉队 大概 *有* 两个原因，一是知识老化，特别是
保证农民长期的利益，而年租性的房屋每年都会 *有* 收益，且租金额可随市场价调节。北京市此
增加了一点。 对于今年的线性代数重点会在什么方面还 *有* 今年的线性代数应该注意哪些
看出考研数学是考得相当基础的，每个题你都会 *有* 相当熟悉的感觉。其实再难的题只是由多
孩，对父母也非常的孝顺，只要一 *有* 时间她就会去爸爸的公司帮忙。在她的心里一直有一句话
证明题。总体会以中难度的题目为主，一般会 *有* 2个难度较大的题目（多出在微积分部分
专题性 条目虽然专一性强，但毕竟记述时会 *有* 一个历史的时间跨度，所以其中也有概括性
正常体脂百分率应在：23%-27% 有人会说：这太麻烦了！不仅得用什么钳子测厚
了大量摄入时的急性中毒，长期少量地摄入也会 *有* 致癌的风险。但是在自然界的水中，或多或
癌的风险。但是在自然界的水中，或多或少都会 *有* 一些砷。而水稻在生长过程中会对它起到富
水和土壤。即使是在合格的饮用水中，也可能会 *有* 相当含量的无机砷。美国的饮用水中，砷
照样不错"或者"遗传，没关系的。"因为孩子会 *有* 很多年的书要读，这样的言论会让他迷茫
饿，也能让家长稍喘口气做饭。*有* 老人照顾会好很多。 3、在孩子刚刚入学的这一
个性、经历，可能还会遇到各种各样的问题，会 *有* 忙中有错，力不从心的感觉。随着孩子一天
吃上一顿有营养的苹果餐，对缓解腹泻症状也会 *有* 不错疗效。由于苹果有健脾 益胃、收敛 止泻
显的感觉到源源不断的动力开始涌现，但 *有* 不会像降了一个档位那样，有很明显的拉扯感，转

图 5-30　动词"会"与其搭配词"有"共现的部分索引行

听同学们的发言。这实际上也是给孩子提出了 *会* 听、会想、会说的要求。因此，家长要在日常
这实际上也是给孩子提出了 *会* 听、会想、会说的要求。因此，家长要在日常生活中让孩子
我是个有了孩子的母亲，重新开始学习，*会* 不会有点太晚？了解了设计师这个行业的工作
是个有了孩子的母亲，重新开始学习，*会* 不会有点太晚？了解了设计师这个行业的工作流程
但一旦你想象有一天你的工作被剥夺走 *会* 不会难过，如果会，这个工作就是你的天命了。
但一旦你想象有一天你的工作被剥夺走 *会* 不会难过，如果会，这个工作就是你的天命了。
吧！要想轻松、快乐地过高中三年，就要 *会* 学习、会休息。他认为，作为一名高中学生
轻松、快乐地过高中三年，就要 *会* 学习、会休息。他认为，作为一名高中学生，首先，要
最后搞到行星上去了。研究方向整天在变，*会* 不会影响研究的深入？我想是没有影响，因为
搞到行星上去了。研究方向整天在变，*会* 不会影响研究的深入？我想是没有影响，因为通过
金属的便宜）、工艺（长方形的不用开模，也 *会* 便宜）都 会影响到价格，我制作 100 个的价格
）、工艺（长方形的不用开模，也 *会* 便宜）都会影响到价格，我制作100个的价格差不多要总共
前。我知道她会因此而在站牌下张望，会疑惑，*会* 不开心，而我又何尝不是。一年的时
我知道她会因此而在站牌下张望，会疑惑，*会* 不开心，而我又何尝不是。一年的时光说短
就会缺乏灵气，行动就会缺乏朝气，工作就 *会* 缺乏锐气，就会被社会淘汰，成为历史。
，行动 就会 缺乏 朝气，工作 就 *会* 缺乏 锐气，就会 被 社会 淘汰，成为 历史。 同样

图 5-31　动词"会"与其搭配词"会"共现的部分索引行

电混合动力车型，其车载电池即将耗尽时 *将* 会启用燃油引擎为电池充电 —— 就像雪佛兰 volt 一
理的意见。第二十四条 市政府 法制 机构应当 *将* 会签稿 分送 有关部门、单位 征求 意见。有关 部门、
有把这些材料单列为专题，像这种情况通常会 *将* 其作为一个典型性的实例在综合性条目中突
对他一生都有益。这一步迈不好，*将* 可能会影响他今后的发展。 今天我还要在这里
有与原作不一致的偏误，请联系我们，我们会尽快 *将* 您的版权信息添加到本文章中，或给予
未有的打击。本以为是厦大 最美丽的土地 ，是我肆意施展才华的地方，不幸的却是处处碰
善于观察的习惯，每次去开水房打开水我都会发现不知何时的开水直接倒进下水道
资料性著作的地方志，对实物资料的收录 *将* 会开辟一片前所未有的新天地。该观点对地方志
宏观经济的调控，中国的房地产市场调控 *将* 永远进行下去。不要认为这次调控以后就一
以上。原计划 2006 年建成，现在看来进度 *将* 会拖延。 二、空天技术的重要意义与作用
以冰雪大世界为首的哈尔滨冰雪旅游品牌 *将* 会更广泛地传播到欧洲国家，这也是继与韩国合
他有一个小本子，每当有空闲时间，他便会 *将* 历史上的大事记录下来。"好记性不如烂笔头
书看起来省力但达不到考试要求，考场上 *将* 会吃力；太难的图书浪费精力，打击信心。
6 速 DSG 变速器。在轴距方面，国产迈腾 B7 *将* 采取大众最先提倡的市场攻略——拉长轴距，28
是地球空间最主要的那个区域，这个计划 *将* 会对国际上的联系持续发挥重要作用。当时（1997
面庞般 新鲜 纯真。那个能看见风景的车站 *将* 会是我这一生转折的起点站，未来的旅途上我将

图 5-32　动词"会"与其搭配词"将"共现的部分索引行

在考试里是非常重要的问题，在考试里一定会反映。这几年主要的形式是通过选择题的形式；重大活动记载等刻录成光盘送给他，他一定会作为最珍贵的礼物收藏。实践证明，新配备的
任，对此我们表示深深的感谢。我们一定不会辜负全体家长对我们的信任，一定尽最大的努
受学校教育的开始，对他们以后的学习生涯会造成一定的影响。这一步迈好了，对他一生者
他二人其中之一在场上表演，另一人一定会立刻从自己的休息室中走出来，目不转睛地紧盯
强提醒，不是接触了甲流患者或物品就一定会发病，这跟"毒力"强度、人体抵抗力、接触的
通过一段时间的努力，中国保龄球事业一定会取得更大的进步。（保罗） 为发现和迹
言"从她的表情与言辞中可以感觉到她一定会把在北京海华城市建设学校的这次学习作为人生
莒王"美誉的白居寺中的精美壁画后，你一定会获得前所未有的艺术灵感和心灵上的满足。在E
一颗平常心，只要有勇气改变生活，就一定会有意外的收获。这样题材的影片可是颇受中年
么绝招时，他介绍，面试时，签证官员一定会问一个问题，你为什么要去美国上学。很多申
不开的，在今后的学习生活中，她一定不会辜负老师和家长的期望，争取更大的进步。</p
我相信经过了那么长时间孕育后的盛开一定会如同二八少女的面庞般新鲜纯真。那个能看见
通过全省上下的齐心协力，浙江的发展一定会更加和谐，浙江人民的生活一定会更加美好。<
的发展一定会更加和谐，浙江人民的生活一定会更加美好。 山东电力ERP业务审计系统捐
朋。可以说是毕生难忘，涠洲岛---我一定会再来的！希望到那时候你还是那么美丽（不要

图 5-33　动词"会"与其搭配词"一定"共现的部分索引行

5.1.4　认识情态动词"应该"

吕叔湘（1999：624）认为，"应该"表示"估计情况必然如此"。

（35）他昨天动身的，今天应该到了。（吕叔湘，1999：624）

彭利贞（2007：145）认为，"应该"表达认识情态"盖然"，确信程度比"必然""一定""肯定"要低。此外，"应该"与现实体标记"了"同现时，表达对一个现实事件的盖然性推断；与经历体标记"过"同现时，表达对过去经历过的事件的盖然性真值的推断；与静态持续体标记"着"同现时，表达对静态持续事件的盖然性推断（彭利贞，2007：233-240）。

（36）这点钱当然不可能包装一个天皇巨星，但是帮助你迈出第一步，应该够了。（张欣《岁月无敌》，引自彭利贞，2007：222）

（37）你应该看过她的诗。（钱钟书《围城》，引自彭利贞，2007：233）

（38）过道墙边应该堆着五辆自行车，得靠右走，一二三四五，到了，我伸出手，摸到了楼梯。（李晓《关于行规的闲话》，引自彭利贞，2007：239）

下面将使用语料库的方法，从使用频数和典型搭配方面展示动词"应该"在 zhTenTen 语料库中的用法特征。

图 5-34 显示，动词"应该"在 zhTenTen 中共出现了 679 891 次（每百万词出现 322.73 次）。

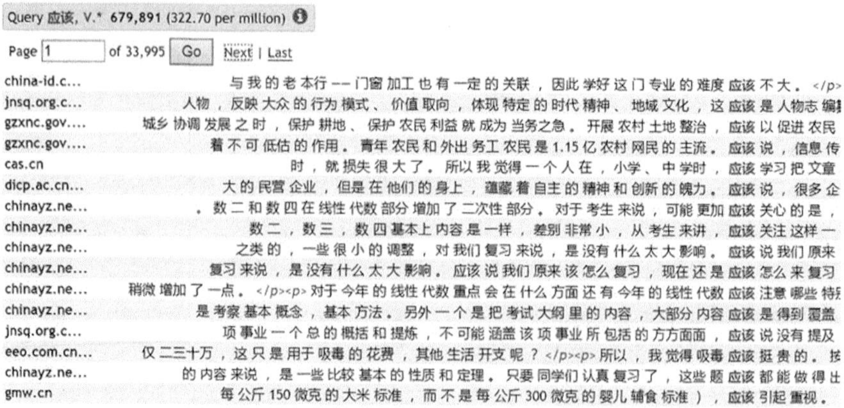

图 5-34 动词"应该"在 zhTenTen 中的部分索引行

表 5-4 显示了动词"应该"在 zhTenTen 中的前 100 个搭配词。图 5-35 到图 5-44 显示了动词"应该"与前 10 个搭配词的部分索引行。这些索引行显示，动词"应该"跟"我们""说""觉得""什么""更""做"和"如何"共现时，可以表达认识情态意义"估计情况必然如此"；而跟"认为""注意"和"怎样"共现时，基本都只表达道义情态意义"义务"。

表 5-4 动词"应该"在 zhTenTen 中的前 100 个搭配词

序号	搭配词	共现频数	logDice	序号	搭配词	共现频数	logDice
1	我们	66 993	8.796 68	18	自己	22 006	7.894 27
2	说	47 726	8.739 71	19	所以	9 964	7.861 85
3	认为	19 309	8.571 52	20	都	30 998	7.757 39
4	？	26 717	8.290 76	21	去	12 165	7.742 93
5	觉得	9 572	8.267 81	22	这样	11 480	7.714 57
6	注意	9 824	8.234 07	23	呢	7 372	7.684
7	什么	14 783	8.232 98	24	就	41 607	7.673 86
8	更	29 019	8.231 78	25	也	41 961	7.673 49
9	怎样	7 828	8.206 09	26	知道	7 447	7.663 37
10	做	20 949	8.202 56	27	你	18 355	7.655 54
11	如何	11 857	8.147 75	28	这	40 795	7.651 97
12	这个	17 103	8.039 01	29	不	72 818	7.642 24
13	应该	10 905	8.037 76	30	看到	6 959	7.615 12
14	怎么	7 949	8.017 17	31	那么	6 776	7.608 77
15	是	167 055	7.988 96	32	问题	22 157	7.588 74
16	考虑	7 980	7.972 14	33	吧	5 463	7.525 79
17	首先	8 578	7.958 23	34	还是	6 721	7.495 49

续表

序号	搭配词	共现频数	logDice	序号	搭配词	共现频数	logDice
35	时候	7 425	7.473 42	68	承担	4 205	7.085 54
36	哪些	4 313	7.462 4	69	责任	5 954	7.071 92
37	是否	6 169	7.461 57	70	比较	5 588	7.064 3
38	想	8 345	7.437 73	71	成为	7 701	7.056 24
39	但是	8 080	7.429 76	72	学生	13 967	7.036 17
40	因此	7 344	7.414 3	73	最	11 983	7.028 88
41	这些	9 383	7.387 9	74	本来	3 023	7.023 23
42	它	9 574	7.385 75	75	多	18 114	7.016 16
43	而	22 304	7.382 81	76	来	12 988	7.014 9
44	作为	10 057	7.356 32	77	一下	3 753	7.008 79
45	现在	7 860	7.354 42	78	教师	7 428	7.004 06
46	把	14 141	7.345 17	79	时	11 290	6.994 95
47	什么样	3 715	7.334 07	80	学习	10 445	6.994 06
48	有	48 575	7.309 81	81	地	15 621	6.992 91
49	还	19 411	7.291 22	82	的话	3 297	6.980 41
50	我	35 090	7.285 94	83	认识	4 647	6.963 05
51	具备	4 284	7.280 47	84	人	22 369	6.959 76
52	政府	11 462	7.268 01	85	大家	5 748	6.955 85
53	种	20 132	7.253 27	86	那	6 938	6.946 66
54	孩子	5 951	7.239 94	87	讲	4 111	6.936 3
55	一些	8 634	7.237 81	88	很	11 634	6.929 19
56	个	45 759	7.235 86	89	的	371 642	6.920 67
57	方面	11 807	7.213 14	90	他	16 904	6.909 67
58	但	12 863	7.213 05	91	教育	14 647	6.905 42
59	选择	6 251	7.206 94	92	思考	3 299	6.902 68
60	事情	4 363	7.202 94	93	一	63 227	6.898 11
61	关注	5 196	7.194 33	94	而且	4 737	6.894 26
62	他们	11 426	7.170 96	95	至少	3 014	6.885 51
63	大学生	5 121	7.165 96	96	看	7 013	6.874 01
64	从	16 204	7.116 31	97	社会	13 557	6.854 91
65	好	13 654	7.107 39	98	让	8 583	6.845 72
66	来说	4 390	7.099 54	99	事	4 385	6.841 3
67	重视	4 908	7.090 32	100	点	4 997	6.836 36

，对我们复习来说，是没有什么太大影响。应该 说 我们原来 该 怎么 复习，现在 还是 应该 怎么来
位保障制 已经 走到了 尽头。 但是 我们 应该 看到，这些 改革 均 与当年 的国企 改革 密切 相关
。我们 媒体 很 混乱。比如说 遏制 房价 上涨，应该 说 我们 四个 月 房价 过快 上涨 已经 不存在 了，不
子 都 分光 了。太 离谱 了 但是 有人 相信，我们 应该 承认，我们 有 空闲房，不合理。但是 这样的 数
的 关注，青年人 是 八九点钟 的 太阳，我们 中国 应该 更多 关注 年轻人。保障房 为主。我们 正在 纠正
。现在 我们 降低 需求。我们 全社会 舆论 引导 怎么 降到 合理 价位。当然 我们 有的 地方 过高
给 招聘 单位 和 求职 个人 是 基础性 的 服务，不应该 收费！只有 我们 的 招聘 顾问 为 招聘 单位 在 基础
生的 平台服务 基础 上 提供的 增值式 顾问 服务 才 应该 收费，所以 我们 以 行业 垂直 细分、地方 横向 细
，特别是 出身于 农村 的 同志，这方面 的 体会 应该 更深。我们 通过 读书，考上 大学，找到 了 一份
变了 自己的 人生 轨迹。我们 在座 的 同志 大多 应该 都 是 因为 读书 才 有了 今天 稳定 的工作和 安逸 的
所 的 声誉 带来 毁灭性 的 打击。但他 认为 我们 应该 正视 存在 的问题，既不 回避 和 隐瞒，也不 能
"活动，我们 认为 老干部 心中 盼 的 就是 我们 应该 帮助 办 的，老干部 最 需要 的 事 就是 我们 应该 办
应该 帮助 办 的，老干部 最 需要 的事 就是 我们 应该 办 而且 必须 办好 的 事。经过 召开 所办公会、
取得 成绩 主要 在于 日积月累，所以 平时 我们 就 应该 严格 要求 自己，无论 在 学习方法 上 还是 学习 态
计划》是 每个 体育 人 不可 推卸 的 责任，我们 应该 有 使命感 和 责任感，充满 奉献 精神，将 公益 和
，假如说 明年 整个 车市 情况 不是 很好，我们 应该 怎么 做？我们 的 看家 本领 是 什么，这 是 我们 应

图 5-35 动词"应该"与其搭配词"我们"共现的部分索引行

和 外出 务工 农民 是 1.15 亿 农村 网民 的 主流。应该 说，信息 传递 的 价值 不仅 体现 在 信息 传递 本身
的 身上，蕴藏 着 自主的 精神 和 创新 的 魄力。应该 说，很多 企业 和 一些 地方 缺乏 的 不是 创新 能力
，对 我们 复习 来说，是 没有什么 太大 影响。应该 说 我们 原来 该 怎么 复习，现在 还是 应该 怎么 来
，不可能 涵盖 该项 事业 所 包括 的 方方面面，应该 说 没有 提及 到 的 肯定 还有 许多，因此 在 记述 这
样。我们 媒体 很 混乱。比如说 遏制 房价 上涨，应该 说 我们 四个 月 房价 过快 上涨 已经 不存在 了，不
上 走上 商品化、住宅化、私有化 的 住房 路子，应该 说 迈出 这一步 不容易。我们 以 市场 配置，在
第一 个月 就 退烧。这个 效果 是 立竿见影 的。应该 说 这个 举措 非常 有 针对性。有人 说 打击。有
，也 不会 造成 大的 供不应求。所以 要 思考。应该 说 强烈 反弹 的 可能性 不大。那么 返过来，我们
，亲近 书桌；告别 牌场，迈步 体育场 应该 说，在座 的 各位 都 有 多 读点 书、多 参加 一些
孙膂兵 回答 说，我想 民办 学校 现在 遇到 的 问题 应该 说 是 主要 包括 三个 方面：第一，政府 对于 民办
于 民办 学校 的 制度 设计 要 如何 进一步 地 创新。应该 说 这次 规划 纲要 中 对于 民办 教育 给了 一个 高度
统的 管理 模式 起到 了 重要 的 作用。所以 这次 应该 说 对 民办 学校 给予 了 很高 的 肯定。由于 它 的
论证 制度，合理 规划 和 布局，科学 防灾 避灾。应该 说，到 目标 实现 时，如果 再 发生 重大 气象 灾害
震荡 和 频频 下跌，并 殃及 全球 股市。 应该 说，如果 只是 传统 意义 上 的 房地产 市场 泡沫 问
出台 了 鼓励 和 引导 民营 资本 投资 的 36 条。应该 说，这 两个 36 条 "雷声" 不小。为什么 说 它
的 问题，同样 也不 存在 "民进 国退" 的 问题。应该 说，30多年 的 改革 开放，国有 经济 和 个体 私

图 5-36 动词"应该"与其搭配词"说"共现的部分索引行

历史 新高。对此，有的 同志 认为 没 必要、不 应该，办 党组 书记、马青山 副 特派员 却 说，档案 工
的 背叛，理应 受到 社会 谴责；35.4% 的 人 认为 应该 加强 社会 伦理 建设 和 道德 约束。 西方 一
所 的 声誉 带来 毁灭性 的 打击。但他 认为 我们 应该 正视 存在 的 问题，既不 回避 和 隐瞒，也不 能
们 找 工作 用了，具体 怎么 才能 学好，我 认为 应该 理论 结合 实践，上课 学了 理论 之后 最好 去 实验
的 电影 广告，票价 是 不登 的。我 认为 票价 是 应该 做到 公开、透明，而 不能 说 "地价 涨了""物价
预警 机制。上海 交通 大学 教授 王耕 认为，企业 应该 就 质量 成本 问题 定期 形成 质量 成本 报告，检查
差异 的 观点。木星 和 土星 的 包层 曾经 被 认为 应该 具有 0.096±0.004 的 原 太阳 He/H 比。但是，&
然 有所 遏制，一些 过去 遗留 的 项目 单 局长 认为 应该 严格 地 进行 符合 和 审查；同时 现在 北京 出现 了
刚 发生 时，我 和 一部分人 的 看法 一样，认为 应该 赶紧 封堆。然而 随着 事情 的 进展 和 对 核电 的 了
为 会计 监督 加强 而 审计 监督 削弱 了，相反 更 应该 认为 这是 强化 审计 监督。实行 会计 集中 核算 后
。对于 这样 一起 名存实亡 的 婚姻，我 认为 不 应该 再 维护 下去。缠讼 长达 九年 的 时间，给 双方
同样 的 观点，相反 则 有 很多 科学家 坚持 认为 应该 制造 更多 的 核武器 以用于 战争。例如，同样
目前 所知 的 最大 的 病毒 之一，有人 就 认为 其 应该 单独 代表 个 新的 种，它 既 带有 代表 小的 细胞
识的 人，只是 知其 原理，认为 此 理与 彼理，认为 应该 理理 相通 才是。因此，我 既 信又 不 信，不
房地产 市场 的 一种 表现，作者 认为，这是 不 应该。作为 法学 教师 关注 房地产 市场，是 因为 房
劳动 法律 问题 等 不同 领域 的 对话，我 认为 还 应该 尝试 着 让 尽可能 多 的 中国 法学院 加入 到 法治 国

图 5-37 动词"应该"与其搭配词"认为"共现的部分索引行

第 5 章 汉语认识情态动词的习得

其他 生活 开支 呢 ？ 所以 ， 我 *觉得* 吸毒 应该 挺贵 的 。 按克 算 ， 是 比 黄金 还 贵 的 东西 。 从
发现 自己 的 孩子 有 上述 提到 的 问题 ， 我 *觉得* 你 应该 先行 对 孩子 进行 教育 。 比如 ， 规定 时间 练坐 ，
年代 ， 每年 的 离婚 案件 数量 居高不下 。 我 *觉得* 应该 一分为二 地 看待 这次 离婚 高潮 ， 一方面 它 有 进
为 一直 未 举办 的 婚礼 做点 什么 了 ， 我 也 *觉得* 应该 给 小雪 一个 交代 ， 因此 这次 具有 开创性 意义
容易 的 事情 。 谈到 就业 ， 我 *觉得* 应该 重视 结构 调整 ， 在 结构 调整 中 重视 发展 中小 企
急 。 觉新 不断 受到 良心 的 谴责 ， *觉得* 无论如何 应该 给 觉民 帮忙 ， 否则 会 造成 一件 抱恨 终身 的 事 。
发现 ， 原子弹 才 得以 发现 出来 ， 因此 他 *觉得* 他 应该 对 这 十几万人 的 死亡 负有 责任 。 他 在 多次 场合
是 不假思索 的 害处 。 我 觉得 你 是 本能 地 *觉得* 不 应该 让 老公 知道 这 事情 ， 但 你 其实 并没 真想 过
都 不 会做 ， 我 有 一种 很强 的 危机感 。 我 *觉得* 应该 多学 一些 技能 ， 不能 再 浪费 时间 了 。
更 的 味道 ， 却 反而 显得 真实 亲切 ， 他 忽而 *觉得* 应该 把 洛可 带到 这里 来 ， 这朵 奇异 的 " 郁金香 "
住 自己 的 。 他 不 答应 。 我 *觉得* 否定 与否 似乎 应该 由 我 做主 。 我 再次 轻声 地说 ， 道歉 。 他 的 眼
的 这么 多人 到 西部 去 ， 有条件 的 ， 我 *觉得* 应该 考虑 这个 问题 。 但是 事物 总是 两面的 ， 在 我们
房产税 不太 理解 。 黄奇帆 ： " 我 *觉得* 应该 从 北京 、 深圳 那些 地方 开始 ， 一个 来说 收入 不
王涛 ： 我 *觉得* 核能 的 和平 利用 应该 鼓励 。 当然 原来 在 和平 利用 中 曾经 发生 了 核
们 买了 自己 去 建设 ， 所以 我 *觉得* 我们 做起来 应该 比 他 还难 。 就 这个 项目 我们 创造 了 几
对 输入型 通胀 因素 的 治理 以外 ， 我 *觉得* 企业 也 应该 借 这个 机会 加大 内部 结构 调整 、 技术 创新 和 结

　　图 5-38　动词 "应该" 与其搭配词 "觉得" 共现的部分索引行

性 代数 重点 会 在 什么 方面 还 有 今年 的 线性 代数 应该 *注意* 哪些 特别 的 问题 。 从 线性 代数 来看 ， 这
围绕 向量 和 线性 方程组 出解 答题 ， 同学们 当然 应该 在 这方面 引起 *注意* 。 另一个 应 引起 注意 的 是
签订 、 履行 等 几个 方面 ， 介绍 了 在 就业 过程 中 应该 *注意* 的 问题 和 如何 维护 自己 的 合法权益 。 朱处
格 便宜 50% 的 地步 。 此外 ， 代购 奢侈品 应该 格外 *注意* 一下 店家 的 库存量 。 像 LV 之类 的 限量
青 ， 这 对于 春耕 春播 来说 是 有利的 。 但 我们 也 应该 *注意* 到 ， 近年 来 由 气候 变化 导致 的 极端 气候 事
次 发生 长时间 无 降水 而 造成 的 干旱 。 因此 我们 应该 保持 高度 警惕 ， *注意* 土壤 的 保墒 ， 防止 旱情 继
， 最后 尝试 少量 资金 实战 。 还要 *注意* 炒股 时 ， 应 结合 当前 市场 热点 ， 以 选择 中线 、 稳健 的 股票
的 打火机 之一 。 2 、 针对 当前 的 天气 ， 应该 *注意* 及时 加温 补光 。 对于 原产于 热带 、 亚热带
草原 火险 气象 等级 较高 ， 春节 期间 出外 野游 ， 应该 *注意* 哪些 问题 ？ 曲晓波 ： 春节 期间 ，
的 正面 作用 是 主要的 ； 同时 ， 这 也 在 提醒 我们 *注意* ： 电影 应该 怎样 去 引导 社会 风气 和 舆论 ，
更的 ； 同时 ， 这 也 在 提醒 我们 应该 *注意* ： 电影 应该 怎样 去 引导 社会 风气 和 舆论 ， 尤其 是 对 青少年
国家 克服 困难 。 特别是 在 实施 宏观 经济 政策 时 应该 *注意* 对 发展中 国家 的 影响 ， 避免 加剧 发展中 国
果 连降 大雨 ， 容易 暴发 山洪 。 遇到 这种 情况 ， 应该 *注意* 避免 过河 ， 以防 被 山洪 走 ， 还要 注意 防
该 欧盟 商标 注册 申请 通常 会 被 驳回 。 应该 *注意* 的 是 ： 驳回 因素 存在于 任何 一个 欧盟 成员
紧张 的 情绪 反应 已经 出现 时 ， 有效 的 调适 方法 应该 是 ： （ 大家 *注意* 看好 了 ， 学习 一些 方法 比 遭
称 他们 为 " 师父 " ， 教 外人 可称 " 某某 法师 " 。 应该 *注意* 的 是 ， 教外人 同 僧人 交往 中 ， 不要 直呼

　　图 5-39　动词 "应该" 与其搭配词 "注意" 共现的部分索引行

， 对 我们 复习 来说 ， 是 没 *什么* 太大 影响 。 应该 说 我们 原来 该 怎么 复习 ， 现在 还 是 应该 怎么 来
怎么 做 ？ 我们 的 看家 本领 是 *什么* ， 这 是 我们 应该 做 的 一件 事 。 我们 有 我们 独特 的 法则 ， 前面 已
记者 ： 干旱 对 农业 病虫害 有 *什么* 影响 ？ 我们 应该 如何 预防 和 控制 农业 病虫害 ？ 马春森 ： 一般 来
都 有 它们 特定 的 功能 ， 因此 在 选择 轮胎 时 ， 应该 问 清楚 *什么* 款式 的 轮胎 适合 怎么样 的 驾驶 习惯
量子 理论 的 惊人 消息 究竟 是 *什么* ？ 为什么 我们 应该 关注 亚原子 粒子 的 某种 特定 行为 ， 而 不是 另一
澄清 国家 和 政府 的 目的 是 *什么* 。 政府 的 目标 应该 是 最大化 全民 的 福利 ， 而不是 最大化 政府 财政
这点 有 什么 难处 可以 说 一下 ？ 强强 ： 应该 没 *什么* 难处 吧 。 李子勋 ： 就是 没 面子
接受 我 给 她 买 的 任何 东西 ， 反而 总是 提醒 我 应该 给 云儿 买 点儿 *什么* 。 在 春城 我 和 辉儿 象 一对
或者 是 科技 人员 ， 什么 是 可以 做 的 ， *什么* 是 应该 有 禁忌 的 。 另外 一方面 我 也 谈谈 个人 的 想法
， 什么 是 错的 ， 什么 是 可以 做 的 ， 什么 是 应该 做 的 ， 什么 是 必须 提倡 的 ， 什么 是 坚决 反对 的
渺茫 。 她 来 讲 。 也许 她 也 不 知道 应该 说 *什么* 了 ， 一个 才 21 岁 孩子 " 只 有 抱
就 必须 格外 小心 ， 以 防 洪水 泛滥 。 那么 ， 我们 应该 作 些 *什么* 准备 呢 ？ ① 在 雨季 要多 收听
金融 危机 给 我们 带来 的 机遇 是 *什么* ？ 中国 经济 应该 如何 转型 ？ 上海 如何 进一步 加速 建设 金融 中心
去 的 网站 也 不能 做 ， 我 指的 是 *什么* ， 大家 应该 了解 。 于是 我 就 挑 了 那些 跟 国家 法律 打 这擦边
势 ， 以及 因此 可能 遭受 的 损失 ， 同时 知道 未来 应该 小心 规避 *什么* 。 提升 业绩 。 对 一个 现有 业务 单
， 中国 人 认为 。 他们 应该 有 人类学 ， 正如 他们 应该 *什么* 都 拥有 一样 。 哪怕 只是 为了 结 他们 的 文化

　　图 5-40　动词 "应该" 与其搭配词 "什么" 共现的部分索引行

不仅仅是为了感念和追思，我以为*更*重要的*应该*从他们的成就和发现的历程中汲取可贵的经验与
其是我们生活在的当代中国，当今时代，*更应该*从中吸取启示，提升我们的创新自信心，为国家
回甘也最好 比起龙井，*更*淡的茶，*应该*是苏州东山的碧螺春。常常会有人问，东山，
的关注，青年人是八九点钟的太阳，我们中国*应该更*多关注年轻人。保障房为主。我们正在纠正
疆球迷不*应该*对一场失利过于失落，大家*更应该*为新疆和广东能联手为球迷献上"CBA历史上最
理论意义及其在科学史上的地位和作用，*应该更*对人类经济社会进步的影响和推动作用。<
国学生 费贝兰女士建议，中国学生*更应该*考虑美国中部的一些地区，因为美国的中小城市
的化妆品，好像*应该*是淡而幽香的，男人*更应该*如此，方显优雅。是我，错了？那些没品没
，特别是出身于农村的同志，这方面的体会*应该更*深。我们通过读书，考上大学，找到了一份
扎实各学科的基础，特别是初三初四的学生*更应该*引起重视。 从学生每年的中考来看，也
发现联考的试卷更多是突出在整个语境当中*应该*选择哪个词*更*合适一些。在河北的命题当中更
奖艺术家的实力，只是觉得，既然是评选就*应该更*民主，更多地听取多方的声音，更多地从评
新与探索，对艺术发展的贡献与影响，而且*应该*把*更*多的精力放在关注中青年艺术家的成长上
他们自己*更*有发言权。 在奖项评选中*应该更*多地听取观众的声音，毕竟艺术来源于生活
为会计监督加强而审计监督削弱了，相反*更应该*认为这是强化审计监督。实行会计集中核算后，
，真是一所难得的教育基地。以后在这方面*应该*进一步发展，以便*更*好地弘扬佛教文化"。四、

图 5-41 动词"应该"与其搭配词"更"共现的部分索引行

了的题直接放过，错了的题*看看*答案，知道*怎样*得到正确的答案也就罢了。其实这样做才
有了巨大的改变。作为新时期的教师，我们*应该*树立*怎样*的价值观、人生观和利益观，才能无
献，奋发向上的精神风貌。人为什么活*着*？*应该怎样*做人？这是每个人都应该思索的重要问
须应该如何加以运用，作为未来的企业领袖，*怎样*用自己的行为和自己所率领的企业行为？
正面作用是主要的；同时，这也在提醒我们*应该*注意：电影*应该怎样*去引导社会风气和舆论，
的；同时，这也在提醒我们*应该*注意：电影*怎样*去引导社会风气和舆论，尤其是对青少年
实践的过程也是一种道德实践，比如说我们*应该怎样*对待成绩差的学生？我们常称成绩差的学
>【主持人】您觉得作为一名当代艺术家，他*应该*肩负起*怎样*的历史使命呢？ 【殷阳】代
员结合昆虫世界的生存法则向听众讲述了平时*怎样*面对困难，并鼓励在场的小朋友们不要过
国不能光是简单地说'YES'或'NO'，更多的*应该*是提出*怎样*做、如何协调，这些都需要科技的
各方年复一年对其大加热捧时，人们是否更*应该*关注他们*怎样*跑好更加漫长的"后半程"？1000
定明年计划的时候，大家又很容易联想到究竟*应该怎样*估计第一个五年计划。经过国务院常务会
E房屋租赁合同中更普遍。在司法实践中究竟*应该怎样*处理，必须作出规定。司法解释对此做了
法是多么的重要，我们在学习知识的同时还*应该*思考*怎样*的学习方法更为生动有效，并将学到
地的建立奠定了坚实的基础。对革命根据地*应该怎样*巩固和发展的问题，在毛泽东三月十八日
而各系数检验显著的情况下，说明了什么，*应该怎样*处理等。2005年社会学原理考研试题 <

图 5-42 动词"应该"与其搭配词"怎样"共现的部分索引行

性质和定理。只要同学们认真复习了，这些题*应该*都能*做*得出来，分数能拿一大半。同时在这
，假如说明年整个车市情况不是很好，我们*应该怎么做*？我们的看家本领是什么，这是我们应
怎么做？我们的看家本领是什么，这是我们*应该做*的一件事。我们有我们独特的法则，前面已
的目标；对于重要但表现还可以的品牌形象，*应该*长期*做*追踪观察，并把它们当作未来宣传沟通
即便只是一棵小草。 小草就要去*做应该*小草做的事，此外没什么理由。 虽然
中国制造"摆满全球超市货架的今天，中国不*应该*再满足于*做*一个"躯干国家"，而应该向"头脑
孩带头参加多个形式的体育锻炼。机关的同志*应该*坚持*做*广播体操。开会的，到点可以都下来做
p>现阶段租房不仅仅要考虑"换季"因素，也*应该*为冬季提前*做*准备，租客应多注重生活的细节
他只是淡淡地答道："我是用心做好自己*应该做*的工作而已，没有什么值得不值得的。"</
说："我只是一名普通的南京人，*做*自己*应该做*的事情，也谢谢快服，送人一生平安。"如
成立后的半个世纪中所遇到，所*做*过，所*应该*完成的工作和使命。——侯祥麟 侯老总让
颗热诚的心和一双愿意工作的手，做好自己*应该做*的事情。真诚地感谢大连人民对我工作的信
科研工作者，只是在平凡的科研岗位上做出了*应该做*的事情，大连人民给予我莫大的荣耀，这让
就是要做中国民营企业的代表和典范，就是*应该做*既有规模、又有品牌、又有良好社会责任心
业前景等基本信息有所了解。同时，大学生还*应该*选择一些能*做*差价的股票，不要轻易选择一些
对本省人民负责，在我们权力范围内*做*我们*应该做*、能够做的事。" 对于"六条"的处

图 5-43 动词"应该"与其搭配词"做"共现的部分索引行

的房子，要不要走低碳经济绿色发展的道路，应该是不言而喻。*如何*实现目标？盖新房子要节能
江西省十大战略性新兴产业之一，江钨控股集团应该*如何*以江西建设鄱阳湖生态经济区为契机，实
章节形成知识网络，无论题目*如何*出，考生都应该对运用哪部分知识点解题有清晰的思路和严谨
至于民办学校的制度设计要*如何*进一步地创新。应该说这次规划纲要中对于民办教育给了一个高
感到有一柱阳光姿态昂扬地嵌我的心——人应该*如何*对待生命？人应该如何对待人？"迷者为
昂扬地嵌我的心——人应该*如何*对待生命？人应该如何对待人？"迷者为人，悟者为佛。"我
签订、履行等几个方面，介绍了在就业过程中应该注意的问题和*如何*维护自己的合法权益。朱
色。觉新不断受到良心的谴责，觉得无论*如何*应该给觉民帮忙，否则会造成一件抱恨终身的事
</p><p>诗歌阅读受到如此的重视，作为教师应该*如何*搞好诗歌教学呢？我根据《课程标准》和
<p>记者：干旱对农业病虫害有什么影响？应该*如何*预防和控制农业病虫害？马春森：一般
青楚地了解试题考查的理论内容、出题角度以及应该*如何*完整、准确地回答每道试题。本书内容
等省市已经相继采取了限电和让电措施，那么应该*如何*看待目前华东、华中地区出现的这种淡季
是当今时代的主题，然而身处和平时期，人们应该*如何*实现自己的人生价值呢？答案就是，奋
企业经营的知识和本领之前，首先明确这些本领应该*如何*加以运用，作为未来的企业领袖，应该怎
"字样，分享你的独家调情秘籍，说说我们应该*如何*更直接的去追求我们的爱。2.专题帖必
金融危机给我们带来的机遇是什么？中国经济应该*如何*转型？上海如何进一步加速建设金融中心

图 5-44 动词"应该"与其搭配词"如何"共现的部分索引行

5.1.5 认识情态动词"可能"

吕叔湘（1999：336）认为，"可能"表示"估计""也许""或许"，可以用在动词、助动词或者主语前。"很可能"表示加强肯定的估计，可以用在主语前；"不可能"表示否定估计，用在主语后。例（39）—例（43）均出自吕叔湘（1999：336）的研究。

（39）他可能知道这事儿。

（40）我想他可能会同意的。

（41）可能大家还记得这件事。

（42）很可能他已经回家了。

（43）他不可能这么快就到家。

彭利贞（2007：128）认为，"可能"表达认识情态意义"可能"。

（44）可能她先去了建国饭店？（肖复兴《四月的归来》，引自彭利贞，2007：129）

下面将使用语料库的方法，从使用频数和典型搭配方面展示动词"可能"在 zhTenTen 语料库中的用法特征。

图 5-45 显示，动词"可能"在 zhTenTen 中共出现了 815 182 次（每百万词出现 387 次）。

```
Query 可能, V.* 815,182 (387.00 per million)
Page 1   of 40,760  Go   Next | Last
```

jnsq.org.c... 生动。人物志作为人文部类的重头戏，一部志书如果没有丰满鲜活的人物志，就不可能充分展现历史文
cas.cn 知识，后来的经验表明，较广的知识只要概括地有些了解，遇到问题时就可能用得上，在用之
gzxnc.gov... 制度有效衔接，能够准确找到扶贫对象，提高扶贫政策措施对贫困人口的瞄准度，才可能避免普惠政策代
gzxnc.gov... 从根本上看，这是国家选材制度在实践中的自我修复和完善，过程中可能遇到这样那样的
cas.cn 以致于后来做研究做不好时就颓废、灰心，站都站不起来，这些可能跟家长的观念有
chinayz.ne... 数四、数二和数四在线性代数部分增加了二次型部分。对于考生来说，可能更加应该关心的
chinayz.ne... 要理解它，而且要掌握关于的初等变换。像其他的求矩阵的值，也可能通过一些独立的
jnmz.gov.c... 像其他的求矩阵的值，也可能通过一些独立出来，也可能通过一些独立的小的题目出来，也可能综合
jnsq.org.c... 老年产业发展调查报告》，今年消费总额才达到1万亿元。 "人口老龄化一方面可能会导致经济增速
jnsq.org.c... 只是在综合性条目的基础上对该项事业一个总的概括和提炼，不可能涵盖该项事业所
eeo.com.cn... 一项事业的具体的一个方面，专门性比较强一些，但是每一条却不可能记述得很细致，
eeo.com.cn... 赤？从孙楠急切而愤怒地举行新闻发布会，宣称自己和毒品无关系，不例外。他们
chinayz.ne... 也有人说，他们都做生意。可人人做生意都能成功吗？显然不可能。他们难道是有
chinayz.ne... 复习了，这些题应该都能做得出来，分数能拿一大半。同时在这部分可能会一些简便计
chinayz.ne... 一点、计算时仔细一点。特别是最后的这一点，做计算题时答案错了可能还得分，做选择
chinayz.ne... 考生在有些题目上只能交白卷，这种现象在其他科目的考试中几乎不可能出现。

图 5-45 动词"可能"在 zhTenTen 中的部分索引行

表 5-5 显示了动词"可能"在 zhTenTen 中的前 100 个搭配词。图 5-46 到图 5-55 显示了动词"可能"与前 10 个搭配词的部分索引行。这些索引行显示，当"可能"与前 10 个搭配词共现时都只表达认识情态意义"有可能"。

表 5-5 动词"可能"在 zhTenTen 中的前 100 个搭配词

序号	搭配词	共现频数	logDice	序号	搭配词	共现频数	logDice
1	会	102 716	9.708 4	19	但	23 061	7.988 16
2	出现	26 751	9.142 4	20	这	52 112	7.976 12
3	不	204 656	9.116 83	21	种	33 391	7.938 79
4	很	50 612	8.989 24	22	是	160 970	7.926 39
5	导致	14 706	8.729 41	23	都	35 434	7.909 36
6	发生	17 307	8.513 96	24	更	23 816	7.886 29
7	造成	13 047	8.438 91	25	甚至	8 853	7.854 7
8	也	72 414	8.432 02	26	还	29 052	7.825 7
9	因为	19 074	8.371 6	27	这个	15 606	7.818 05
10	影响	18 088	8.287 43	28	完全	7 995	7.801 98
11	就	64 543	8.278 35	29	才	12 828	7.761 28
12	成为	18 858	8.248 87	30	问题	25 461	7.738 43
13	产生	12 548	8.235 85	31	有	66 088	7.734 65
14	存在	14 421	8.226 07	32	可能	11 628	7.732 69
15	一些	17 490	8.155 69	33	但是	10 781	7.724 01
16	尽	8 020	8.155 37	34	这样	12 423	7.723 4
17	你	26 907	8.143 36	35	怎么	7 342	7.720 44
18	太	10 777	8.057 39	36	带来	7 724	7.717 55

续表

序号	搭配词	共现频数	logDice	序号	搭配词	共现频数	logDice
37	有些	6 832	7.659 15	69	?	13 411	7.228 24
38	没有	17 407	7.658 65	70	则	7 445	7.225 79
39	它	12 208	7.635 92	71	情况	12 208	7.218 98
40	这些	11 945	7.633 6	72	或者	6 028	7.215 17
41	被	17 554	7.607 44	73	个	44 989	7.191 89
42	原因	7 481	7.599 22	74	知道	5 928	7.180 59
43	那么	7 450	7.583 45	75	时间	10 399	7.175 65
44	未来	7 078	7.562 03	76	那	8 705	7.171 79
45	认为	10 239	7.543 5	77	不同	7 660	7.170 2
46	因此	8 560	7.503 23	78	他	20 784	7.166 02
47	很多	8 173	7.480 67	79	随时	3 949	7.162 53
48	我们	27 448	7.470 36	80	一	75 754	7.147 7
49	人	32 596	7.470 18	81	而且	6 232	7.147 66
50	引起	5 894	7.466 93	82	由于	6 939	7.137 82
51	或	16 176	7.450 13	83	的	432 254	7.136 69
52	觉得	6 151	7.449 73	84	想	7 290	7.124 01
53	他们	14 178	7.409 06	85	结果	5 845	7.116 27
54	根本	5 703	7.402 27	86	大	21 187	7.098 92
55	比较	7 740	7.398 27	87	过程	7 900	7.098 04
56	任何	6 284	7.393 6	88	时候	6 283	7.096 53
57	所以	7 876	7.389 83	89	再	8 297	7.089 63
58	需要	11 033	7.368 06	90	当然	4 498	7.067 2
59	遇到	4 955	7.365 29	91	使	9 487	7.046 47
60	的话	4 836	7.321 27	92	否则	3 685	7.042 22
61	引发	4 448	7.318 89	93	某	4 864	7.041 07
62	风险	5 645	7.309 86	94	比	6 236	7.034 99
63	而	21 831	7.307 99	95	来说	4 726	7.030 92
64	如果	9 136	7.299 72	96	时	12 043	7.022 33
65	对	39 370	7.279 47	97	,	535 897	7.019 33
66	其他	8 090	7.276 94	98	多	18 588	7.011 47
67	只	9 769	7.267 9	99	某些	3 691	7.006 32
68	到	22 753	7.265 62	100	说	14 764	6.994 63

直，也可能通过一些独立的小的题目出来，也可能**会**在一些综合的题里头考察。 伊宁市
将达到1万亿元。 "人口老龄化一方面可能**会**导致经济增速放缓、社会压力上升，但辩证
过了45岁后，到了更年期，这种隐性肥胖很可能**会**变成超重。体重超标是女性十大健康警讯
是水和土壤。即使是在合格的饮用水中，也可能**会**有相当含量的无机砷。美国的饮用水中，
年级小学生的父母，因为孩子的个性、经历，可能还**会**遇到各种各样的问题，会有忙中有错
一件甜美的事。 一些妈妈因为担心喂奶可能**会**使宝宝腹泻症状加重，就盲目给宝宝禁食或
的第一回合证明一旦没有托蒂，罗马前场甚至可能**会**出现集体哑火的被动。除了武其尼奇被逼无
为载体的实物资料，二轮修志中的彩色图版可能**会**借助这些资料，倘若运用现代科学技术，连
在调控，就是金融杠杆。当然这个退烧当中也可能**会**误伤一些人。我一套房价，买60平方，想
份可能与09年持平。二手房下降。开发商理解可能价格**会**下降。所以稳中有降是可能的。不同
选举时，只能听取其他院士的意见，因此有时可能**会**做出错误判断。如果能听取广大科学界的意
《生命时报》向大众呼吁，生活中的不良习惯可能**会**成为猝死的直接"导火索"，中老年人要时刻
表明，哪怕是身体健康的人，长时间看电视也可能**会**有致命后果。看电视1小时可增加心脏病死
控制温室气体排放。美最高法院的这一要求很可能**会**加速国会为控制二氧化碳立法。这一背景更
已取得的成果也无法巩固，审计的质量意识可能**不会**明显提高，也提不出上一个PDCA循环

图 5-46　动词"可能"与其搭配词"会"共现的部分索引行

白卷，这种现象在其他科目的考试中几乎不可能*出现*。 怎么办？ （1）牢牢掌
季用电安全监管，尤其要针对夏季用电高峰和可能*出现*用电紧缺等情况，做好露天作业现场临时用
的第一回合证明一旦没有托蒂，罗马前场甚至可能*出现*集体哑火的被动。除了武其尼奇被逼
千年，如果过了这个阶段，未来的一千年也不可能*出现*像今天这样房地产的高潮。什么原因？第
改善需求出来了，供求关系仍然是平衡的，不可能*出现*强烈的反弹，这是供应方面。 第二
要跟北京、上海，感冒我们吃药。所以它不可能让房地产*出现*大幅度的下降。再加上今年，地
学和就业权利中遇到的新情况、新问题；对可能*出现*的情况制定应对预案。各省、自治区、直
各样机遇、应对好各种挑战。机遇每天都可能*出现*，但它从来只眷顾有准备的人。无论你们
的水体要快得多，反而成为了相对稳定区，可能*出现*滴雨不下的另一番景象，或者只是吹上一
标，之后完成日线级别的背离结构。明天下午可能会有短线机会*出现*。从时间窗口上分析，明后
不委托任何机构举办考试辅导培训班。社会上可能*出现*的任何以所谓命题组、专家培训机构等名
车船的日常维护和保养，保证安全运转。对可能*出现*危险情况的旅游设施和游览地应当采取安
到，在使用不当情况下，任何品牌轮胎都可能*出现*后天性安全隐患。 对广大非专职司机来说
流通才能展开，基于土地权益的金融产品才可能*出现*，用经济学家德·索托的话说：资产才能变
，到今年第四季度末或许会*出现*转机，美元也可能适度转强。美联储加息之日，便是这种局面
融危机这大的背景情况下，经销商如何应对可能*出现*的销量下滑呢？ 三元桥丰田李总：

图 5-47　动词"可能"与其搭配词"出现"共现的部分索引行

一部志书如果没有丰满鲜活的人物志，就**不可能**充分展现历史文化名城的深厚人文底蕴。
不好时就颓丧、灰心，站都站不起来，这些可能跟家长的观念有关。尤其是中国的学生都将考
基础上对该项事业一个总的概括和提炼，**不可能**涵盖该项事业所包括的方方面面，应该说没有
方面，专一性比较强一些，但有一条却**不可能**记述得很细致，志书的条目带有综合性和宏观
做生意。可人人做生意都能成功吗？显然**不可能**。他们难道有什么捷径？ 前面的10
白卷，这种现象在其他科目的考试中几乎**不可能**出现。 怎么办？ （1）牢牢掌
一般会涉及到一个历史的发展演变过程，**不可能**面面俱到地去记述，有时也只是需要讲述一
，所以其中也有概括性、总述性的一面，**不可能**绝对的细致，概述性条目却也是在众多综合性
打电话就可以申请补助，但是这在西部就**不可能**。 在城乡之间、地区之间及不同群体
单位相分割，在这种分割封闭格局下当然**不可能**公平，而只有社会化才有可能实现公平。
了，对他一生都有益。这一步迈**不好**，将可能会影响他今后的发展。 今天我还要在
刚入学，一下子要记住很多规章制度是**不太可能**的。而且有的孩子比较玩劣，并不把规章当回
不把规章当回事。护导老师的一双眼睛也**不可能**把所有的学生都看过来。出了事，老师和家
轻腹泻症状、彻底调理肠胃。这对成人而言可能问题**不大**，捭一捭也就过去了，但对婴幼儿而
他们的防守确实很赞，而且他们的比赛态度（可能**不太准**，不过想不出别的词了）也很好：
把Kobe当鲍文使，进攻上的重压使得Kobe**不可能**像巴蒂尔那样全心全意冻结对手的王牌。而在

图 5-48　动词"可能"与其搭配词"不"共现的部分索引行

个方面，专一性比较强一些，但是每一条却不可能记述得 很 细致，志书的条目带有综合性和宏
了过了45岁后，到了更年期，这种隐性肥胖 很 可能 会变成超重。体重超标是女性十大健康警讯
经目录》，入藏见录有688部，2533卷，这 很 可能 就是宝台经藏的目录。唐初贞观五年（631
时停止。 堵车时开车窗。堵车时开窗 很 可能 让你心脏受损。德国一项研究表明，人们陷
控制温室气体排放。美最高法院的这一要求 很 可能 会加速国会为控制二氧化碳立法。这一背景下
薪岗位，据说即将上市1.3L车型的最低价格 很 可能 会低于6万元，对于奋斗中的年轻人来说
拿价格的多少来比算爱情强度的高低，它就 很 可能 是市场不值钱的小小东西。或许是一片小小的
即使是市场通认价值在30万元左右，典当行 很 可能 才愿意借8万~10万元。周先生说，除了艺
，如果你纵容孩子继续这种行为，你的孩子 很 可能 会变得目中无人，并极有控制欲。 制
交易日，性质属于小级别的低点，时空共振 很 可能 引发短线反抽。从周线级别观察，目前市场
，在这段时间里气温时高时低，关节炎者 很 可能 加重症状。在第三届风湿高峰论坛上，专家
精分娩的胎儿的先天畸形比例却是8.8%。 很 可能 是因为在冷冻胚胎移植过程中，只有质量很
怎么办？小心行情突然发生逆转注意！后市 很 可能 有特大利好对于净利润的大幅下滑，中国联
不可怕，但这2%不良部位所产生的小火花， 很 可能 引起516万亿美元资产的连锁爆炸。一旦出现
。此时，若没有一把手在上面指挥，座谈会 很 可能 会开成部门之间互相攻击的漫骂会。所以，
6年6月被指"自杀"的3名关塔那摩监狱囚犯 很 可能 是在同一个晚上接受审讯时窒息而死，当尾

图5-49 动词"可能"与其搭配词"很"共现的部分索引行

各达到1万亿元。 "人口老龄化一方面 可能 会 导致 经济增速放缓、社会压力上升，但辩证地
外膜扩张而形成动脉瘤。扩张的外膜随时 可能 破裂，导致 患者出血、死亡。 喀麦隆著
断加快，则危险性和不平衡性将增加，最后 可能 导致 贷款质量恶化，房地产泡沫风险增加，通胀
更大，即使只成很小角度的航向偏离，也 可能 导致 机毁人亡的后果，是威胁飞行安全的隐形
还有一定的致残率，病人如果不早期治疗就 可能 会 导致 残疾。这类疾病对国家国民经济的影响
送速率），以及发送地域范围广、人口多， 可能 导致 灾害发生后还未将预警信息完全送达。</p
致公司盈利发生变化，本计划所投资的股票 可能 因此而 导致 本计划投收益变化；或者如果本计
划所投资的基金之基金管理公司经营不善， 可能 导致 其管理的基金净值下降，虽然本计划可以
带来投资损失的风险。二是指由于退出要求 可能 导致 流动资金不足的风险。 风险防范措
风险； （4）因行业竞争加剧等因素 可能 导致 的风险； （5）战争、自然灾害等
可抗力因素将会严重影响证券市场的运行， 可能 导致 委托资产的损失，从而带来风险；
位业务存在的风险，以及因亲情请托等情节 可能 违反职业操守，导致 行政行为不公的风险进行
果下雨的话会造成2-3天无法上门，情况严重 可能 会 导致 一个礼拜无法上门；③与其他地方的交
间的长短。大幅度和持续时间较长的降温很 可能 会 导致 冻害而对农业生产造成严重影响，对冬
覆盖及工作时限、标准、质量等明确规定， 可能 导致 行政行为失控的因素；四是外部环境风险
生活在独特的环境中的细胞生物，有的环境 可能 导致 生物的基因发生迅速的演变，这就有可能

图5-50 动词"可能"与其搭配词"导致"共现的部分索引行

山脊和松软的人工填土上，还有的甚至直接在 可能 发生 滑坡、崩塌、地陷、地裂、泥石流及有
计划，报省环境保护、海洋行政主管部门备案。 可能 发生 海洋污染事故的石油、化工等单位，应
理：（一）违反本条例第十五条第三款规定， 可能 发生 海洋污染事故的石油、化工等单位未制
政府应当建立旅游预警机制，制定应急预案，对 可能 发生 的自然灾害和突发事件及时发布旅游预警
，发送速率），以及发送地域范围广、人口多， 可能 导致 灾害 发生 后还未将预警信息完全送达。
使该公司今年上半年的盈利与去年上半年相比仍 可能 发生 较大变化。 虽然业绩并不突出
取有效措施防止大气污染事故的 发生。排放或者 可能 泄漏有毒有害气体的单位，必须制订事故应急
、各有关部门要切实做好灾害的预警工作，对 可能 发生 重、特大自然灾害的重点地区，要严密
的防守和撒防。洪水回落过程中，控导工程坝岸 可能 发生 坍塌。各级防守力量和抢险队伍对水毁
做好控导工程漫顶坝（垛）的封顶工作。当预报 可能 发生 超过坝顶高程的洪水时，及时对控导工程
守重点。所有控导工程全部漫顶走溜并弃守， 可能 会 发生 揭顶、整坝冲失险情。防守重点为生
分工，实行24小时不间断值班，以便及时处理 可能 发生 的各类机线故障，确保机线正常运输。
间正常情况下约为80小时，因此当接到花园口 可能 发生 漫滩的洪峰预报后，由县防指下达搬迁
单位的监督检查。严格落实进货验收制度，对 可能 发生 食品安全事件的环节予以监控。二是加
因素综合形成的，但真菌在胃癌的 发生 发展上 可能 起一定的作用。所以人们应该多吃和少吃霉
汇的汇率不断变化，一年前签订的合同金额也 可能 发生 巨大变化。由于国家政策变化，一些项目

图5-51 动词"可能"与其搭配词"发生"共现的部分索引行

耗氧量 增加 会 诱发 心绞痛、心肌梗死，两者 都 可能 *造成* 猝死。余振球 表示，老年人 血管 调节 反应
的 可行性 论证，论证 结果 向社会 公示。经 论证 可能 *造成* 泉系 阻淤 的，规划 部门 不予 办理 审批 手续
第十六条 发生 事故 或者 其他 突发 事件，*造成* 或者 可能 造成 海洋 环境 污染 事故 的，当事人 必须 立即 采
业，应当 遵守 操作 规程，落实 有效 防污 措施；可能 *造成* 油类 严重 污染 的，应当 在 作业 现场 设置 围
备案。第三十条 船舶 发生 海难 事故，*造成* 或者 可能 造成 海洋 环境 重大 污染 损害 的，由 海事 管理 机
对 环境 影响 评价 文件 草案 的 意见。第三十六条 可能 对 海洋 环境 *造成* 重大 影响 的 海岸、海洋 工程 建
条 海洋 工程 建设 单位 或者 作业者，应当 在 对 拆除 可能 对 海洋 环境 污染 或者 海上 交通 安全 的 废
为了 补充 水分 必须 多 喝水，但是 水 喝多 了，可能 会 *造成* 腿部 水肿；据了解，由于 长时间 无法 内
或者 泄漏 有毒 有害 气体、放射性 物质，*造成* 或者 可能 造成 大气 污染 事故、危害 人体 健康 的，必须
道。觉醒 世间 还是 要 靠 佛法 的 智慧，灾劫 意识 可能 反而 会 *造成* 生命 中 的 短期 行为，酿成 人生 之
得 较小。基本面 方面，美联储 今晚 的 议息 会议 可能 对 美元 *造成* 较大 影响，如 走强 则 再度 带来 一
的 重要 江海 堤防、小（二）型 以上 水库 溃决 及 可能 *造成* 堤坝 溃决 的 重大 险情。（二）省内 地震 预
遵守 操作 规程 和 消毒 管理 制度，对 介入 人体 和 可能 *造成* 皮肤、黏膜 破损 的 医疗 器械 必须 严格 消毒
病、性病 防治 知识 的 宣传，落实 预防 措施；对 可能 *造成* 艾滋病、性病 传播 的 公用 的 物品 和 器具
或者 纪律 处分：（一）未 按 办法 规定 履行 职责，可能 *造成* 艾滋病、性病 传播 或 流行 的；（二）违
一些 气象 条件 非但 不利于 病虫害 的 防治，甚至 还 可能 给 农作物 *造成* 严重 伤害。如 大风、降雨 和 湿度

图 5-52　动词 "可能" 与其 搭配词 "造成" 共现 的 部分 索引行

关于 的 初等 变换。像 其他 的 求 矩阵 的 值，*也* 可能 通过 一些 独立 的 小 的 题目 出来，也 可能 会 在一
，也 可能 通过 独立 的 小 的 题目 出来，*也* 可能 会 在 一些 综合 的 题目 里头 考察。 伊宁市 习
是 水 和 土壤。即使 是 在 合格 的 饮用 水 中，*也* 可能 会 有 相当 含量 的 无机砷。美国 的 饮用水 中，砷
不 把 规章 当 回事。护导 老师 的 一双 眼睛 *也* 不 可能 把 所有 的 学生 都 看 过来。出了 事，老师 和 家
年，如果 过了 这个 阶段，未来 的 一千年 *也* 不 可能 出现 像 今天 这样 房地产 的 高潮。什么 原因？第
正 调控，就是 金融 杠杆。当然 这个 退烧 当中 *也* 可能 会 误伤 一些 人。我 一套 房价，买 60 平方，想
基本 稳定。房地产 调控 政策 不能 松动，一 松动 *也* 要 反弹。也 不敢 收紧，也 不能 收紧。因为
快 的 地方 可能 价格 过 快，在 一些 重要 城市 不 可能 降。*也* 可能 在 我们 济南 这样 的 地方，既 没有 涨
能 价格 过 快，在 一些 重要 城市 不 可能 降。*也* 可能 在 我们 济南 这样 的 地方，既 没有 涨 的 空间，也
马上 变黑 了，肯定 是 染色 芝麻。有些 黑米 *也* 可能 被 染 过色，最 简单 的 判断 方法 是 用 牙 咬开，重
明，哪怕 是 身体 健康 的 人，长时间 看电视 *也* 可能 会 有 致命 后果。看 电视 1小时 可 增加 心脏病 死
出入 贵妇 常去 的 餐厅、一年 出国 旅游 两次，可能 *也* 并不 觉得 真正 的 快乐。她 说 自己 也 有 在 台北
创新 不 可能 有 较大 较快 的 发展，其 活力 *也* 不 可能 持久。没有 企业 为 主体 的 技术 创新，则 不 可
交叉 领域 往往 是 科学 发现 新 的 突破点，而且 *也* 可能 是 重大 技术 创新 的 先导；在 重视 原始 创新 的 同
他 敢 仗胆 说 个 不字，状元 肯定 不 保，性命 *也* 可能 会 失去，他 会 从 高高 的 云端 跌落 到 地狱。十多
。因为 这一 遇，未必 在 九百九十九年 以后，*也* 可能 就 在 明天。 2 日本 反核电 大有

图 5-53　动词 "可能" 与其 搭配词 "也" 共现 的 部分 索引行

一件 甜美 的 事。 一些 妈妈 *因为* 担心 喂奶 可能 会 使 宝宝 腹泻 症状 加重，就 盲目 给 宝宝 禁食 或
下去。不要 认为 这次 调控 以后 就 少 调控，不 可能。*因为* 市场 经济 是 冷热 变化 的 经济。市场 经济
得 下，不要 扒着 一个 烂男人 哭，*因为* 下一站 可能 有 一个 好男人 在 等你，他 在 说 奇怪，我 的 了
了 也 不说 疼。回想 起 那段 日子，赵宏博 说，可能 *因为* 她 太 娇小，初次 牵起 她 的 手，就 想 保护
受精 分娩 的 胎儿 的 先天 畸形 比例 却 是 8.8%。很 可能 *因为* 在 冷冻 胚胎 移植 过程 中，只有 质量 很高
十辆车，今年 截止 到 现在 卖了 将近 900 台了，可能 *因为* 国人 的 消费 观念 跟 美国 还 不太 一样，这
式 因素 产生 的 风险，在 本 计划 的 日常 交易 中，*因为* 技术 系统 的 故障 或者 差错 而 影响 交易 的 正
降 50%，而且 失败 是 不可避免 的，研究 推测 这 可能 是 *因为* 蝙蝠 不能 把 甲虫 和 植物 的 叶子 区分 开。
的 安排 学生 上网 看画 写评论 就 把 活动 搞 了 但 可能 收效 甚微，*因为* 我们 有 三分之二 的 学生 在 家 无
着，但 在 太空 生长 的 可能性 不大。"*因为* 低温 可能 会 让 细菌 进入 冬眠 状态，即 所谓 的 孢子 阶段
的 衬衫、内衣 和 袜子 都 是 必须，*因为* 有时候 你 可能 在 几天 都 不会 有 条件 洗 衣服。此外，帽子
很 有意义，但 还是 得 小心 下 结论 才行，*因为* 可能 有 更多 的 解释，比如，这些 基因 序列 可能 来自
。孩子 喜欢 把 物品 放 在 嘴 里，很多 孩子 都 *因为* 舔吃 家具 的 含铅 油漆 而 中毒。●不要 给 孩
1975 年 我们 测量 的 时候，*因为* 技术 有限，我们 可能 没有 插到 雪深 以下 直到 岩石。在 这里 有 必要 解
，立即 熄火 加水。这 种 做法 是 错误 的，它 极 可能 造成 气缸盖 *因为* 突然 受冷 而 出现 开裂 现象。</p
必然 会 侵蚀 到 公证 的 稳定性 构架。*因为* 人们 不 可能 对 一种 经常 变动 的 法律 体系 抱有 恒久 的 信心

图 5-54　动词 "可能" 与其 搭配词 "因为" 共现 的 部分 索引行

周边 废弃 老窖、采空区、地面 塌陷坑、裂隙 和 可能 *影响* 矿山 安全 的 水库、河流、涵闸 等 重点 部位
了，对他一生 都 有益。这一步 迈 不好，将 可能 会 *影响* 他 今后 的 发展。 今天 我 还要 在
量 气体 的 浓度 近来 增加 很 快，估计 将来 的 *影响* 可能 达到 或 甚至 超过 CO2 的 增加。所以 人们 有时 也
以往 调束 的 经验 和 教训 的 基础 上，认真 分析 了 可能 *影响* 调束 的 诸多 因素，发现 注入 探针 影响 束流
以 经济 发生 问题，其 对 实体 经济 产生 的 *影响* 也 可能 比较 小。今年 诺贝尔 经济学 奖 得主 保罗·克鲁格曼
预期 好，当时 我们 预期 想 整个 全球 经济 不 好，可能 会 *影响* 中国，但是 实际 在 销售 过程 中 没有 受 影
的 店 在 东边，以 经济 车型 为 主，经济 不 景气 可能 会 *影响* 比较 大，对 你们 的 影响 怎么样？
中 发现 调解员 与 参与 调解 的 案件 有 利害 关系，可能 *影响* 其 保持 中立、公平 调解 的，或者 调解员 有
得 较小。基本面 方面，美联储 今晚 的 议息 会议 可能 会 走 强 则 美元 造成 较大 *影响*，带来 一波 再
在 晚 夜 下降，这 暗示 产量 的 变化 也 会 *影响* 觅 食 者 幼虫 日常 摄食 活动 的 方式，医
挺，业内 人士 预计 主要 是 受 本 月 15 日 欧佩克 宣布 进一步 减产 *影响*，不 国 经济 数据 疲弱 及 将
能 发电 等；而 对 暗物质、暗能量 的 研究 同样 也 可能 对 社会 产生 重大 *影响*，虽然 具体 是 什么 影响，
致 大家 学习 动力 不足、学习 兴趣 丧失，严重 时 可能 *影响* 他们 的 精神 健康。 第三 部分，关于
亲属 不予 会见 1、对 劳教 人员 教育 矫治 可能 产生 负面 *影响* 的。 2、拒不 遵守 本 所 会
期间 遇到 法律 纠纷 将 *影响* 投资者 信心，投资者 可能 要 重新 评估 世纪 佳缘 的 价值。"艾瑞 咨询 北京
赁 廉租 住房 等 保障性 住房，利用 职务 之 便 接受 可能 *影响* 公正 执行 公务 的 宴请 以及 旅游、健身、娱

图 5-55　动词"可能"与其搭配词"影响"共现的部分索引行

5.1.6　认识情态动词"一定"

吕叔湘（1999：604）认为，"一定"表示"必然""确实无疑"，可以用在动词或者形容词前。"不一定"表示"情况不能肯定"，但偏于否定。

（45）他一定会同意。（吕叔湘，1999：604）

（46）我不一定来。（吕叔湘，1999：604）

彭利贞（2007：133-134）认为，"一定"表达认识情态"必然"。

（47）你一定要送我，就送我一件铁锈红的。（毕淑敏《苔藓绿西服》，引自彭利贞，2007：134）

下面将使用语料库的方法，从使用频数和典型搭配方面展示情态动词"一定"[①]在 zhTenTen 语料库中的用法特征。

图 5-56 显示，动词"一定"在 zhTenTen 中共出现了 432 919 次（每百万词出现 205.50 次）。

表 5-6 显示了动词"一定"在 zhTenTen 中的前 100 个搭配词。图 5-57 到图 5-66 显示了动词"一定"与前 10 个搭配词的部分索引行。这些索引行显示，当"一定"跟"会""相信""并不""能够""你""所以"和"表示"共现时，可以表达认识情态意义"必然""确定无疑"；而当"一定"跟"要""注意""程度"共现时，一般表达道义情态意义"义务"。

---

① zhTenTen 把"一定"归入情态副词类。

```
Query 一定, AD 432,919 (205.50 per million)
Page 1 of 21,646 Go  Next | Last
e23.cn          到仰口 或者王哥庄，打电话给我，我开车 免费去接您友情提示；1》一定要提前1天预订1
cas.cn          的书，后来文学、历史、哲学的启发对我日后的研究影响很大。大家一定很奇怪，文学、历
chinayz.ne...   像这种概念，一般来说，我们在考试里是非常重要的问题，在考试里一定会反映。这几年
chinayz.ne...   方程组问题，从方法论上来说，线性变化是非常重要的，这个我们在复习的时候一定要特别重视，而且
chinayz.ne...   来说，线性变化是非常重要的，这个我们在复习的时候一定要特别重视，而且练习得比较熟练
chinayz.ne...   一句话：注重基础、多加练习、不要眼高手低。</p><p>注重基础就是一开始一定要把本科学习的课
chinayz.ne...   是一开始一定要把本科学习的课本拿出来好好看，包括基本的定理、定义一定要弄懂记熟，课后
chinayz.ne...   学习的课本拿出来好好看，包括基本的定理、定义一定要弄懂记熟，课后习题一定要认认真真的做一
chinayz.ne...   的难题也就是由三四个知识点加在一块，可能这么多就是一点，一定要注重基础，不用
chinayz.ne...   包括题型的归纳、做题方法、知识的盲点等等。不要眼高手低，一定是在复习时一要动手做题，不要
chinayz.ne...   形成知识的网络，还有就是能学到解题的一些方法技巧，但在辅导班之前一定要把基础知识学扎
eeo.com.cn...   只要能证明我有钱就行，即使自己的收入不足以支撑这种消费，也一定要打肿脸充胖子
eeo.com.cn...   消费，也一定要打肿脸充胖子，我可以没钱，但只能我自己知道，一定要让外人知道我有
chinayz.ne...   其他题都做好了，再集中精力来啃那几个难的题目。步骤一定要写清楚，公式一定要写出来，数学是
chinayz.ne...   了，再集中精力来啃那几个难的题目。步骤一定要写清楚，公式一定要写出来，数学是
chinayz.ne...   从做题的过程中吸收最多的经验与收获。做题很重要的一点就是一定要注意思考和总结
```

图 5-56 动词"一定"在 zhTenTen 中的部分索引行

表 5-6 动词"一定"在 zhTenTen 中的前 100 个搭配词

序号	搭配词	共现频数	logDice	序号	搭配词	共现频数	logDice
1	要	206 174	9.984 02	21	把	13 795	7.440 21
2	会	67 007	9.236 16	22	但	13 607	7.425 38
3	相信	8 601	8.796 53	23	一定	6 414	7.338 21
4	并不	8 939	8.369 15	24	时	13 052	7.332 57
5	注意	8 178	8.348 45	25	认真	5 355	7.325 45
6	能够	11 243	8.341 07	26	去	7 735	7.295 1
7	你	21 970	8.039 58	27	这个	8 960	7.284 06
8	所以	9 103	8.010 69	28	想	6 224	7.260 35
9	表示	9 083	7.990 03	29	你们	3 207	7.246 43
10	程度	5 822	7.849 93	30	就	29 671	7.240 47
11	大家	8 877	7.839 19	31	做	9 453	7.216 15
12	我们	31 565	7.785 04	32	但是	5 845	7.215 58
13	能	26 655	7.775 74	33	我	30 955	7.154 24
14	好好	3 234	7.751 21	34	坚持	4 797	7.149 16
15	好	18 716	7.676 56	35	成功	4 402	7.145 09
16	努力	7 369	7.670 19	36	将来	2 198	7.101 29
17	不	67 823	7.569 87	37	重视	3 759	7.044 26
18	时候	6 236	7.508 65	38	那么	3 535	7.023 18
19	！	9 822	7.483 74	39	那	6 323	7.020 32
20	自己	15 109	7.474 4	40	珍惜	1 880	6.999 28

续表

序号	搭配词	共现频数	logDice	序号	搭配词	共现频数	logDice
41	清楚	2 297	6.997 37	71	辜负	1 400	6.687 01
42	得	7 380	6.978 9	72	只要	2 162	6.675 82
43	的话	2 342	6.978 39	73	明天	1 549	6.674 38
44	选择	4 364	6.971 53	74	机会	2 496	6.674 15
45	因此	4 450	6.969 18	75	他们	7 303	6.669 3
46	做好	4 355	6.967 8	76	也	20 149	6.669 05
47	如果	5 790	6.965 78	77	下去	1 678	6.661 54
48	有	37 244	6.962 56	78	把握	1 892	6.614 67
49	您	3 637	6.950 18	79	认识	2 865	6.591 47
50	今后	2 540	6.941 78	80	同学们	2 421	6.591 13
51	做到	2 951	6.921 26	81	它	4 762	6.581 86
52	知道	3 468	6.892 1	82	提醒	1 539	6.580 24
53	高度	3 080	6.890 33	83	这	18 651	6.577 46
54	强调	2 850	6.877 16	84	找到	1 840	6.577 13
55	以后	2 868	6.874 05	85	事	2 914	6.568 42
56	很	10 257	6.866 11	86	之前	1 933	6.567 39
57	他	15 278	6.843 25	87	保证	2 582	6.559 42
58	按照	4 095	6.826 93	88	这样	4 425	6.553 28
59	更加	2 992	6.822 38	89	先	2 318	6.551 6
60	决心	1 731	6.808 57	90	美好	1 580	6.548 74
61	记住	1 586	6.797 01	91	事情	2 044	6.532 77
62	孩子	3 536	6.795 51	92	东西	2 052	6.531 44
63	学习	8 162	6.777 46	93	找	1 982	6.528 58
64	请	3 173	6.763 82	94	下	6 943	6.524 83
65	纷纷	1 867	6.740 85	95	要求	6 516	6.511 59
66	抓住	1 823	6.724 72	96	非	2 436	6.511 47
67	让	7 044	6.714 25	97	而且	2 825	6.451 23
68	说	10 895	6.709 44	98	是	55 382	6.412 75
69	她	5 428	6.706 7	99	正确	1 969	6.410 89
70	给	5 743	6.693 87	100	吧	1 878	6.408 53

话给我，我开车免费去接您友情提示；1》一定*要*提前1天预订1）为了 爬山 运动方便，请穿这
生变化是非常重要的，这个我们在复习的时候一定*要*特别重视，而且一定要练习得比较熟练。初
这个我们在复习的时候一定*要*特别重视，而且一定要练习得比较熟练。初等变换不只是一种方法
不要眼高手低。 注重基础就是一开始一定*要*把本科学习的课本拿出来好好看，包括基本
的课本拿出来好好看，包括基本的定理、定义一定*要*弄懂记熟，课后习题一定要认认真真的做一
基本的定理、定义一定*要*弄懂记熟，课后习题一定*要*认认真真的做一遍，做题的过程是把基本
个知识点加在一块。说了这么多就是一点，一定*要*注重基础，不用去钻研难题。再次强调：千
点等等。 不要眼高手低就是在复习时一定*要*动手做题，不要就看看，觉得自己会了就下
能学到解题的一些方法技巧。但在辅导班之前一定*要*把基础知识学扎实，否则到课堂上你会感觉
，即使自己的收入不足以支撑这种消费，也一定*要*打肿脸充胖子，我可以没钱，但只能我自己
充胖子，我可以没钱，但只能我自己知道，一定*要*让外人知道我有钱。记得一位时尚圈的资深
了，再集中精力来啃那几个难的题目。步骤一定*要*写清楚，公式一定要写出来，数学是按步骤
那几个难的题目。步骤一定*要*写清楚，公式一定要写出来，数学是按步骤给分的，多写一步
最多的经验与收获。做题很重要的一点就是一定*要*注意思考和总结，对了的题要知道它主要考
周办公用房要优先考虑档案室用房，各项设施一定*要*符合档案管理要求，审计经费再紧张，也不
对新入学的孩子，你不要觉得书包特别沉，一定*要*帮着拎。我们家长每天回家要有意识的问问

图 5-57　动词"一定"与其搭配词"要"共现的部分索引行

，我们在考试里是非常重要的问题，在考试里一定*会*反映。这几年主要的形式是通过选择题的
业绩、重大活动记载等刻录成光盘送给他，他一定*会*作为最珍贵的礼物收藏。实践证明，新配
的极大信任，对此我们表示深深的感谢。我们一定不*会*辜负全体家长对我们的信任，一定尽最
但只要他们二人其中之一在场上表演，另一人一定*会*立刻从自己的休息室中走出来，目不转睛地
。秦志强提醒，不是接触了甲流患者或物品就一定*会*发病，这跟"毒力"强度、人体抵抗力、接
由相信，通过一段时间的努力，中国保龄球事业一定*会*取得更大的进步。（保罗） 为发
多的语言"从她的表情与言辞中可以感觉到她一定*会*把在北京海华城市建设学校的这次学习作
"西藏塔王"美誉的白居寺中的精美壁画后，你一定*会*获得前所未有的艺术灵感和心灵上的满足。
男人拥有一颗平常心，只要有勇气改变生活，就一定*会*有意外的收获。这样题材的影片可是颇受
证有什么绝招时，他介绍，面试时，签证官员一定*会*问一个问题，你为什么要去美国上学。很
勤培育着分的，在今后的学习生活中，我一定不*会*辜负老师和家长的期望，争取更大的进
待着，我相信经过了那么长时间孕育后的盛开一定*会*如同二八少女的面庞般新鲜纯真。那个能
坚信，通过全省上下的齐心协力，浙江的发展一定*会*更加和谐，浙江人民的生活一定会更加美好
，浙江的发展一定*会*更加和谐，浙江人民的生活一定*会*更加美好。 山东电力ERP业务审计系
清豁然开朗。可以说是毕生难忘，涠洲岛---我一定*会*再来的！希望到那时你还是那么美丽（
硅酸盐所、导师、家人和同学的感谢，并立志一定*会*再接再厉，争取做出更大的成绩。研究生

图 5-58　动词"一定"与其搭配词"会"共现的部分索引行

全球化经济下的企业成功之道。*相信*这期讲座一定会给大家带来不小的收获！ ·最佳旅
一定要为国家和民族有所作为，*相信*你们，也一定能够有所作为！ 有句俗语，叫做"把
不管怎样，考生只要认真对待，扎实复习，*相信*一定会去的很快的进步并最终获得不错的成绩。
国家开展互利合作前景广阔，*相信*这次考察活动一定能够进一步加深双方相互了解，为促进双方
和国际货币基金组织采取的救助措施，*相信*欧洲一定能够实现经济社会稳定发展。 问：中
的泪啊，我冲着他点了点头说："老师*相信*你一定能做到"。在这之后，这名学生果
花秋望月，夏有凉风冬赏雪"的情趣，*相信*您一定会被这种祥和静谧而打动。
都向你们伸出了援手，为你们加油。*相信*你们一定深深体会到了大爱无疆、真情无价的道理。
工作已经在紧锣密鼓地开展，我*相信*气象部门一定会在活动举办期间加强应急预案和相关措施
，同时也是我们整个中华民族的骄傲。*相信*大家一定会有同感。 循着历史，让我们走进
也许明天不一定会更好，但我*相信*更好的明天一定会到来！ 共青城是我省唯一的纺织服
管你，他还得跟你学习。 *相信*严俊昌一定很难体会到万里此时的矛盾心情，因为无论是
科研人员进行交流，使我们受益匪浅。*相信*今后一定会促进我区基金工作更上一层楼。 最后
力和学校的大力支持下，*相信*"手拉手"服务队一定能够拉起千万人的手茁壮成长，发展成为一
的青睐。通过此次签约和实施，*相信*知客CRM一定可以吸取更多先进的管理思维，并使之成为
们的感动。"春运"的困难除以13亿，我*相信*一定会变得微不足道，"志愿"的爱心乘以13亿，

图 5-59　动词"一定"与其搭配词"相信"共现的部分索引行

第 5 章 汉语认识情态动词的习得

人 交往。其实 这些 都 不 是 理由，与 人 交往 *并不一定* 要 花 多少 钱，有 一 种 很 好 的 办法 就 是 参加
名言。现在 我们 倡导 学习 和 锻炼，*并不强迫* 大家 一定 要 学 多么 高深 的 理论，更 不 会 要求 大家 锻炼
课 果 为 基础，但 查询 时 没有 冲突 *并不表明* 该 域名 一定 能够 注册 成功。 3.3 因 域名 注册 管理 机
环线 上 行驶，其实 许多 主干道 及 环线 的 辅路 *并不一定* 比 环线 主路 难走。下雪 当天 及 第 2 天，一些
的 国际化，主要 是 一 种 品牌 国际化 战略，"*并不一定* 要 走 出去，不一定 非要 占领 全球 市场"。2005
教育。可以 理解 校方 的 这 种 初衷，但 善意 *并不一定* 能 结出 善果。在 这个 过程 中，校方 应该 更 多
偿 后，其 票据 权利 消灭。但 汇票 的 权利 *并不一定* 绝对 消灭，而 可能 产生 被 追索 人 的 代位权；
各 地 有 不同 的 情况，扬州市 邗江区 的 做法 *并不一定* 适合 其他 地区，对照 邗江区 的 举措，各地 应根
大 程度 上 是 由于 我国 有 很 大 的 市场 规模，*并不一定* 意味着 国际 竞争力 很强。国际化 经营 能力 的 著
时，某项 血液 指标 定为 不 合格，即 阳性，*并不一定* 是 得了 肝炎 的 血液 传染病。所以 就 会 出现 献
说，而且 我 发现 很多 的 持有 正确 意见 的 人 *并不一定* 发表 意见，倒 是 喜欢 发牢骚 的 人 喜欢 发意见。
略。当然，在 企业 管理 中，对待 优秀 员工 *并不一定* 要像 朝阳般 冷酷，在 这里 强调 的 是 一 种 压力
的 东西。 马丁·路德 善行 定律：善行 *并不一定* 能 造就 一 个 善人，但 一 个 善人 却 一定 作 善行
形成 较 重 和 严重 的 泥石流。 泥石流 *并不一定* 在 一 次 暴雨 过程 结束 以后 才 发生，而 往往 在
向 校 领导 进行 游说，因为 校 领导 对 具体 业务 *并不完全* 熟悉，他们 成功 的 机率 会 比较 大。校 领
贸易 顺差 年，然而，这么 高 的 外贸 顺差 却 *并不一定* 是 件 好事，在 目前 的 国际 国内 经济 环境 下，

图 5-60　动词 "一定" 与其 搭配词 "并不" 共现 的 部分 索引行

最多 的 经验 与 收获。做题 很 重要 的 一 点 就 是 一定 要 *注意* 思考 和 总结，对 了 的 题 要 知道 它 主要 考
血压 的 中年 男士 是 发病 的 高危 群体，所以 平时 一定 要 *注意* 控制 好 血压。同时，日常 生活 中 如果 有
没有 支付 能力。所以 购买 能力 形成 泡沫 破灭。一定 要 *注意*，信贷 掌握 住，不要 滋生 泡沫。这 就 是
中国 为了 碳 减排，大力 开发 可 再生 能源，但 一定 *注意* 两个 悖论：一，大力 开发 可 再生 能源，
就 不要 尝试了。如果 你 下定 了 决心，那么 就 一定 *注意* 很多 的 细节。首先，要 注意 套磁
考生 在 复习 时候 遇到 的 当今 教育 教学 的 启示 问题 一定 要 *注意*，尤其 是 近年 来 建构主义 理论 成了 研究 的
因为 竹藤 制品 不易 清洁，因此 用来 装饰 家 时 一定 要 *注意* 防尘土。如果 在 尘土 较多 的 城市，可采
不 是 所有 的 当代 瓷器 都 有 收藏 价值，收藏 时 一定 要 特别 *注意*。 笔者 几 年 前 就 开始 对 当代
食、塞入 鼻孔 或 耳内。● 如果 购买 有色 玩具，一定 要 *注意* 油漆 一定 是 无铅的。孩子 喜欢 把 物品 放
耳内。● 如果 购买 有色 玩具，一定 要 *注意* 油漆 一定 是 无铅的。孩子 喜欢 把 物品 放 在 嘴 里，很多 孩
中 的 一 瞬间，告诫 大家 在 日常 工作、生活 中 一定 要 时刻 *注意* 保守 国家 和 中心 的 秘密，杜绝 掉 以 轻
尔 爱护 你 怕 不 吃亏，小 不 忍 则 乱 大谋，以后 一定 得 多加 *注意*。 当 我 还 很 不 服气，他！
澡 一样 弄 得 彻彻底底。但 这里 要 *注意* 的 是，一定 要 保持 汽车 空调 外表 的 干爽，如果 汽车 空调 不
子 又 退 回去。所以，强调 集中 统一 的 时候，一定 要 *注意* 这 点。我 提出 这 次 调整，"在 强调 集中
出现 车门 挡风 不 挡雨 的 现象。在 更换 车门 时 一定 要 *注意* 在 新 车门 的 内外 板翻边 咬合处 涂 折边 胶
常常 是 考试 的 重点。而且 求 积分 的 过程 中，一定 要 *注意* 积分 的 对称性，我们 要 利用 分段 积分 去掉

图 5-61　动词 "一定" 与其 搭配词 "注意" 共现 的 部分 索引行

定 信心、迎难而上，积极 作为、科学 务实，就 一定 *能够* 变 压力 为 动力，化 挑战 为 机遇，在 危机 中
一定 要 为 国家 和 民族 有所 作为，相信 你们，也 一定 *能够* 有所 作为！ 有 句 俗语，叫做 "把握
家 开展 互利 合作 前景 广阔，相信 这 次 考察 活动 一定 *能够* 进一步 加深 双方 相互 了解，为 促进 双方 合作
，中方 相信，在 古巴 共产党 领导 下，古巴 人民 一定 *能够* 战胜 前进 道路 上 的 各种 困难，在 建设 古巴
国际 货币 基金 组织 采取 的 救助 措施，相信 欧洲 一定 *能够* 实现 经济 社会 稳定 发展。 问：中方
家 不必 担心，我 已 选定 你们 的 教练师叔，他 一定 *能够* 打赢。"然后 叫 了 一 个 小 沙弥，让 他 连夜
的 泪脸，我 冲着 他 点了 点头 说："老师 相信 你 一定 *能够* 做到"。 在 这 之后，这 名 学生 果真
管理、硬件 设施、内外 环境 上 多 下 谢弘夫，一定 *能够* 站稳 脚跟。果然，坊楼店 一 开张，就 赢得 了
果 为 基础，但 查询 时 没有 冲突 并不 表明 该 域名 一定 *能够* 注册 成功。 3.3 因 域名 注册 管理 机构
方面 的 积极性 引导 好、保护 好、发挥 好，就 一定 *能够* 在 我国 成功 地 建立 起 社会主义 市场 经济 体制
实 必将 证明，香港 特别 行政区 政府 和 香港 同胞 一定 *能够* 依照 香港 特别 行政区 基本法 治理 好 香港。</
共进，祖国 的 完全 统一 和 民族 的 全面 振兴 一定 *能够* 实现。 九、国际 形势 和 对外 政
人民 的 大力 支持 和 帮助，经过 艰苦 努力，西藏 一定 *能够* 乘势 而上，在 现代化 建设 的 进程 中 实现 跨越
1 套 住房 的 当地 户籍 居民 家庭、*能够* 提供 当地 一定 年限 纳税 证明 或 社会 保险 缴纳 证明 的 非当地 户籍
浪 传统 的 研究所，大家 同心 协力，上下 一致，一定 *能够* 克服 目前 的 难关，重新 站 起来，继续 走下
有 朱昌国 这个 主心骨 在，我们 就 不 慌，我们 一定 *能够* 挺 过去 的。" 永不 退缩，勇往 直前

图 5-62　动词 "一定" 与其 搭配词 "能够" 共现 的 部分 索引行

/75/

汉语儿童不确定性表达习得研究

"西藏塔王"美誉的白居寺中的精美壁画后，*你*一定会获得前所未有的艺术灵感和心灵上的满足。
步。当你对一个问题的研究足够深入时，*你*一定能发现学习的乐趣。学习的乐趣主要来自于成就
创食的，你得是条好汉；病床上数钱的，*你*一定是个大傻瓜。还有一条是这样说的：久坐身
了过去。小小对寒烟说：""这张嘴，我一定不会找*你*做女朋友。" "我又不是
定的回答：""寒烟，等你满了18岁，我一定会回来娶你。如果你嫁给别人，傲天就死在
息是：寒烟，等你到了18岁的那一天，我一定会回来娶*你*。一定会。""英雄拍案起，
你到了18岁的那一天，我一定会回来娶*你*。一定会。""英雄拍案起，挥刀为红颜。骨肉碎
见：孩子和小伙伴有小冲突的时候，*你*可能不一定会去管教，但是你不该忽视那些小的攻击性
的罗刹女（如果有机会去西藏博物馆，推荐*你*一定要看一幅非常古老的唐卡，画的就是文成公主
让进草庵。达摩禅师问道："慧可呀，*你*的伤一定还很疼吧？"慧可回答说："不疼。"达摩禅师
的泪脸，我冲着他点了点头说："老师相信*你*一定能够做到"。 在这之后，这名学生果真
然省事，但是，孩子的利益谁来考虑？如果*你*一定要师傅的意见，我仍然劝你放下，放下就是清
也是一样。不是最科学最完善的管理制度就一定能适应*你*的企业发展。一个做产品生产的企业
话后，就铁了心啦：还独自一个对天盟了誓一定要跟*你*一辈子，伺候你一辈子。她对俺俩
么，或是要写什么，我想在全家之中，他们一定先来找*你*。" "果然不错。" "
太差。一旦你父亲觉得你比他更有本事，他一定立刻把财产交给*你*管理。"我这样说。

图 5-63　动词"一定"与其搭配词"你"共现的部分索引行

血压的中年男士是发病的高危群体，*所以*平时一定要注意控制好血压。同时，日常生活中如果有
总之，专业课分值很多，*所以*考生一定要重视专业课的复习，对于本专业考生不要以
至少你要为此付出沉重的代价，*所以*希望你们一定要在努力工作的同时，坚持学习。为了你更好
松和骨刺本身就是一对难兄难弟，*所以*老年人一定要特别当心。 那么如何判断是跟腱伤
认真地跟你说：我要健康！"*所以*啊，大家一定要保重身体，在这幻莫测的天气下。
流往前冲，往往缺少思考，*所以*我们要想清楚一定要多一些哲学思考。我们问到一些事情水落石出
中汲取经验，自己才能进步。*所以*教训就是一定要做出去，不要怕失败，面试技巧会逐步提高
平均下来，就足够2个月的锻炼时间了。*所以*一定不要因小失大，运动不仅可以强身健体，更可
理想化为灰烬，还令身体健康受损。*所以*减肥一定要做到健康、安全，要选对适合自己的方法才
钟后）最后张娜好可怜呀！*所以*说看到的不一定就是真的。""说的是啊！有道理！看见的也
真的。""说的是啊！有道理！看见的也不一定是真的！*所以*现在……（掏出手枪或者电棍，
的时候，请过5分钟再登录。*所以*，提醒你一定记住你的口令，就象要记住你的存折密码一样
取得了伟大胜利，有错误已经纠正了。"*所以*一定要在贫困地区设个'闸门'，以免包产到户自由
的企业，只是行政的附属物，*所以*这种情况下一定要进行产权改革。产权改革就是明确产权，确
市面上的辅导书可以用铺天盖地来形容。*所以*一定要谨慎选取权威、正规、适合自己的参考书。
成本相差很大，售价也相差悬远。*所以*使用者一定要量体裁衣，不宜盲目追求"高、精、尖"。

图 5-64　动词"一定"与其搭配词"所以"共现的部分索引行

，发人深省。通过此次教育，大家纷纷*表示*：一定要认真遵守《廉政准则》和其它关于领导干部
工作业绩。大家一致反映，会议开有成效，*表示*一定要在院地合作创新目标的引导下，更好地发
二千年纪念年圆满朝圣之旅感到非常荣幸，*表示*一定不辜负老一辈高僧大德的希望，愿为佛法
对该公司进行了行政指导，公司负责人*表示*今后一定把工作做细做好，严格遵守法律、法规，减
p>参加谈话会的新提升科级干部踊跃发言，*表示*一定不辜负组织和领导的关心和期望，牢固树立
到杨启娴患上白血病的报道后，几位家长*表示*一定要通过自己的努力给孩子做点什么。每个小
谐的言语引得常委们笑了起来。我郑重*表示*，一定按谷牧副总理提出的要求，亲自抓特区的建设
们一定帮助你们早日走出困境"，县领导也*表示*一定加大对贫困计生家庭的帮扶，争取使更多的
同学发放了联系方式。各位处级干部都纷纷*表示*一定要根据党委的要求努力做好这项工作。
改，还提出了很好的建议。院士们纷纷*表示*：一定要做到从我做起，严格自律，率先垂范。这
子控室、保密室、考场。学校有关领导*表示*，一定按照高考标准尽早建设好相关软硬件设施，确
员结合本职工作，做出公开承诺。大家*表示*，一定要发扬求真务实的作风，搞好"反腐倡廉、奋
得的机遇和无限的发展空间。大家纷纷*表示*，一定要抓住机遇、与时俱进、迎接挑战，以自己
理工作十分必要，非常及时。与会人员*表示*，一定把思想和行动统一到中央重大决策部署和部委
了竞赛纪律。随后裁判员代表发言，*表示*他们一定严格按照比赛程序，遵守比赛规则，使评判工
递给广大参与者和社会各界。"同学们纷纷*表示*一定会遵照书记的指示，尽己所能，用心服务；

图 5-65　动词"一定"与其搭配词"表示"共现的部分索引行

第 5 章　汉语认识情态动词的习得

的共同监督之下，让广大科学界拥有知情权，一定*程度*的参与权和监督权。过去的保密制度的某
物流业，政府在土地、财税等政策方面的作用一定*程度*上决定了物流业的层次水平，但政府的相
为财经学院的一个系毕竟伸展的空间太小，一定*程度*上会拘束学科未来的发展。中南政法学院
发现在这个时期我们做的工作，提交的报告一定*程度*上还比较粗糙，对于这个问题该怎么认识
学性能数据，另一方面样品中大量缺陷的存在一定*程度*上也掩盖了纳米材料的本征性能。因此，
仍然较大，社会不稳定因素和安全生产隐患还一定*程度*上存在；五是经济发展环境还有待于进一
仍然较大，社会不稳定因素和安全生产隐患还一定*程度*上存在；五是经济发展环境还有待于进一
的外在表现形式，也是大学师生的精神家园，一定*程度*上讲，也是构成高层次创造性人才培养基
利性社区卫生服务机构的补偿机制尚不完善，一定*程度*地存在着"以药补医、以医养防"现象，
不足、效率低下、区域发展不平衡的问题还一定*程度*地存在，重审批轻监管、重权力轻服务自
招录 206 名法律专业人才充实基层检察院，一定*程度*上缓解了案多人少的矛盾。新设立乡镇
密封胶主要有丁基相交、高分子量聚异丁烯，一定聚合*程度*的丙烯酸酯、氯磺化聚乙烯以及氯丁
实力。 刘延东指出，重大科技基础设施一定*程度*上代表国家科技水平和综合实力。党和国
分人是网上下载，使用的是破解者给的 key，一定*程度*上对软件商是一种生存威胁，这就是特
真的能做到这一点，农民和农业的组织化*程度*一定已经是大大提高了，也就是说，乡村社会已经成
定要遭挂，至于会被挂坏到什么*程度*还说不一定。手机没信号（无论是联通还是移动的）。在

图 5-66　动词"一定"与其搭配词"程度"共现的部分索引行

5.2　汉语儿童认识情态动词的习得特征

本部分将从词形、语义和句法三个方面分别呈现认识情态动词的习得特征。

5.2.1　词形习得特征

儿童从 2;8 岁开始习得认识情态动词[例（53）]，共产出 108 句含有认识情态动词的语句。图 5-67 显示，儿童从第二阶段开始习得认识情态动词，其百分比呈现总体上升的趋势，从第二阶段的 0.4% 上升到第三、四阶段的 0.8%，第五阶段又跌至 0.5%。

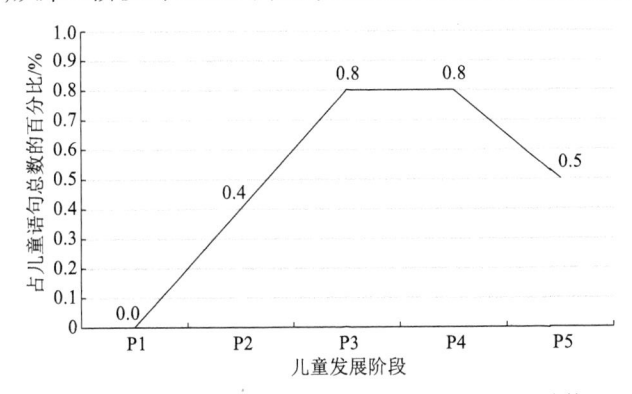

图 5-67　儿童语料中认识情态动词的产生和发展趋势[①]

[①] P1 指儿童发展的第一阶段，包括 14、20、26 个月的语料；P2 指儿童发展的第二阶段，包括 32、36 个月的语料；P3 指儿童发展的第三阶段，包括 42、48 个月的语料；P4 指儿童发展的第四阶段，包括 54、60 个月的语料；P5 指儿童发展的第五阶段，包括 66、72 个月的语料。下同。

第一，总体来讲，情态动词的认识情态意义比动力情态意义和道义情态意义习得得晚。表 5-7 显示，情态动词"能""要"和"会"的动力情态意义或道义情态意义都比其认识情态意义早习得[例（48）—例（55）]。情态动词"应该"和"一定"的道义情态意义和认识情态意义同时习得[例（56）—例（59）]。"可能"的认识情态意义从 3;6 岁时开始习得[例（60）]。

表 5-7　情态动词三种语义类型的始现年龄　　　　（单位：岁）

语义类型	能	要	会	应该	可能	一定
动力情态	1;8	1;2	1;2	×	×	×
道义情态	2;2	1;8	×	3;6	×	6;0
认识情态	4;0	2;8	2;8	3;6	3;6	6;0

注：动力情态与能力或意愿相关，道义情态与义务或允许有关，认识情态则传递说话人对命题为真的可能性或必然性的看法或态度；表 5-7 中的情态动词都可以表达多种情态意义，"×"表示某个情态动词不能表达的情态语义类型

（48）（File "cs20b.cha"）

　　*MOT: 噢.

　　*MOT: 小鸭呢能不能吃到啊？

　　*CHI: 不能吃到.

　　*MOT: 噢不能吃到.

　　*MOT: 那小鸭着急了.

（49）（File "cs26h.cha"）

　　*MOT: 要画在纸上面画.

　　*CHI: 我看这还有一个车车.

　　*CHI: 不能在上面画啊.

　　*MOT: 你看妈妈画的.

　　*MOT: 两个车轮子.

（50）（File "cs48mb13.cha"）

　　*MOT: 那你还能摆在这儿啊？

　　*MOT: 好.

　　*CHI: 这个（这个）能摆上.

　　%act: C[①]放回原先的积木又找了一块积木.

---

① C 指儿童。

第 5 章 汉语认识情态动词的习得

　　　　*MOT: 但 这个 摆在 上面 不象①.
　　　　*CHI: 不象 啊？

（51）（File "cs14e.cha"）
　　　　*CHI: 书.
　　　　*MOT: 要 不要 妈妈 讲.
　　　　*CHI: 要.
　　　　*MOT: 那 你 把 汽车 给 妈妈.
　　　　*MOT: 这 上面 是 什么？

（52）（File "cs20g.cha"）
　　　　*CHI: 不要.
　　　　*MOT: 好.
　　　　*CHI: 不要 放 回 去.
　　　　*CHI: 不要.
　　　　*MOT: 不要了 不要了.

（53）（File "cs32d.cha"）
　　　　*CHI: 好.
　　　　*MOT: 两 个 手 帮 我 忙.
　　　　*CHI: 要 倒.
　　　　*MOT: 放 这.
　　　　*MOT: 好 吗？

（54）（File "cs14d.cha"）
　　　　*MOT: 放 进去 倒 出来.
　　　　*MOT: 你 会 不 会 做 操？
　　　　*CHI: 会 嗯.
　　　　*MOT: 小 白兔 呢？
　　　　*CHI: 嗯.

（55）（File "cs32h.cha"）
　　　　*MOT: 小 朋友 在 里面 就 不 会 淋 雨 了.
　　　　*CHI: 搭 在 这边.
　　　　*CHI: 这边 不 会 淋 雨.
　　　　*MOT: 对.

---

① "象"是错别字，此处应该是"像"，这可能是转写者的笔误。后面例句中的"象"也应为"像"，后面不再一一标注。

　　　　　*MOT: 就 不 会 淋 雨 了 .

（56）（File "cs42ma04.cha"）

　　　　　*MOT: 眼睛 要 画成 黑 的 是 不 是 ?

　　　　　*CHI: 是 .

　　　　　*CHI: 嘴巴 应该 画成 红 的 .

　　　　　*MOT: 对 嘴巴 应 画成 红 的 .

　　　　　*MOT: 嗳 .

（57）（File "cs42fa09.cha"）

　　　　　@Eg: ball

　　　　　@Bg: transformer

　　　　　*CHI: 应该 有 这个 的 .

　　　　　*MOT: 噢 .

　　　　　*MOT: 你 看 这 是 什么 ?

（58）（File "cs72fa08.cha"）

　　　　　*MOT: 我们 先 看看 这个 .

　　　　　*CHI: 等 一下 吧 .

　　　　　*CHI: 一定 要 讲 故事 啊 ?

　　　　　*MOT: 哦 .

　　　　　*MOT: 这个 是 故事 .

（59）（File "cs72ma01.cha"）

　　　　　*MOT: 卡布达 啊 这（这）是 .

　　　　　*CHI: 东西 好 喜欢 .

　　　　　*CHI: 这个 一定 是 卡布达 .

　　　　　*CHI: 还给 我 .

　　　　　*CHI: 球 我 玩 .

（60）（File "cs42ma05.cha"）

　　　　　*CHI: 没 造 .

　　　　　*MOT: 帽子 吧 .

　　　　　*CHI: 这 可能 不 是 帽子 吧 .

　　　　　*CHI: 放 那边 的 啊 .

　　　　　@Comment: EndTurn

　　第二，认识情态动词不仅习得得晚，其使用频率也最低。在儿童的语料中，动力情态占 67%，道义情态占 16%，而认识情态只占 15%。表 5-8 显示，"能"

"要""会"和"应该"的认识情态所占的百分比低于动力情态和/或道义情态所占的百分比。

表 5-8 儿童语料中情态动词三种语义类型的使用频率① （单位：%）

语义类型	能	要	会	应该	可能	一定
动力情态	65	70	79	×	×	×
道义情态	25	19	×	63	×	50
认识情态	10	8	21	37	100	50
不确定	0	3	1	0	0	0

第三，肯定的情态动词形式比否定的情态动词形式早习得。"能""要"和"一定"只以肯定的形式出现[例（61）、例（62）、例（59）]，"会"的肯定形式和否定形式同时开始习得[例（63）、例（55）]，"应该"和"可能"的肯定形式比否定形式早习得[例（57）、例（64）、例（60）、例（65）]。

(61) (File "cs54ma03.cha")
　　　*CHI: 妈妈 你 看．
　　　*MOT: 嗯．
　　　*CHI: 也 能 搭 这样子 搭 吗？
　　　*CHI: 你 看 也 能 吗？
　　　*MOT: 周景 你 就 照 着 这个 搭 吧．

(62) (File "cs42fb19.cha")
　　　*CHI: 等 会儿 我 要 在 里面 画 呀．
　　　*MOT: 好．
　　　*CHI: 那 我 要 涂 颜色 了．
　　　*MOT: 好吧．
　　　*MOT: 慢 点．

(63) (File "cs32b.cha")
　　　*MOT: 这 变 成 什么 呀？
　　　*MOT: 可 不 可以 变 成 一 个 飞机 呀？
　　　*CHI: 会．

---

① 本书采用四舍五入的方法把百分比精确到个位，因此，有时百分比合计可能不是 100%，而是 99%或 101%。下同。只有一种情况没有把百分比精确到个位，即在儿童发展的某个阶段，含有某种不确定性表达的语句在此阶段语句总量中的百分比。这种百分比的数值基本都在 1%左右，所以笔者采用四舍五入的方法将此类百分比精确到十分位（图 5-67）。

*MOT: 可 不 可以 ？
*CHI: 会 .

（64）（File "cs72ma02.cha"）
*CHI: 到 白马公园 .
*MOT: 哪个 公园 ？
*CHI: 不（不） 应该 是 玄武湖公园 .
*MOT: 这个 笔 在 这儿 .
*MOT: 往 这 边 一点 .

（65）（File "cs60mb13.cha"）
*CHI: 它 生病 没有 脚 .
*MOT: 它 生病 了 脚 断 了 是 不 是 啊 ？
*CHI: 哎 卡布达 它 是 <u>不</u> 可能 断 的 .
*CHI: 它 的 脚 这样 子 .
*CHI: 我 帽子 不会 弄 .

第四，情态动词的习得顺序与其使用频率呈现部分相关。一方面，早习得的情态动词的使用频率往往比较高，而晚习得的情态动词的使用频率往往比较低。"要"和"会"从 2;8 岁开始习得，其使用频率很高（要 36%、会 35%）；"应该"和"能"从 3;6 岁开始习得，其使用频率也比较高（应该 12%、可能 12%）；"一定"从 6;0 岁开始习得，其使用频率很低（1%）。另一方面，早习得的情态动词的使用频率也可能较低，例如，"能"从 4;0 岁开始习得，而其使用频率却较低（5%）。

以往的研究均显示，认识情态表达不仅比动力情态表达和道义情态表达习得得晚，其使用频率也比较低。关于认识情态表达的始现时间，不同的研究得出了不同的结论：英语认识情态动词 may、must 和 might 始现于 2;6 岁，甚至更晚（Stephany，1986；Wells，1979，1985）。韩语中四个表达言据的认识情态句尾词缀-ta、-e、-ci 和-tay 的习得却始于 2;0 岁左右（Choi，1991）。汉语认识情态动词"该""要"和"会"始现于 2;0 岁左右（杨贝，2014b）。研究者认为，韩语的认识情态词缀位于句尾，位置凸显，利于较早习得。汉语语料来源于个案研究，研究者采用了日记、录音和录像相结合的方法，取样频繁，有利于更早捕捉到认识情态表达的例子。此外，Bassano（1996）的研究表明，法语动力情态表达的使用频率最高（44%），其次是道义情态表达（39%），而认识情态表达的使用频率则最低（17%）。杨贝（2014b）发现，汉语动力情态动词的使用频率最高（71%），其次是道义情态动词（25%），而认识情态动词最低（4%）。

与以往的研究相比，本研究得到了相似的结论。首先，认识情态比动力情态和道义情态习得得晚。儿童从 2;8 岁开始习得认识情态动词"会"和"要"。与杨贝（2014b）的研究结果相比，本研究中的儿童似乎较晚开始习得认识情态动词，这可能跟语料收集方式有关。本研究语料收集采取的是分年龄段调查的方式，每两个相邻的年龄段之间相差6个月；而杨贝（2014b）采取的是纵向跟踪调查的方式，研究者每天写日记，每周录音两次，每两周录像一次。因此，本研究记录到的数据就会比较滞后。此外，认识情态的使用频率也比较低：汉语动力情态动词的使用频率最高（67%），道义情态动词的使用频率次之（16%），认识情态动词的使用频率最低（15%）。与杨贝（2014b）的研究结果相比，本研究显示的认识情态动词的使用频率更高，这可能是因为本研究的儿童年龄段分布是1;2—6;0岁，而在杨贝（2014b）的研究中则是1;4—3;3岁，年龄较大的儿童会产出较多的认识情态动词。

5.2.2 语义习得特征

"能"表示"有可能"（吕叔湘，1999：415），儿童从4;0岁开始习得此用法［例（50）］。吕叔湘提出，"能"常与表示可能的"得"同用，可以用在"应该"后面，也可以用在"愿意"前面。此外，彭利贞（2007：153）认为，认识情态动词"能"与现实体标记"了"同现时，表达说话人对现实事件可能性的推测；与经历体标记"过"同现时，表达对经历事件可能性的推测；与静态持续体标记"着"同现时，表示对静态持续事件可能性的推测（彭利贞，2007：223-241）。在儿童的语料中，没有出现以上同现的用法。

"要"表达三种意义："可能""将要""用于比较句表示估计"（吕叔湘，1999：592-593）。儿童从3;0岁开始习得"将要"的用法［例（66）］；到6;0岁也没有习得"可能"和"用于比较句表示估计"的用法。此外，彭利贞（2007：225-242）认为，认识情态动词"要"与现实体标记"了"同现时，或反向表达假定的必然，或正向表达推定的必然；与经历体标记"过"同现时，都是从假定的角度对经历的事件进行必然的推断；与静态持续体标记"着"同现时，或反向表达假定的必然，或正向表达推定的必然。在儿童的语料中，"要"经常与位于句尾的现实体标记"了"同现，正向表达推定的必然［例（67）］，但却没有反向表达假定的必然的用法；"要"尚未出现和经历体标记"过"和静态持续体标记"着"同现的用法。

（66）（File "cs36mb12.cha"）
　　　*MOT: 我要搭好了．
　　　*CHI: 看．
　　　*CHI: 我也要搭好了．
　　　*CHI: 看．
　　　*CHI: 小方块．

（67）（File "cs66ma03.cha"）
  *CHI: 啊 这个 不 象 火箭．
  @Comment: EndTurn
  *CHI: 妈 要是 我 这个 能 完成 的 话 我 也 要 变成 研
    究生 了．
  *CHI: 我 也 长大 了．
  *MOT: 嗯 一点 不 假．

  "会"表达"有可能，通常表示将来的可能性，但也可以表示过去的和现在的"（吕叔湘，1999：278-279）。儿童从 2;8 岁开始习得"将来的可能性"的用法[例（55）]；从 3;6 岁开始习得"过去的可能性"的用法[例（68）]；到 6;0 岁习得"现在的可能性"的用法[例（69）]。此外，彭利贞（2007：229-243）认为，情态动词"会"与现实体标记"了"同现时，可以表达对某个事件在未来时间内或者非未来时间内实现的盖然性推论；与经历体标记"过"同现时，表达对命题有很高的确信程度，有时候甚至带有武断的意味；与静态持续体标记"着"同现时，表示对静态持续事件的盖然推断。在儿童的语料中，"会"极少与位于句尾的现实体标记"了"同现（仅 1 例同现）表达对未来事件的盖然性推论[例（70）]，也没有表达对非未来事件的盖然性推论的用法。此外，儿童语料中没有出现"会"跟经历体标记"过"和静态持续体标记"着"同现的用法。

（68）（File "cs42fb18.cha"）
  *CHI: 不是 卡通机器人 吗？
  *CHI: 哎吆[1]！
  *CHI: 它 老 会 掉．
  *CHI: 超级变化神探．
  *CHI: 嘿嘿嘿！
（69）（File "cs72ma03.cha"）
  *CHI: 你 看．
  *MOT: 假 的（假的）．
  *CHI: 那 怎么 会 有 这个 要 放 电池 的 呢？
  *MOT: 装 好．
  *CHI: 嗯．

---

[1] "哎吆"是错别字，此处应该是"哎呦"，转写者把"呦"转写成"吆"可能是因为孩子发的音是 yao 而不是 you，余同。

（70）（File "cs60ma05.cha"）
　　*CHI: 因为 它 盖 的 是 毛被.
　　*CHI: 毛 一重 就 全 包 起来.
　　*CHI: 然后 过 了 一段 时间 它 就 会 热 起来 了.
　　*MOT: 啊 就 好像 我们 冬天 的 那 时候 要 盖 被子.
　　*MOT: 对吧？

吕叔湘（1999：624）认为，"应该"表示"估计情况必然如此"。儿童从 3;6 岁开始习得这种用法[例（57）]。彭利贞（2007：233-240）认为，"应该"与现实体标记"了"同现时，表达对一个现实事件的盖然性推断；与经历体标记"过"同现时，表达对过去经历过的事件的盖然性真值的推断；与静态持续体标记"着"同现时，表达对静态持续事件的盖然性推断。在儿童的语料中，"应该"极少与位于句尾的现实体标记"了"同现（仅 1 例同现）表达对一个现实事件的盖然性推断[例（71）]，也没有与经历体标记"过"和静态持续体标记"着"同现的用法。

（71）（File "cs54mb15.cha"）
　　*MOT: 头也摔破了，爸爸只好穿上衣服送这只皮皮鼠去医院.
　　*CHI: 不对.
　　*CHI: 应该 这个 破 了.
　　*MOT: 那 哪边 破 了 你 说？
　　*CHI: 脚 摔破 了.

吕叔湘（1999：336）认为，"可能"表示"估计""也许""或许"。儿童从 3;6 岁开始习得这种用法[例（60）]。

吕叔湘（1999：604）认为，"一定"表示"必然""确实无疑"。儿童从 6;0 岁开始习得这种用法[例（59）]，而这种用法也非常罕见，仅出现了 1 例。

以往的研究表明,确定性的认识情态表达比不确定性的认识情态表达早习得。Bassano（1996）跟踪调查了一个说法语儿童 1;9—4;0 岁认识情态表达的习得情况，发现确定性的认识情态表达比不确定性的认识情态表达早习得：首先，表达预测的认识情态形式从 2;0 岁开始习得[例如，"就要来（*Va veni elsa*）"]；其次，表达肯定性判断和不知的认识情态形式从 2;3 岁开始习得[例如，"我知道蛇（*I sais le serpent*）"和"不知道（*Sais pas*）"]；最后，表达可能性和假设的认识情态形式从 2;7 岁开始习得[例如，"也许要去上火车（*Peut-être va partir au train*）"和"人们会说小狐狸（*On dirait des Petits Malins*）"]。Li（2003：138-151）提出，汉语认识情态包含认识必然和认识或然两种可能性层级：认识必然体现的是较为肯定的推断；认识或然体现的则是不太肯定的判断。杨贝（2014b）发现，儿童首先习得蕴含可能性层级较高的必然表达"该"和"要",然后习得蕴含可能性层级较低的或然表达"会"和"能"。儿童从 2;0.31 岁开始习得认识必然表达"该"(例如,"该吃饭了"),从 2;1.19 岁开始习得认识必然表达"要"(例如,"姑姑要摔倒了"),从 2;1.29 岁开始习得认识或然表达"会"(例如,"别扇住脚了,会疼的"),从 2;7.15 岁开始习得认识或然表达"能"(例如,"你看我能进去吗")。此外,基于实验研究的数据也表明,儿童先理解确定性认识情态表达的意义,然后才逐步理解不确定性认识情态表达的意义(Bassano, Hickmann & Champaud, 1992)。

本研究发现,有些认识必然表达比认识或然表达早习得,但并非所有认识必然表达都比认识或然表达早习得。例如,认识必然表达"要"从儿童 2;8 岁开始习得;认识或然表达"可能"和"能"分别从儿童 3;6 岁和 4;0 岁开始习得。然而,有些认识必然表达却比认识或然表达晚习得。例如,认识必然表达"应该"和"一定"分别从儿童 3;6 岁和 6;0 岁开始习得,而认识或然表达"会"从儿童 2;8 岁就开始习得。认识必然表达比认识或然表达晚习得可能跟表达方式的语言特征、看护者的语言输入等因素有关。

5.2.3 句法习得特征

汉语儿童认识情态动词的句法习得特征如下。

第一,情态句的句型呈现出逐渐多样化的趋势。儿童最早产出的认识情态句是肯定的陈述句[例(72)],从 2;8 岁开始产出否定的陈述句[例(73)],从 3;6 岁开始产出选择问句[例(74)],从 4;6 岁开始产出特指问句[例(75)]和是非问句[例(76)]。认识情态动词"要"和"一定"只用于肯定的陈述句中[例(72)、例(59)],"应该"只用于陈述句中,以肯定的陈述句为主(92%),否定的陈述句很少见[例(77)、例(64)];而"会""能""可能"则出现于多种句型中["会"如例(73)—例(75),"能"如例(76)、例(78),"可能"如例(65)、例(79)、例(80)]。

  (72)(File "cs32d.cha")
    *MOT: 累死了.
    *CHI: 累死了.
    *CHI: 要倒呀.
    *MOT: 呕①.
    *MOT: 这个文文这个.

---

① "呕"是错别字,此处应该是"噢",这可能是转写者的笔误,余同。

（73）（File "cs32d.cha"）
　　　*CHI: 好．
　　　*MOT: 还 会 掉．
　　　*CHI: 不 会 呀．
　　　*MOT: 你 慢 一点．
　　　*CHI: 这 放 哪儿？

（74）（File "cs42fa06.cha"）
　　　*MOT: 画 好 了 是 不是 啊？
　　　*MOT: 真 漂亮．
　　　*CHI: 太阳公公 会 不会 掉到 水 里 去？
　　　*MOT: 太阳公公 离 海水 好 远（好远）．
　　　*MOT: 它 会．

（75）（File "cs54ma01.cha"）
　　　*MOT: 他们 很快 就 睡着 了．
　　　*MOT: 爸爸 妈妈 说：谢天谢地 我们 现在 可以 睡觉 去 了．
　　　*CHI: 跳跳糖 怎么 会 吃 了 就 跳？
　　　*MOT: 好 讲 完 了．
　　　@Eg: reading

（76）（File "cs54ma03.cha"）
　　　*MOT: 嗯．
　　　*CHI: 也 能 搭 这样子 搭 吗？
　　　*CHI: 你 看 也 能 吗？
　　　*MOT: 周景 你 就 照 着 这个 搭 吧．
　　　*CHI: 它 是 怎么 搭 的 呀？

（77）（File "cs54fb19.cha"）
　　　*CHI: 这个 怎么 玩 的？
　　　*MOT: 你 刚才 不是 说 他 是 火车头 嘛？
　　　*CHI: 人 应该 讲话 的．
　　　*MOT: 你 觉得 他 是 人 啊？
　　　*CHI: 她[1] 像（像） 那个 老师 一样 的 人．

（78）（File "cs60mb11.cha"）
　　　*MOT: 嗯．

---

[1] "她"是错别字，此处应该是"他"，这可能是转写者的笔误，余同。

*CHI: 我 要 找 个 东西.

*CHI: 我 看 这 是 不 是 能 摆 进去.

*CHI: 我 看看.

*CHI: 难 摆 上去.

（79）（File "cs48mb11.cha"）

*CHI: 我 要 看看 这个.

*CHI: 这个 图 是.

*CHI: 可能 是 这个 上面.

*CHI: 这个 片 是.

*MOT: 噢 铁甲小宝（铁甲小宝）.

（80）（File "cs54fb18.cha"）

*CHI: 等会儿.

*MOT: 要 掉下 了.

*CHI: 怎么 可能？

*MOT: 怎么 穿 鞋子？

*MOT: 要 不要 妈妈 帮忙？

第二，情态句的句法结构也呈现出逐渐复杂化的趋势。儿童最早产出的认识情态句是结构比较简单的肯定的陈述句[例（72）]。从儿童 2;8 岁开始情态动词的前项能受某些副词修饰[例（68）、例（73）、例（76）、例（81）—例（87）]，主要是否定副词"不"，其他的还有重复副词"也""老"和"还"、范围副词"都"、时间副词"现在""快""就"和"总"、语气副词"才"等。从儿童 2;5 岁开始情态动词的后项带"把"字句[例（88）、例（89）]。值得一提的是，"要"经常（53%）跟"我"搭配形成"我要"的构式[例（83）]，"会"有时（18%）跟"怎么"搭配形成"怎么会"的构式[例（75）]。

（81）（File "cs42mb12.cha"）

*CHI: 它 在 剥 松子.

*CHI: 你 看 它 在 做 饭.

*CHI: 它 就要 吃 了.

*MOT: 噢.

*MOT: 松鼠和小猴子一起坐在小兔的轮椅上.

（82）（File "cs54fa07.cha"）

*MOT: 摆 得 下 啊？

*MOT: 快点 啊.

　　　　　*CHI: 快 要 拼 成功 了．
　　　　　*MOT: 嗯（嗯）．
　　　　　*MOT: 成功 了 一半．

（83）（File "cs54mb14.cha"）
　　　　　*CHI: 还有 许多 没有 拿．
　　　　　*MOT: 还有 几个 拿 出来 做① 垫子 噢！
　　　　　*CHI: 现在 我 要 开始 拼 了．
　　　　　*CHI: 这 是 怎么 拼 的 呀？
　　　　　*MOT: 小心！

（84）（File "cs60ma05.cha"）
　　　　　*MOT: 什么 东西 怎么 搞 的？
　　　　　*CHI: 这 长颈鹿 怎么 还 没有 好 呢？
　　　　　*CHI: 我 的 草 都 快 要②．
　　　　　*CHI: 噢（噢）！
　　　　　*MOT: 它 为什么 会 倒 啊？

（85）（File "cs60fa07.cha"）
　　　　　*MOT: 跟 山 都 没法 区别 了．
　　　　　*MOT: 看上去 都 是 黑黑 的 一样 是 吧？
　　　　　*CHI: 我 过会儿 还 要 涂 颜色 呢．
　　　　　*MOT: 还有 爬 山 的 人 呢？
　　　　　*MOT: 爬 山 的 小人 呢？

（86）（File "cs60ma05.cha"）
　　　　　*MOT: 它 为什么 会 倒 啊？
　　　　　*CHI: 因为 啊 它 是 积木 搭 的．
　　　　　*CHI: 它（它）才 会 倒．
　　　　　*MOT: 因为 它 不 平衡．
　　　　　*CHI: 它 不 平衡．

（87）（File "cs66ma02.cha"）
　　　　　*MOT: 它 可以 变成 一个 什么？
　　　　　*CHI: 可以 变成 啊 我 不 知道．

---

① "做"是错别字，此处应该是"作"，这可能是转写者的笔误，余同。
② 孩子这句话没有说完，正确的转写方式应该是"*CHI: 我 的 草 都 快 要 +..."，转写者可能忘记输入"+..."符号了。

　　　　　　*CHI: 它 总 会 变 成 一 个 鸟．

　　　　　　*MOT: 那 我们 试试看．

　　　　　　*MOT: 看 能 不 能 变 成 一 个 小鸟？

（88）（File "cs54fb19.cha"）

　　　　　　*MOT: 一样？

　　　　　　*CHI: 一样．

　　　　　　*CHI: 我 要 把 它 拿 走 了．

　　　　　　*MOT: 拿 不 起来．

　　　　　　@Comment: EndTurn

（89）（File "cs66ma02.cha"）

　　　　　　*CHI: 就 不好．

　　　　　　*MOT: 为什么 不好 啊？

　　　　　　*CHI: 因为 会 把 家里 搞 得 稀巴烂．

　　　　　　*MOT: 再 说 呢？

　　　　　　*CHI: 如果 再 一 回来 的 话 就 把 家里 搞 得 ××× 了．

　　第三，就情态动词的常见搭配关系而言，儿童仅仅习得了其中的一小部分。在 zhTenTen 中，当情态动词"能"跟"才""不""只""能""就""也""都""希望""更"和"我们"共现时，可以表达认识情态意义。在儿童语料中，仅有"也"和"不"跟"能"搭配表达认识情态意义[例（61）、例（78）]。

　　在 zhTenTen 中，当情态动词"要"跟"不""要""就""还"和"我们"共现时，可以表达认识情态意义。在儿童语料中，仅有"就""还"跟"要"搭配表达认识情态意义[例（81）、例（85）]。

　　在 zhTenTen 中，当情态动词"会"跟"不""就""你""也""都""可能""有""会""将"和"一定"共现时，可以表达认识情态意义。在儿童语料中，仅有"有""不""会""就""也"跟"会"搭配表达认识情态意义[例（69）、例（74）、例（90）、例（91）]。

（90）（File "cs42ma05.cha"）

　　　　　　*CHI: 一 发 炮弹．

　　　　　　*CHI: 啊．

　　　　　　*CHI: 它 就 会．

　　　　　　*CHI: 就 会 一 发 炮弹．

　　　　　　*CHI: 子弹 就 露出 火 来．

（91）（File "cs66ma02.cha"）
　　　*CHI: 怎么 变 不 起来 的？
　　　*CHI: 一个 爪子 也 动 不 起来．
　　　*CHI: 怎么 会 一个 爪子 也 动 不 起来 的？
　　　*MOT: 你 自己 动 不 起来．
　　　*CHI: 把 这个 给 拆 下来．

　　在 zhTenTen 中，当情态动词"应该"跟"我们""说""觉得""什么""更""怎样""做"和"如何"共现时，可以表达认识情态意义。在儿童语料中，没有出现上述搭配的例子。

　　在 zhTenTen 中，当情态动词"可能"跟"会""出现""不""很""导致""发生""造成""也""因为"和"影响"共现时，可以表达认识情态意义。在儿童语料中，仅有"不"跟"可能"搭配表达认识情态意义[例（65）]。

　　在 zhTenTen 中，当"一定"跟"会""相信""并不""能够""你""所以"和"表示"共现时，可以表达认识情态意义。在儿童语料中，没有出现上述搭配的例子。

　　第四，认识情态动词与情态句的句型以及情态句的主语指向之间存在某种同现关系。如图 5-68 所示，认识情态动词多数用于肯定句中，少数用于否定句和疑问句中[例（92）、例（93）、例（61）]。

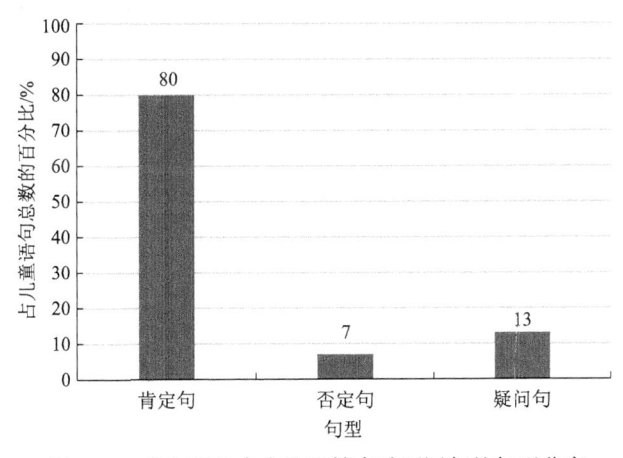

图 5-68　儿童语料中含认识情态动词语句的句型分布

（92）（File "cs72mb11.cha"）
　　　*CHI: 它 变成 鸟 了．
　　　*MOT: 哦．
　　　*CHI: 它 要 飞 了．

*MOT: <慢 点> [x 2].

*MOT: 是 个 小企鹅 啊.

（93）（File "cs66ma05.cha"）

*MOT: 哎 好 了.

*MOT: 只能 这样子 是 吧？

*CHI: 不 可能 吧.

*MOT: 这 是 什么？

*CHI: 哦 这个 插 进去.

图 5-69 显示，情态句的主语多数指向玩具、动物等其他事物，一部分指向儿童自己，少数指向他人[例（94）、例（95）、例（96）]。

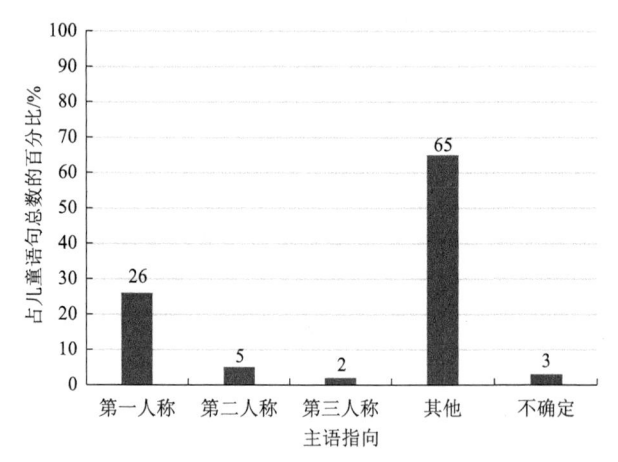

图 5-69 儿童语料中含认识情态动词语句的主语指向分布

（94）（File "cs66ma02.cha"）

*MOT: 像 不像？

*CHI: 不像.

*CHI: 神勇斗士 的 头 应该 在 这 背后 的.

*MOT: 在 背后 啊.

*CHI: 赶快 来.

（95）（File "cs54fa09.cha"）

*CHI: 嗯（嗯）.

*CHI: 我 会.

*CHI: 我 会 找 一 只 天鹅.

*CHI: 然后 它 和 我 和 小星星 一起 到 天空上.

*MOT: 我们 就 找 一 架 飞机 用 飞机 把 它 送到 天上 好 不好 ？

（96）（File "cs42mb15.cha"）
　　*CHI: 菱形 啊 ？
　　*MOT: 菱形 ．
　　*CHI: 你 要 画 大 眼睛 哎 ．
　　*MOT: 这样 画 ．
　　*MOT: 开 不 开心 啊 ？

　　如图 5-70 所示，儿童产出的肯定句的主语绝大多数指向玩具、动物等其他事物［例（97）］，一部分指向儿童自己［例（98）］；否定句的主语也是绝大多数指向其他事物［例（55）］，一部分指向儿童自己［例（99）］；疑问句的主语绝大多数指向其他事物［例（100）］，一部分指向交谈对象［例（76）］。

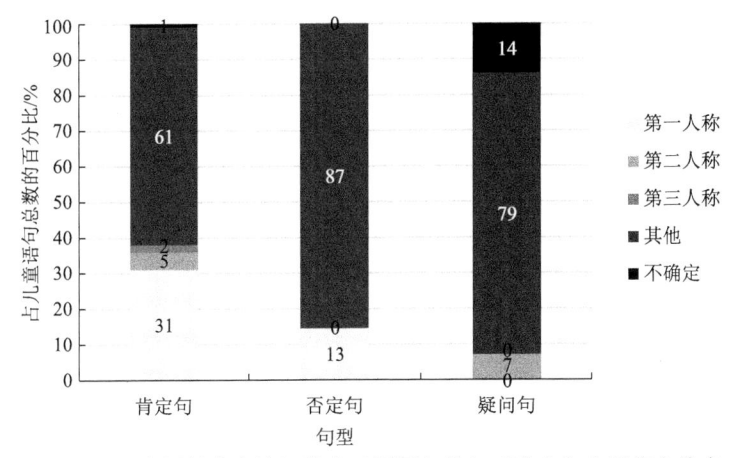

图 5-70　儿童语料中含认识情态动词语句的句型分布和主语指向分布

（97）（File "cs72mb11.cha"）
　　*CHI: 它 变成 鸟 了 ．
　　*MOT: 哦 ．
　　*CHI: 它 要 飞 了 ．
　　*MOT: <慢 点> [x 2] ．
　　*MOT: 是 个 小企鹅 啊 ．
（98）（File "cs54fa09.cha"）
　　*MOT: 嗯 如果 你 遇到 天上 掉 下来 的 小星星 ．
　　*MOT: 你 会 帮助 它 吗 ？
　　*CHI: 会 ．

　　　　　*MOT: 怎么 帮？

　　　　　*CHI: 我（我）+…

（99）（File "cs48fb19.cha"）

　　　　　*MOT: 那 婷婷 睡觉 之前 会 不会 吵？

　　　　　*MOT: 会 不会 闹 呀？

　　　　　*CHI: 不 会．

　　　　　*MOT: 不 会．

　　　　　*MOT: 那 你 都 怎么 睡？

（100）（File "cs60fb18.cha"）

　　　　　*CHI: 小乌龟 头 圆 不圆 啊？

　　　　　*MOT: 我 不知道 呀！

　　　　　*CHI: 可能 不圆 吧？

　　　　　*MOT: 你 画画 看看 像 不像．

　　　　　*CHI: 我 不 会 画 嘛！

　　关于情态句的句法发展，以往的研究得到了不同的结论。有的研究者发现儿童产出的情态句绝大多数是陈述句（Shatz, Billman & Yaniv, 1986），而另一些却发现儿童从一开始就产出不同类型的情态句（Fletcher, 1978；杨贝, 2014b）。有的研究者认为儿童情态句的习得体现了从短语化结构到多元结构的发展过程（Tomasello, 2003），而另一些却认为早期情态句的句法结构是复杂多样的（Fletcher, 1978；杨贝, 2014b），还有一些研究者发现情态表达跟其出现的句型以及主语指向之间存在某种共现关系（Pea & Mawby, 1984；O'Neill & Atance, 2000；杨贝, 2014b）。

　　本研究发现，儿童产出的情态句的句型呈现逐渐多样化的趋势，句法结构呈现逐步复杂化的趋势，认识情态动词跟情态句的句型以及主语指向之间存在某种共现关系。这印证了以往某些研究的发现（Fletcher, 1978；Pea & Mawby, 1984；O'Neil & Atance, 2000；杨贝, 2014b）。

5.3　汉语看护者认识情态动词的使用特征

5.3.1　词形使用特征

　　看护者从儿童 1;2 岁开始使用认识情态动词[例（101）]，其百分比从第一阶段的 0.3%上升至第二阶段的 0.8%，到第三阶段降至 0.7%，然后持平（图 5-71）。在儿童语料中，认识情态动词从第二阶段的 0.4%上升至第三阶段的 0.8%，第四阶段保持在 0.8%的水平，第五阶段下降至 0.5%。

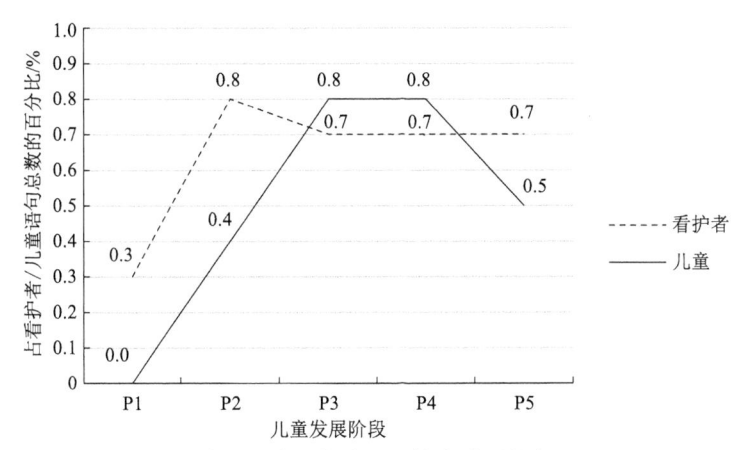

图 5-71　看护者和儿童语料中认识情态动词的产生和发展趋势

（101）（File "cs14b.cha"）

　　*MOT: 转 不 转？

　　*MOT: 宝宝 拿 这个.

　　*MOT: 哎哟 抱 着 熊猫 要 睡觉 了.

　　*MOT: 爬 到 哪 去 啊.

　　*MOT: 妈妈 这里 有 好 玩具.

情态词形的习得顺序与输入频率之间存在部分相关性。一方面，输入频率高的情态动词会较早习得，而输入频率低的情态动词则会较晚习得。如表 5-9 所示，在儿童开始习得认识情态动词之前（即 2;8 岁之前），"要"和"会"的输入频率较高（要 47%、会 32%），儿童从 2;8 岁开始习得"要"和"会"；而"应该"和"可能"的输入频率较低（应该 5%、可能 5%），儿童从 3;6 岁开始习得"应该"和"可能"。另一方面，输入频率较高的情态动词不一定就早习得。"能"的输入频率较高（11%），是"应该"和"可能"的两倍多，但是却比"应该"和"可能"晚半年开始习得。

表 5-9　认识情态动词的输入频率　　　　　　　（单位：%）

认识情态动词	能	要	会	应该	可能	一定	总数
输入频率	11	47	32	5	5	0	100

儿童较晚习得认识情态，这可能跟看护者较少使用认识情态有关。在看护者

语料中，动力情态用法最多（44%），其次是道义情态用法（38%），而认识情态用法最少（17%）。表 5-10 显示，就每一个情态动词而言，认识情态的用法也是远低于动力情态和道义情态用法的。在儿童语料中，情态动词三种语义类型也体现出了相似的分布情况：动力情态用法最多（67%），其次是道义情态用法（16%），而认识情态用法最少（15%）；每一个情态动词的认识情态用法所占的百分比也是最低的。

表 5-10　看护者语料中情态动词三种语义类型的使用频率　　（单位：%）

语义类型	能	要	会	应该	可能	一定
动力情态	52	38	76	×	×	×
道义情态	34	49	×	79	×	88
认识情态	12	12	24	19	100	12
不确定	2	1	1	2	×	×

以往的研究表明，情态词形的习得顺序与输入频率之间存在部分相关性。一方面，输入频率高的情态表达会较早习得，而输入频率低的情态表达则会较晚习得。杨贝（2014b）的研究表明，在芊芊开始习得认识情态动词之前（即 2;0.31 岁之前），"要"和"会"的输入频率较高（要 29%、会 63%），芊芊第二个习得"要"，第三个习得"会"；"能"的输入频率极低（5%），芊芊最后习得"能"。另一方面，输入频率低的情态表达不一定就晚习得。在芊芊开始习得情态动词前，"该"的输入频率很低（5%），但却最早被习得。Choi（1991）也有相似的发现，她调查了四个表达认识情态的韩语句尾词缀的习得顺序，并统计了这些词缀被习得之前在母亲话语中的使用频率，发现词缀-e 在输入中出现的频率最高（35%），词缀-ta 在输入中出现的频率排第三（8%），然而儿童最早习得的是词缀-ta，然后才习得-e。此外，情态意义类型的习得顺序与输入频率相关。Shatz 和 Wilcox（1991）的研究表明，英语认识情态比动力情态和道义情态晚半年左右开始习得，这跟认识情态动词在母亲话语中的使用频率比较低（10%）有关。杨贝（2014b）也表明，汉语动力情态和道义情态从儿童 1;9 岁左右开始习得，而认识情态从 2;0 岁才开始习得，这可能跟认识情态动词被习得之前在输入中较低的使用频率（5%）有关。

本研究得出了跟以往研究一致的结论：情态词形的习得顺序跟看护者的语言输入之间存在部分相关性，认识情态动词较晚习得跟其在看护者话语中较低的使用频率（17%）有关。

5.3.2 语义使用特征

在成人的语料中,"能"表示"有可能"的用法从儿童2;2岁开始出现[例(102)]。"能"不仅与表示可能的"得"同用[例(103)],还与现实体标记"了"同现,表达说话人对现实事件可能性的推测[例(104)],但这些同现的用法都仅有1例,而这些在看护者语料中罕见的用法儿童也没有习得。

(102)(File "cs26i.cha")
　　　*MOT: 没 有 轮子.
　　　*MOT: 没 有 轮子 的 汽车.
　　　*MOT: 它 开 的 话 能 跑 吗?
　　　*CHI: 不 能.
　　　*MOT: 噢 不 能 开动.

(103)(File "cs32j.cha")
　　　*MOT: 为 什么 呢?
　　　*CHI: 小 的 小 的 小 的 放 不 住.
　　　*MOT: 能 放 得 住 的.
　　　*MOT: 放 住 了 没 有 呀?
　　　*MOT: 这 个 上面 不 能 太 重.

(104)(File "cs48ma02.cha")
　　　*MOT: 怎么 放 那么 多 天?
　　　*CHI: 哎呀 坏 掉 了.
　　　*MOT: 怎么 能 坏 掉 了 呢?
　　　*CHI: 放 那么 多 天 了.
　　　*MOT: 噢 放 那么 多 天 啦?

"要"表达三种意义:"可能""将要",以及用于比较句中表示"估计"(吕叔湘,1999:592-593)。"要"表示"将要"的用法从儿童1;2岁就开始出现了[例(101)],这种用法占87%;表示"可能"的用法从儿童2;8岁开始出现[例(105)],这种用法占12%,用于比较句中表示"估计"的用法从儿童5;0岁开始出现[例(106)],这种用法占1%。"要"经常(57%)与位于句尾的现实体标记"了"同现,正向表达推定的必然[例(107)],但却没有反向表达假定的必然的用法;"要"尚未出现和经历体标记"过"和静态持续体标记"着"同现的用法。在看护者语料中出现得多的用法,儿童会较早开始习得,比如儿童从3;0岁开始习得表示"将要"以及"要"跟"了"同现的用法[例(66)]。

（105）（File "cs32f.cha"）

　　　*CHI: 再 搭 一 个 高 的.
　　　*MOT: 不 能 不 能.
　　　*MOT: 要 倒 个 掉 的.
　　　*CHI: 我 搭 一 个 划 船 的.
　　　*MOT: 在 旁边 搭.

（106）（File "cs60ma05.cha"）

　　　*MOT: 这个 呢?
　　　*CHI: 石头.
　　　*MOT: 啊 石头 肯定 要 比 棉花 要 硬 对吧?
　　　*CHI: 嗯!
　　　*MOT: 然后 这个 呢?

（107）（File "cs66mb11.cha"）

　　　*MOT: 再 后面 看 一 看.
　　　*MOT: 行 不行?
　　　*MOT: 这 尾巴 要 掉 下来 了.
　　　*MOT: 往上 翘 起来!
　　　*CHI: 我 知道 了!

"会"表达"有可能，通常表示将来的可能性，但也可以表示过去的和现在的"（吕叔湘，1999：278-279）。"会"表示"将来的可能性"的用法从儿童 3;6 岁就开始出现了[例（108）]，这种用法占 74%；表示"过去的可能性"的用法从儿童 4;0 岁开始出现[例（109）]，这种用法占 22%；表示"现在的可能性"的用法从儿童 2;8 岁开始出现[例（110）]，这种用法占 4%。"会"与位于句尾的现实体标记"了"同现时，表达对未来事件的盖然性推论[例（111）]，这种用法占 11%；或表达对非未来事件的盖然性推论[例（112）]，这种用法占 3%。看护者语料中没有出现"会"跟经历体标记"过"和静态持续体标记"着"同现的用法。在看护者的语料中，"会"表示"将来的可能性"的用法最多，表示"过去的可能性"的用法次之，而表示"现在的可能性"的用法最少。相应地，儿童从 2;8 岁开始习得"会"表示"将来的可能性"[例（55）]，从 3;6 岁开始习得"会"表示"过去的可能性"[例（68）]，从 6;0 岁开始习得"会"表示"现在的可能性"[例（69）]。此外，在看护者的语料中，当"会"与位于句尾的现实体标记"了"同现时，大多数情况表示对未来事件的盖然性推论，少数情况表示对非未来事件的盖然性推论。儿童习得了对未来事件的盖然性推论的用法[例（70）]，但却没有习得对非未来事件的盖然性推论的用法。

（108）（File "cs42ma03.cha"）
　　　*MOT: 它 也 不 会 叮 人．
　　　*MOT: 但是 你 不要 碰 它．
　　　*MOT: 你 动 它 它 就 会 夹 你．
　　*CHI: 它 是 小娃娃．
　　*MOT: 它 是 小娃娃．

（109）（File "cs48ma02.cha"）
　　　*CHI: 这 是 后边 的．
　　　*MOT: 噢 怎么 搞 的？
　　　*MOT: 怎么 会 放错 了 呀？
　　　*MOT: 拿 过来．
　　　*CHI: 我 来 了．

（110）（File "ld32m.cha"）
　　　*CHI: 还 有 蓝 电话．
　　　*MOT: 还 有 蓝 电话？
　　　*MOT: 怎么 会 有 蓝 电话 呢？
　　　*CHI: 我 叫 爸爸 妈妈 给 我 买 的．
　　　*MOT: 给 你 买 的 蓝 电话？

（111）（File "cs72fa06.cha"）
　　　*MOT: 随 你 怎么 堆．
　　　*MOT: 一样 形状 的 把 它 放在 一块．
　　　*MOT: 一会儿 你 搭 起来 的 时候 就 会 快 了．
　　　*CHI: 就 简单 了．
　　　*CHI: 一道 来 找 嘛．

（112）（File "cs26i.cha"）
　　　*CHI: 这个 软 了．
　　　*MOT: 噢 足球 软 了．
　　　*MOT: 足球 怎么 会 软 了？
　　　*MOT: 它 的 气 怎么样 的？
　　　*CHI: 跑 了．

吕叔湘（1999：624）认为，"应该"表示"估计情况必然如此"。在看护者语料中，这种用法从儿童 3;0 岁开始出现［例（113）］。在看护者语料中，"应该"没有出现与位于句尾的现实体标记"了"同现或与经历体标记"过"和静态持续体标记"着"同现的用法。儿童从 3;6 岁开始习得"应该"的认识情态意义［例（57）］。

  （113）（File "cs36fa07.cha"）
    *MOT: 大概 是 .
    *MOT: 好像 是 从 这儿 掉 下来 的 吧 !
    *MOT: 应该 是 从 这儿 吧 !
    *MOT: 看看 好像 又 不像 !
    *MOT: 不 知道 是 为什么 .

  吕叔湘（1999：336）认为，"可能"表示"估计""也许""或许"。在看护者语料中，这种用法从儿童 1;8 岁开始出现［例（114）］。儿童则从 3;6 岁开始习得"可能"的认识情态意义［例（60）］。

  （114）（File "cs20a.cha"）
    *MOT: 你 看看 .
    *MOT: 噢 它 本来 是 有 灯泡 的 .
    *MOT: 可能 转 一 转 .
    *MOT: 一 会 呜 呜 地 响 .
    *MOT: 然后 又 亮 了 .

  吕叔湘（1999：604）认为，"一定"表示"必然""确实无疑"。在看护者语料中，儿童从 3;6 岁开始出现这种用法［例（115）］，不过这种用法很罕见，仅出现 2 例。"一定"的认识情态用法在儿童 6;0 岁时也是仅出现了 1 例［例（59）］。

  （115）（File "cs42ma05.cha"）
    *MOT: 为什么 会 掉 下来 呢 ?
    *MOT: 肯定 掉 下来 呢 .
    *MOT: 它 一定 是 没 站 好 .
    *MOT: 没 站 稳 就 掉 下来 了 .
    *MOT: 小星星 掉 在 哪 啦 ?

  本研究显示，儿童较早习得看护者使用频率高的用法，较晚习得看护者使用频率低的用法。

5.3.3 句法使用特征

第一，儿童最早产出的情态句是结构比较简单的肯定陈述句，然后情态句的句型呈现逐渐多样化的趋势，情态句的句法结构也呈现逐渐复杂化的趋势。然而，在看护者的话语中，认识情态动词从一开始就用于结构复杂的多种句型中［例（115）—例（126）］。

（116）（File "cs26i.cha"）
    *MOT: 它 开 的 话 能 跑 吗？
    *CHI: 不 能．
    *MOT: 噢 不 能 开动．
    *CHI: 这 个 可以 开动．
    *MOT: 你 开 给 我 看．

（117）（File "cs36fb20.cha"）
    *MOT: 你 看 (你 看 你 看)．
    *MOT: 能 拼 什么 东西？
    *MOT: 你 看 能 拼 什么 东西？
    *MOT: 你 看 (你 看) 能 拼 什么？
    *MOT: 王月．

（118）（File "cs20b.cha"）
    *CHI: 它 要 吃 小 白 兔 了．
    *MOT: 噢．
    *MOT: 大 灰 狼 要 吃 小 白 兔 了．
    *MOT: 你 看．
    *MOT: 小 兔子 把 门 关 得 紧紧 的，大 灰 狼 进 不 去．

（119）（File "cs36fa07.cha"）
    *MOT: 小 蜘蛛 对 不 对 呀？
    *CHI: 对．
    *MOT: 好 你 现在 要 干嘛 了？
    *MOT: 是 继续 看书 还是 干嘛？
    @Comment: EndTurn

（120）（File "ld14m.cha"）
    *MOT: 跌 下去 怎么 样？
    *CHI: 哇 [x 2]．

		*MOT: 跌 下去 会 哇 [x 2] 啊？

		*CHI: yeye@b ye@b zidi@b zaijie@b zei@b①.

		*MOT: 跌 在 这里 告诉 谁 啊？

(121)（File "cs20c.cha"）

		*CHI: 哼.

		*MOT: 你 一 只 手 扶 着 纸.

		*MOT: 它 就 不 会 推 了.

		*MOT: 哎 手 扶 着 纸.

		*MOT: 手 扶 着 纸.

(122)（File "cs14f.cha"）

		*MOT: 你 来 玩.

		*CHI: 哦.

		*MOT: 哦 这 里面 应该 还 有 一 个.

		*MOT: 咦 啊 掉 下 来 了.

		*MOT: 掉 下 来 了.

(123)（File "cs36mb13.cha"）

		*CHI: 头.

		*MOT: 从 哪里 掉 下来 的？

		*MOT: 你 想 一 想 应该 在 哪里？

		*CHI: 在 这里.

		*MOT: 是 不 是 在 这儿 啊？

(124)（File "cs36fa07.cha"）

		*CHI: 从 哪边 掉 下来 的？

		*MOT: 嗯 我 看看（我 看看）这个.

		*MOT: 可能 是 这边 掉 下来 的.

		*MOT: 可能 是 这儿 掉 下来 的.

		*MOT: 这边 是 开关.

(125)（File "cs36fa09.cha"）

		*CHI: 是 麦当劳.

		*MOT: 是 麦当劳 啊？

		*MOT: 不 可能 吧？

---

① 这些符号指的是孩子发出的无法辨别的声音。

　　　　　*MOT: 麦当劳 是 什么？
　　　　　*CHI: 谁 的 画画 呀？
（126）（File "cs54fb19.cha"）
　　　　　*CHI: 公主 哎．
　　　　　*MOT: 公主 真 是 红 啊．
　　　　　*MOT: 公主 平时 猪肝 一定 吃 得 很 多 啊．
　　　　　*MOT: 血色素 非常 高．
　　　　　*MOT: 阿①对 啊？

　　第二，就情态动词的常见搭配关系而言，看护者使用了其中的一部分。在 zhTenTen 中，当情态动词"能"跟"才""不""只""能""就""也""都""希望""更"和"我们"共现时，可以表达认识情态意义。在看护者语料中，"不""能""才""我们""就""更""都"跟"能"搭配表达认识情态意义［例（127）—例（133）］。

（127）（File "cs66ma04.cha"）
　　　　　*MOT: 就是．
　　　　　*MOT: 妈妈 对 剩下 的 一只 说: 你 要 好好 睡觉 不许
　　　　　　　　再 吵 了．
　　　　　*MOT: 你 说 这只 皮皮鼠 它 还 能 不 吵 啊？
　　　　　*CHI: 它．
　　　　　*MOT: 哎 就 最后 一 只 了．
（128）（File "cs36fa07.cha"）
　　　　　*CHI: 把 头 下 下来．
　　　　　*MOT: 把 头 下 下来 啊？
　　　　　*MOT: 这个 能 不能 下 呀？
　　　　　*CHI: 头 下 下来！
　　　　　*MOT: 头 能 不能 下 呀？
（129）（File "cs42fa10.cha"）
　　　　　*MOT: 底下 要 搭 稳 了 以后 才 能 把 上面 搭 高．
　　　　　*MOT: 就 像 建 大楼 一样．
　　　　　*MOT: 下面 建 得 很 牢固 上面 才 能 搭 高．

---

① "阿"是错别字，此处应该是"啊"，这可能是转写者的笔误，余同。

*CHI: 妈妈 为什么 要 搭 得 牢固 ?

*CHI: 怎样 搭 牢固 呢 ?

(130)（File "cs48fa06.cha"）

*CHI: 这样 .

*MOT: 我 知道 .

*MOT: 我们 能 不能 这样 ?

*MOT: 翊翊 .

*MOT: 这个 搭 不 了 就 换 一个 .

(131)（File "cs48fa06.cha"）

*MOT: 我们 现在 在 做 (做 做 做) 考试 .

*MOT: 唐翊 .

*MOT: 我们 俩 考 得 好 的 话 就 能 得 第 一 名 .

*MOT: 你 看 .

*MOT: 我们 就 接 着 它 这个 样子 吧 .

(132)（File "cs72fa08.cha"）

*MOT: 鸟 呢 小鸟 把 脚 放在 肚子 里 呢 .

*MOT: 是 为 了 减小 空气 中 的 阻力 .

*MOT: 这样 它 就 会 能 飞 得 更 轻快 一 点 .

*MOT: 知道 啊 ?

*CHI: Okay .

(133)（File "cs72fb20.cha"）

*MOT: 嗯 .

*MOT: 人 那么 高 树 这么 矮 啊 ?

*MOT: 什么 树 都 能 这么 画 的 啊 ?

*MOT: 你 不能 画 幼儿园 教 的 那个 ?

*MOT: 那 你 先 把 画 出来 再 涂 就是 了 .

在 zhTenTen 中，当情态动词"要"跟"不""就""我们""还"和"要"共现时，可以表达认识情态意义。在看护者语料中，以上五个词语跟"要"搭配时表达认识情态意义［例（134）—例（138）］。

(134)（File "cs32d.cha"）

*MOT: 这边 还 有 一 个 呀 .

*CHI: 这边 .

*MOT: 不 是 全部 要 倒 啦 ?

第 5 章 汉语认识情态动词的习得

*MOT: 过来.
*MOT: 重来一个.

（135）（File "cs36mb15.cha"）
*MOT: 大楼房啊？
*CHI: 嗯.
*MOT: 大房子<u>就</u>要搭好了.
*MOT: 不能倒哦.
*MOT: 没关系哎.

（136）（File "cs60mb12.cha"）
*MOT: 你这样就可以了.
*MOT: 陈伟豪.
*MOT: 这个画完<u>我们</u>就要看书了.
*CHI: 你给我讲故事.
*MOT: 好.

（137）（File "cs36ma05.cha"）
@Comment: EndTurn
*MOT: 好.
*MOT: 你<u>还</u>要烧什么菜给我吃？
*CHI: 还有鱼.
*MOT: 那你烧鱼汤给我吃.

（138）（File "cs54fa09.cha"）
*MOT: 哎哟.
*MOT: 这球没气了.
*MOT: 你<u>要</u>不要给它充充气啊？
*CHI: 嗯要.
*MOT: 今天算了.

在 zhTenTen 中，当情态动词"会"跟"不""就""你""也""都""可能""有""会""将"和"一定"共现时，可以表达认识情态意义。在看护者语料中，"不""有""就""会""你""也"跟"会"搭配表达认识情态意义［例（121）、例（139）—例（143）］。

（139）（File "cs26e.cha"）
*MOT: 放进去.
*MOT: 下一个.

/ 105 /

　　　　　*MOT: 这 里面 会 有 什么 东西 呀？

　　　　　*MOT: 是 不 是 小 皮球 呀？

　　　　　*MOT: 呀 这 个．

（140）（File "cs26i.cha"）

　　　　　*CHI: 小 蝌蚪．

　　　　　*MOT: 对．

　　　　　*MOT: 小 蝌蚪 长 大 了 就 会 变成 什么 了？

　　　　　*CHI: 青蛙 了．

　　　　　*MOT: 好 那 我们 来 看看 +…

（141）（File "cs72mb12.cha"）

　　　　　*MOT: 开始 下雪 了．

　　　　　*MOT: 对吧？

　　　　　*MOT: 那 雪 会 不会 积 在 地上 啊？

　　　　　*CHI: 这个 是 才 飘 下来 的．

　　　　　*MOT: 哦 才 飘 下来 的．

（142）（File "cs42fa10.cha"）

　　　　　*MOT: 妈妈 对 剩下 的 一只 皮皮鼠 说 你 要 好好 睡 觉 别 再 吵闹！

　　　　　*MOT: 可是 这 只 皮皮鼠 呢？

　　　　　*MOT: 你 觉得 它① 会 不 会 听话？

　　　　　*MOT: 妈妈 一 走 呀 这 只 皮皮鼠 还是 忍不住 吃 跳 跳糖．

　　　　　*MOT: 他 这次 在 哪里？

（143）（File "cs72fa08.cha"）

　　　　　*MOT: 因为 那个 拍 的 时间 快到 了．

　　　　　*MOT: 我们 先 把 公主 王子 的 事情 呢 先 放一下．

　　　　　*MOT: 王子 公主 你 不 涂 他们 也 会 快乐 地 生活 在 一起．

　　　　　*MOT: 对 不对？

　　　　　@Comment: EndTurn

　　在 zhTenTen 中，当情态动词"应该"跟"我们""说""觉得""什么""更"

---

① "它"应该转写成"他"，此处可能是转写者的笔误，余同。

"怎样""做"和"如何"共现时,可以表达认识情态意义。在看护者中,仅有"什么"和"做"跟"应该"搭配表达认识情态意义[例(144)—例(145)]。

(144)(File "cs36ma01.cha")
*CHI: 那 这个 呢?
*MOT: 这个 是 什么?
*MOT: 应该 是 什么 东西?
*MOT: 哦 这个.
*MOT: 你 拿 过来.

(145)(File "cs48ma03.cha")
*MOT: 好 吗?
*MOT: 第二 个.
*MOT: 我 想 你 做 应该 非常 非常 快乐.
@Comment: EndTurn
*MOT: 第二 个.

在 zhTenTen 中,当情态动词"可能"跟"会""出现""不""很""导致""发生""造成""也""因为"和"影响"共现时,可以表达认识情态意义。在看护者语料中,仅有"不"和"也"跟"可能"搭配表达认识情态意义[例(125)、例(146)]。

(146)(File "cs60ma01.cha")
*MOT: 再 拿 几个 就 够 了 吧?
*CHI: 也 可能.
*MOT: 也 可能.
*MOT: 好!
*CHI: 变 一 变!

在 zhTenTen 中,当"一定"跟"会""相信""并不""能够""你""所以"和"表示"共现时,可以表达认识情态意义。在看护者语料中,没有出现上述搭配的例子。

第三,在看护者语料中,认识情态动词和情态句的句型以及情态句的主语指向之间存在某种同现关系。图 5-72 显示,在看护者语料中,认识情态动词多数用于肯定句和疑问句中,少数用于否定句中[例(147)—例(149)]。在儿童语料中,认识情态动词绝大多数用于肯定句中,极少数用于否定句和疑问句中[例(92)、例(93)、例(61)]。

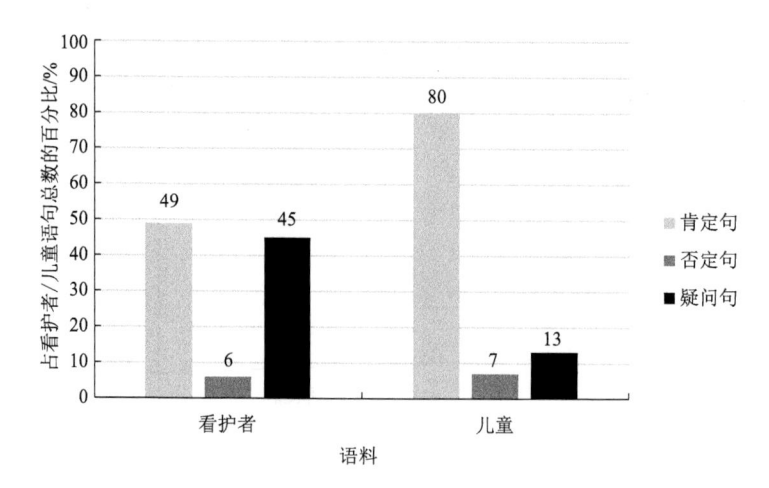

图 5-72 看护者和儿童语料中含认识情态动词语句的句型分布

（147）（File "cs72fb16.cha"）
　　*CHI: 金字塔．
　　*MOT: 哦 这个 是 楼梯 啊！
　　*MOT: 你 这个 楼梯 要 倒 啊！
　　*MOT: 那 你 这个 楼梯 你 拿 什么 支撑 呢？
　　*MOT: 这个 楼梯？
（148）（File "cs54fa10.cha"）
　　*MOT: 我 的 故事 还 没 说 完 呢？
　　*MOT: 皮皮鼠 以后 又 怎么 了？
　　*MOT: 上床 睡觉 怎么 又 会 跳 起来 了？
　　*CHI: 因为 它 想 吃 跳跳糖．
　　*MOT: 哎呀．
（149）（File "cs60fa07.cha"）
　　*CHI: 然后 +...
　　*MOT: 然后 （然后） 就 怎么 了？
　　*MOT: 山 上 不 可能 都 是 平路 呀．
　　*MOT: 对 不对？
　　*MOT: 哎要 下 山 啊．

图 5-73 显示，在看护者语料中，情态句的主语多数指向玩具、动物等其他事物［例（150）］，一部分指向儿童［例（151）］，少数指向自己［例（152）］。在儿童语料中，情态句的主语也是绝大多数指向其他事物［例（94）］，一部分指向儿

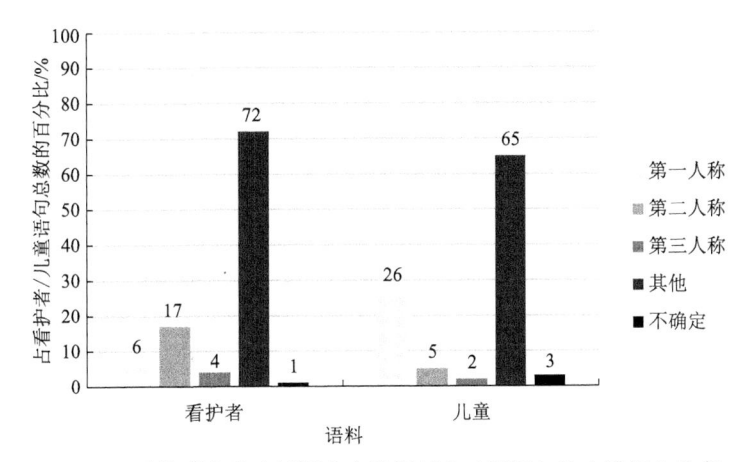

童自己[例(95)]，少数指向看护者[例(96)]。

图 5-73　看护者和儿童话语中含认识情态动词语句的主语指向分布

（150）（File "cs42mb12.cha"）
　　*MOT: 不是 的.
　　*MOT: 你 看 这 是 火箭.
　　*MOT: 看看 我们 这个 火箭 它 会 驮 谁 啊？
　　*CHI: 火箭战队 呀.
　　*MOT: 火箭战队 啊？

（151）（File "cs72fa06.cha"）
　　*MOT: 随 你 怎么 堆.
　　*MOT: 一样 形状 的 把 它 放 在 一块.
　　*MOT: 一会儿 你 搭 起来 的 时候 就 会 快 了.
　　*CHI: 就 简单 了.
　　*CHI: 一道 来 找 嘛.

（152）（File "cs72fb18.cha"）
　　*MOT: 绿色 的.
　　*MOT: 记住 啊.
　　*MOT: 等 一会儿 我 要 考 你.
　　*MOT: 好.
　　@Comment: EndTurn

如图 5-74 所示，看护者产出的肯定句主语绝大多数指向玩具、动物等其他事物[例(153)]，一部分指向交谈对象[例(154)]；儿童产出的肯定句主语大多数指向其他事物[例(97)],一部分指向自己[例(98)]。看护者产出的否定句主语绝大多数指向其他事物[例(155)],一部分指向自己[例(156)];儿童产出的否定句主语绝大多数指向其他事物[例(55)],一部分指向自己[例(99)]。看护者产出的疑问句主语绝大多数指向其他事物[例(157)],一部分指向交谈对象[例(158)];儿童产出的疑问句主语绝大多数指向其他事物[例(100)],少数指向交谈对象[例(76)]。

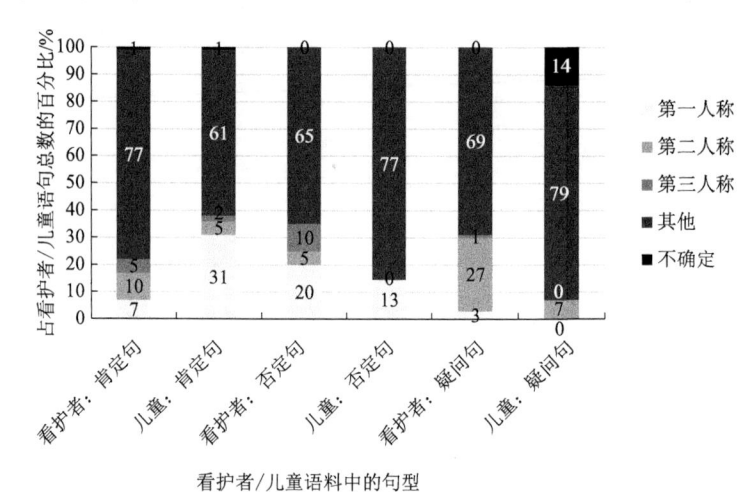

图 5-74 看护者和儿童语料中含认识情态动词语句的句型分布和主语指向分布

(153)(File "cs72fa08.cha")
　　*MOT: 鸟呢 小鸟 把 脚 放在 肚子 里 呢.
　　*MOT: 是 为 了 减小 空气 中 的 阻力.
　　*MOT: 这样 它 就 会 能 飞 得 更 轻快 一点.
　　*MOT: 知道 啊?
　　*CHI: Okay.

(154)(File "cs36fa07.cha")
　　*MOT: 你 要 干嘛?
　　*CHI: 我 要 这个!
　　*MOT: 要 玩 那个 了.
　　*MOT: 哎哟.
　　*CHI: 小乌龟.

(155)(File "cs42ma03.cha")
　　*MOT: 它 生活 在 动物 的 世界 里 而 不 会 到 我们 自
　　　　　己 家里 去.

　　　　*MOT: 你 知道 啊 ?
　　　　*MOT: 嗳 大灰狼 也 不 会 侵犯 人.
　　　　*MOT: 所以 要 对 它们 友好.
　　　　*MOT: 没有 关系 的.
（156）（File "cs42fa07.cha"）
　　　　*MOT: 放 在 上面.
　　　　*MOT: 放 在 桌上.
　　　　*MOT: 你 这样 妈妈 要 看 不 见 了.
　　　　*MOT: 我们 来 看看 这 上面.
　　　　*CHI: 这个.
（157）（File "cs72ma04.cha"）
　　　　*CHI: 这 头 怎么 弄 的 ?
　　　　*MOT: 这个 头 应该 装 在 下面 吧 ?
　　　　*MOT: 应该 这样 吧 ?
　　　　*MOT: 你 看看.
　　　　*MOT: 这样 妈妈 弄 得 对 不对 ?
（158）（File "cs66mb13.cha"）
　　　　*CHI: 我 就要 画 这个.
　　　　*CHI: 画 这个.
　　　　*MOT: 嗯 这个 样子 你 可能 画 不 起来 吧 ?
　　　　*CHI: 哟 !
　　　　*CHI: 奥特曼.

　　以往的研究显示，儿童情态句的句法习得特征跟输入似乎无关（杨贝，2014b）。本研究得到了跟以往研究相似的结论：在儿童语料中，情态句的句型呈现逐步多样化的趋势，句法结构呈现逐渐复杂化的趋势；然而，在看护者的话语中，认识情态动词从一开始就用于结构复杂的多种句型中。此外，在看护者语料和儿童语料中，认识情态动词与情态句的句型和主语指向之间的同现关系不尽相同。

5.4　小　　结

　　儿童从 2;8 岁开始习得认识情态动词，其百分比呈现总体上升的趋势。认识情态动词不仅比动力情态动词和道义情态动词习得得晚，其使用频率也较低；肯定的情态动词形式比否定的情态动词形式早习得；情态动词的习得顺序与其使用频率呈现部分相关。儿童习得了认识情态动词的部分用法，认识必然表达不一定比认识或然表达早习得。儿童产出的情态句的句型呈现逐渐多样化的趋势，句法结构呈现逐渐复杂化的趋势。就情态动词常见的搭配关系而言，儿童只习得了其中的一小部分。认识情态动词绝大多数用于肯定句，极少数用于疑问句和否定句中；情态句主语绝大多数指向玩具、动物等其他事物，指向第一人称的次之，指向第三人称的最少；肯定句、否定句和疑问句的主语绝大多数都指向其他事物，肯定句和否定句的主语部分指向自己，疑问句的主语部分指向对话者。

看护者从儿童 1;2 岁开始使用认识情态动词，其发展趋势和儿童语料相似。跟动力情态和道义情态相比，看护者语料中认识情态的使用频率最低，儿童也最晚习得认识情态。儿童对情态词形的习得顺序与看护者的输入频率之间存在部分相关性。在看护者语料中出现频率高的情态动词用法，儿童也往往会较早习得。在看护者语料中，认识情态句从一开始就用于结构复杂的多种句型中。就情态动词常见的搭配关系而言，看护者只使用了其中的一部分。跟看护者相比，儿童语料中的肯定句较多，疑问句较少；主语指向第一人称的较多，指向第二人称和第三人称的较少。跟看护者相比，儿童产出的肯定句的主语指向第一人称的较多，这说明儿童更倾向于肯定自己做出的含认识情态动词的不确定性判断；否定句和疑问句的主语指向其他事物的比较多，这说明儿童更倾向于否定或询问指向其他事物的含认识情态动词的不确定性判断。

第6章

汉语认识情态副词的习得

6.1 汉语认识情态副词

副词作为一种个性强于共性的功能类词,虽然基本句法功能是充当状语,但是其内部各小类、各成员在组配方式、语法意义、语义指向、语用特点、篇章特征等各方面都存在着显著差异(崔诚恩,2002:1)。鉴于这种状况,学界对于情态副词的性质、范围、分类等问题,还未取得一致的共识。吕叔湘(1999)、赵元任(1979)、张谊生(2000)、崔诚恩(2002)等都曾提到过情态副词,或承认副词中有情态副词一类。

崔诚恩(2002:8)提出情态副词指发话时点有效的、不能客体化的说话者内部的主观世界,即表示说话人针对命题表明主观判断的,同时对命题附加真值的,表示说话人在发话时的主观认识映射到命题的副词。崔诚恩(2002:49)把情态副词分为三个次类:价值判断的情态副词、真伪判断的情态副词、发话行为的情态副词。真伪判断的情态副词又可分为若干次类,其中的一个次类是表示或然意义的情态副词,这类词表示对某一事件不十分肯定的推测或估计,也表示有很大的可能性(崔诚恩,2002:56)。表示或然意义的情态副词可以表达认识情态意义。这类词包括"该""盖""敢""敢是""敢许""横""横是""大概""或""或许""或者""就""可能""恐""恐怕""怕""容""容或""兴""兴许""许""也许""作兴""八成儿""保不定""保不齐""保不住"等。由于本书调查的儿童只习得了"就"和"可能","可能"既可作情态副词,又可作情态动词,其作情态动词的习得特征已在上一章讨论过,因此本章将详细介绍"就"的特征。

《现代汉语词典(第7版)》(2016:701)认为,"就"表示在某种条件或情况下自然怎么样(前面常用"只要""要是""既然"或者含有这类意思的词语)。

(1)只要用功,就能学好。(《现代汉语词典(第7版)》,2016:701)

(2)他要是不来,我就去找他。(同上)

(3)谁愿意去,谁就去。(同上)

白梅丽(1987)曾把"就"和"才"跟两种不同类型的语义关系以及两种情态联系起来进行研究,论证了它们具有的情态特征。白梅丽认为,当"就"和"才"处于带从句标记的结构里时,它们表示不同的数量关系,而且可以跟不同的情态相联系。以情态而论,"就"表示它所连接的两个从句之间的充足关系,即跟可能性有关;而"才"跟"就"相反,"才"表示它所连接的两个从句之间的必要条件,即跟必要性有关。

沈家煊(1999:168-171)认为,"就相关值与参照值而言,'就'是正向词,相关值>参照值;'才'是负向词,相关值<参照值"。

(4)他(只要)用功就能学好。[相关值(多于用功)大于参照值(用功)]

他(一定要)用功才能学好。[相关值(少于用功)小于参照值(用功)]

用"就"时,"用功"是学好的充足条件,或者说"就"表示的情态是"可能性"。用"才"时,"用功"是学好的必要条件,或者说"才"表示的情态是"必要性"。

笔者认为,当"就"用于"如果("只要""要是""既然"或者是含有这类意思的词语)……就……"的结构时,表示的情态是"可能性"。当然,如果句子较短时,两个小句之间常不用连词,也没有停顿,如"下雨就不去。""用功就能学好。"。

下面将使用语料库的方法,从使用频数和典型搭配方面展示副词"就"在zhTenTen语料库中的用法特征。

图6-1显示,副词"就"在zhTenTen中共出现了5 752 605次(每百万词出现2 730.70次)。

表6-1显示了副词"就"在zhTenTen中的前100个搭配词。图6-2到图6-11显示了副词"就"与前10个搭配词的部分索引行。这些索引行显示,当副词"就"跟"了""这""会""不""一""我""要"和"也"共现时,可以表达认识情态意义"有可能";而当"就"跟"是""说"共现时,表达"强调肯定"。

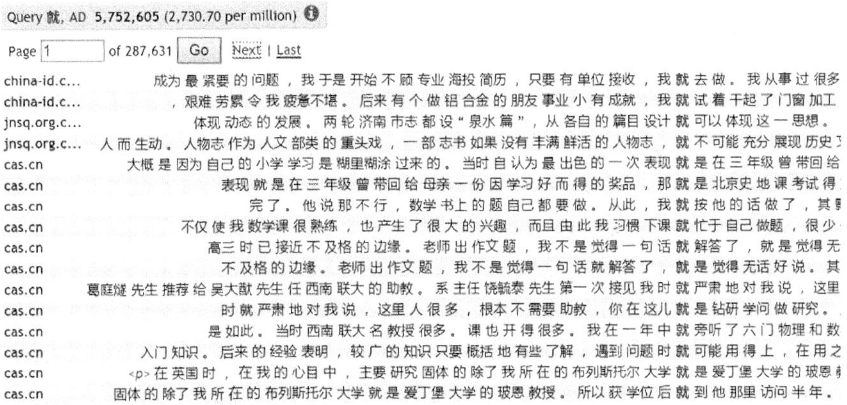
Query 就, AD 5,752,605 (2,730.70 per million)

Page 1 of 287,631 Go Next | Last

china-id.c...	成为 最 紧要 的 问题 ， 我 于是 开始 不 顾 专业 海投 简历 ， 只要 有 单位 接收 ， 我 就 去 做 。 我 从事 过 很多
china-id.c...	，艰难 劳累 令 我 疲惫不堪 。 后来 有 个 做 铝 合金 的 朋友 事业 小 有 成就 ， 我 就 试 着 干起 了 门窗 加工
jnsq.org.c...	体现 动态 的 发展 。 两 轮 济南 市志 都 设 “ 泉水 篇 ” ，从 各自 的 篇目 设计 就 可以 体现 这 一 思想 。
jnsq.org.c...	人 而 生动 。 人物志 作为 人文 部类 的 重头戏 ， 一 部 志书 如果 没有 丰满 鲜活 的 人物志 ， 就 不 可能 充分 展现 历史
cas.cn	大概 是 因为 自己 的 小学 学习 是 糊里糊涂 过来 的 。 当时 自 认为 最 出色 的 一 次 表现 就 是 在 三 年级 曾 带回 给
cas.cn	表现 就 是 在 三 年级 曾 带回 给 母亲 一 份 因 学习 好 而 得 的 奖品 ， 那 就 是 北京史 地 课 考试 得
cas.cn	完 了 。 他 说 那 不 行 ， 数学 书上 的 题 自己 都 要 做 。 从此 ， 我 就 按 他 的 话 做 了 ， 其
cas.cn	不仅 使 我 数学课 很 熟练 ， 也 产生 了 很 大 的 兴趣 ， 而且 由 此 我 习惯 下课 就 忙于 自己 做题 ， 很 少
cas.cn	高三 时 已 接近 不 及格 的 边缘 。 老师 出 作文 题 ， 我 不 是 觉得 一 句 话 就 解答 了 ， 就 是 觉得 无
cas.cn	不 及格 的 边缘 。 老师 出 作文 题 ， 我 不 是 觉得 一 句 话 就 解答 了 ， 就 是 觉得 无话 好 说 。 其
cas.cn	葛庭燧 先生 推荐 给 吴大猷 先生 任 西南 联大 的 助教 。 系 主任 饶毓泰 先生 第一 次 接见 我 时 就 严肃 地 对 我 说 ， 这里
cas.cn	时 就 严肃 地 对 我 说 ， 这里 人 很 多 ， 根本 不 需要 助教 ， 你 在 这儿 就 是 钻研 学问 做 研究 。
cas.cn	是 如此 。 当时 西南 联大 名 教授 很多 。 课 也 开 得 很多 。 我 在 一 年 中 就 旁听 了 六 门 物理 和 数
cas.cn	入门 知识 。 后来 的 经验 表明 ， 较 广 的 知识 只要 概括 地 有些 了解 ， 遇到 问题 时 就 可能 用 得 上 ， 在 用之
cas.cn	<p> 在 英国 时 ， 在 我 的 心目 中 ， 主要 研究 固体 的 除了 我 所 在 的 布列斯托尔 大学 就 是 爱丁堡 大学 的 玻恩
cas.cn	固体 的 除了 我 所 在 的 布列斯托尔 大学 就 是 爱丁堡 大学 的 玻恩 教授 。 所以 获 学位 后 就 到 他 那里 访问 半 年 。

图 6-1　副词“就”在 zhTenTen 中的部分索引行

表 6-1　副词“就”在 zhTenTen 中的前 100 个搭配词

序号	搭配词	共现频数	logDice	序号	搭配词	共现频数	logDice
1	是	1 880 475	11.176 65	21	他	220 846	9.546 14
2	了	1 115 954	10.501 55	22	在	570 314	9.536 59
3	这	472 232	10.366 78	23	可以	185 754	9.532 26
4	会	347 900	10.313 15	24	很	171 377	9.419 47
5	不	617 253	10.215 07	25	“	409 081	9.381 84
6	一	761 598	10.118 89	26	”	394 671	9.331 05
7	我	377 211	9.956 45	27	像	116 837	9.262 33
8	要	356 910	9.929 78	28	没有	142 560	9.233 53
9	也	335 530	9.862 84	29	这个	131 371	9.223 02
10	，	3 971 266	9.857 21	30	人	198 568	9.213 38
11	说	246 229	9.851 91	31	好	141 410	9.121 83
12	个	421 036	9.843 18	32	到	156 651	9.035 39
13	我们	256 865	9.715 83	33	上	178 064	8.946 95
14	那	176 446	9.707 42	34	把	118 840	8.941 13
15	有	381 584	9.693 14	35	最	118 667	8.910 71
16	。	1 648 686	9.686 62	36	自己	117 358	8.890 41
17	能	231 856	9.673 24	37	开始	96 314	8.879 4
18	你	200 031	9.668 28	38	种	132 565	8.852 62
19	的	2 495 621	9.597 05	39	问题	121 877	8.818 75
20	这样	160 460	9.581 32	40	着	115 336	8.817 89

续表

序号	搭配词	共现频数	logDice	序号	搭配词	共现频数	logDice
41	大	135 112	8.790 03	71	没	61 962	8.324 74
42	从	118 355	8.767 44	72	:	135 245	8.312 8
43	多	126 877	8.749 74	73	两	82 920	8.312 07
44	去	89 897	8.730 82	74	给	67 619	8.278 17
45	做	93 412	8.691 65	75	再	65 281	8.269 22
46	,	123 948	8.666 66	76	过	64784	8.250 87
47	而	115 919	8.650 6	77	和	228 649	8.227 38
48	他们	91 317	8.607 63	78	里	65 174	8.227 3
49	来	99 546	8.607 4	79	因为	61 116	8.196 97
50	?	93 571	8.606 16	80	需要	63 532	8.190 56
51	可能	79 962	8.605 11	81	小	66 330	8.181 07
52	地	107 682	8.600 35	82	什么	58 003	8.151 83
53	时	94 275	8.597 88	83	早	52 634	8.150 59
54	想	77 919	8.584 78	84	如果	58 005	8.118 85
55	它	79 968	8.558 84	85	几	57 043	8.100 64
56	被	88 930	8.529 34	86	所以	53 685	8.085 5
57	那么	69 367	8.515 75	87	工作	108 940	8.070 01
58	天	73 903	8.453 4	88	现在	53 575	8.045 09
59	得	76 013	8.427 04	89	更	65 845	8.033 3
60	用	80 814	8.424 74	90	必须	53 115	8.029 03
61	中	138 351	8.420 54	91	可	63 150	7.997 61
62	时候	66 560	8.403 34	92	时间	55 671	7.966 28
63	让	77 559	8.401 1	93	这些	51 531	7.933 22
64	看	72 537	8.400 95	94	次	65 301	7.930 66
65	她	72 199	8.396 13	95	中国	71 562	7.922 95
66	年	147 324	8.385 8	96	重要	54 075	7.901 02
67	对	135 135	8.385 51	97	与	95 704	7.900 65
68	后	85 861	8.366 83	98	快	45 037	7.893
69	!	70 834	8.349 15	99	还	66 108	7.889 78
70	就	115 300	8.328 96	100	所	59 364	7.884 75

第 6 章　汉语认识情态副词的习得

里糊涂 过来的。当时 自认为 最出色 的一次 表现 就 *是* 在 三 年级 曾 带回 给 母亲 一份 因 学习 好 而 得的
曾 带回 给 母亲 一份 因 学习 好 而 得的 奖品，那 就 *是* 北京 史 地理 考试 得 第 5 名 奖给 的 一份 北京城
的 边缘。老师 出作 文题，我 *不是* 觉得 一句话 就 解答 了，就是 觉得 无话 好说。其 后果 也 可以 说
师 出作 文题，我 不 *是* 觉得 一句话 就 解答 了，就是 觉得 无话 好说。其 后果 也 可以 说 是 影响 一辈
这里 人 很 多，根本 不 需要 助教，你 在 这儿 就 *是* 钻研 学问 做 研究。后来 我 的 情况 正是 如此。
主要 研究 固体 的 除了 我 所在 的 布列斯托尔 大学 就 *是* 爱丁堡 大学 的 玻恩 教授。所以 获 学位 后 就 到
是 城镇 职工 基本 养老 保险 里 没有 的，这个 原则 就 *是* "有 弹性"。在 城镇 职工 基本 养老 保险 里面，
费 标准，可以 向上 增设，也 可以 向下 增设，这 就 *是* 为了 适应 各地 经济 发展 的 不平衡 和 农民 收入
障 制度 和 扶贫 开发 政策 两项 制度 的 有效 衔接，就 *是* 要把 具有 劳动 能力 的 农民 区别 出来，通过 开
病 回 从前。""住 一次 医院，一年 活 白干。"就 *是* 这种 现象 的 真实 写照。 2003 年 以来，
们 在 高中、大学 时，考试 都 考得 很好，但是 就 *是* 因为 从前 考得 很高 分，以致于 后来 做 研究 做 不
问题，我 开始 有 兴趣 去 研究，我 对 数学 的 兴趣 就 *是* 从 那时候 开始 培养，愿意 花 较多 的 功夫 去 读
时 分数 很高，考 物理 时 却 很差。推究 其 原因 就 *是* 物理 老师 常 跟 我们 说 学 物理 是 很 鸡 的 哦！你
新 的 愿望 越来越 强烈。企业 作为 创新 主体，也 就 *是* 说 要 通过 企业 的 行为、通过 企业 的 投资 来 实
研 院所 优势 明显，并且 科研 院所 的 重要 社会 属性 就 *是* 技术 转移。化物所 多年 来，从 企业界 得到 的
了 两个 选择题，然后 减少 了 一个 简答题。也 就 *是* 说，相应 的 这样 一个 变化 把 微积分、线性 代数

图 6-2　副词 "就" 与其 搭配词 "是" 共现 的 部分 索引行

后来 有个 做 铝 合金 的 朋友 事业 小 有 成就，我 就 试着 干起 *了* 门窗 加工。 前些年 门窗 销路
的 边缘。老师 出作 文题，我 不 觉得 一句话 就 解答 *了*，就是 觉得 无话 好说。其 后果 也 可以 说
师 出作 文题，我 不是 觉得 一句话 就 解答 *了*，就是 觉得 无话 好说。其 后果 也 可以 说 是 影响 一辈
大 名 教授 很多。课 也 开得 很多。我 在 一 年 中 就 旁听 *了* 六门 物理 和 数学 的 课，教学 任务 只是 每
书 出版 后，大概 也 没有 多少 人 看，过 两年 也 就 会 停版。没 有 料到，由于 固体 物理学 全面 大发
上课 做 准备 时，做过 一次 试讲，45 分钟 的 讲课 就 被 助教 提 *了* 10 条 批评 意见。院系 调整 后，特别
讲 课 没有 啥 意思。首次 开 固体 物理 课 的 尝试，就 这样 碰 *了* 壁。其实 这样 一门 课 应 主要 包括 什么
民 应 住院 而 未 住院。一旦 农民 得 *了* 大病，生活 就 会 陷入 困境。"脱贫 三五 年，一病 回 从前。""
不 是 很 重要，但是 未来 要跟 别人 研究 交流 时，就 损失 很大 *了*。所以 我 觉得 一个 人 在，小学、中
大的。 我 在 高中 时，其实 那时候 数学 就 念得 很好 *了*，只是 开始 考 微积分 时，有些 数字
书 1.92 亿元。"去年，仅 申请 国际 专利，我们 就 花 *了* 100 多万。目前，正在 进行 产业化 的 前期 运
和 概率 的 比例 是 6 比 2 比 2，现在 调整 *了* 以后，就 变成 了 56 比 22 比 22。或者 是 从 份量 上 来 说，微积
方程组 或者 是 向量 的 线性 表示，线性 表示 一 转化 就 成 *了* 一个 线性 方程组 的 问题，从 向量 的 角度
也 就 是 三四 个 知识点 加在 一块，就 是 *了* 这么 多 就 难 一点，一定 要 注重 基础，不 用 去 钻研 难题。
一定 要 动手 做题，不 要 就 看 题，觉得 自己 会 *了* 不 动手 写 了，或是 看到 一个 题 没什么 思路 就 不
了 就 不 动手 写 了，或是 看到 一个 题 没什么 思路 就 不 去 思考 *了* 而 直接 看 书上 的 解题 过程，这 是 很

图 6-3　副词 "就" 与其 搭配词 "了" 共现 的 部分 索引行

轮 济南 市志 都 设 "泉水 篇"，从 各自 的 篇目 设计 就 可以 体现 *这* 一 思想。 新 篇目 保留 了 "泉
激费 标准，可以 向上 增设，也 可以 向下 增设，*这* 就 是 为了 适应 各地 经济 发展 的 不平衡 和 农民 收入
一病 回 从前。""住 一次 医院，一年 活 白干。"就 是 *这* 种 现象 的 真实 写照。 2003 年 以来
金 的 经济 成本、人力 成本 和 行政 成本 很高。*这* 就 需要 继续 探索 有效 的 筹资 方式。 第二、
义 三、数 四，这 四 个 都 有 同样 一 道题，*这* 道题 就 是 一个 矩阵 经过 初 等 变换 以后，考察 它 的 一些
次 凯美瑞 把 这个 消费 诉求 发挥 到 最佳 的 水平，*这* 就 是 它 问鼎 中级 车 宝座 的 根本 原因。 日
目 互 抬 一 抬、相互 让 一 让 的 情形 还 依然 存在，*这* 就 要求 我们 要 形成 合力，共同 克服 存在 的 问题，
的 题 你 还是 不能 做出 或是 完全 正确 的 做出，*这* 就 解释 了，平时 感觉 有些 同学 数学 很强，你 他
平 是 向 外界 表明，天王 肯定 是 指 我。 *这* 就 奇怪 了。为何 都是 二流 甚至 三流 明星 吸毒 呢？
择 填空 只 填 答案，哪怕 计算 时 出了 一点 小 错 分数 没了。我 们 都 有 30 分，*这* 就 新京报：这个 改
障 制已经 难以 为继，需要 寻找 一条 新的 出路，*这* 就 是 国家·社会 保障制。 新京报：这个 改
过 几年 打电话 都 可以 申请 补助，但是 *这* 在 西部 就 不可能。 在 城乡 之间、地区 之间 及 不
业 单位 离 退休 待遇 和 企业 职工 的 退休 养老金 差异 很大，*这* 种 差距 需要 逐渐 缩小，并 公平 的
过程 中 学习 知识，培养 能力，发展 情感 意志。*这* 就 要求 孩子 认真地 听，听清 老师 讲的 是 什么 内容
合 好 呢)，把 该 拿下 的 胜利 基本 全 拿下 了，*这* 就 是 最大 的 成功。 反观 湖人，怎么 说 呢
。 而 在 比赛 态度 上，很让 人 哭笑 不得 的 就 是 *这* 似乎 是 湖人 的 传统，从 新 王朝 一直 延续 到

图 6-4　副词 "就" 与其 搭配词 "这" 共现 的 部分 索引行

/ 117 /

想书出版后，大概也没有多少人看，过两年也就会停版了。没有料到，由于固体物理学全面大
作科学报告，事先没有下功夫，让人听不懂，就会想到课堂教学的锻炼很重要。 我开始
农民应住院而未住院。一旦农民得了大病，生活就会陷入困境。"脱贫三五年，一病回从前。"
此考试时就算同样的题目出现，数学会做，物理就变成手忙脚乱不会做了。所以如何提高学生的
说，大量的购买者涌向平价直销点，其他销售点就会压缩利润空间，以赢得市场份额，最终使全
下刹车，然后按方向盘右下方的启动按钮，汽车就会立即启动。 我所试驾的09款凯美瑞
要眼高手低就是在复习时一定要动手做题，不要就看看，觉得自己会了就不动手写了，或是看到
一定要动手做题，不要就看看，觉得自己会了就不动手写了，或是看到一个题没什么思路就
志书，二者都会从历史发展的角度去记述，也就是都会涉及到一个历史发展演变的过程问题，
跟着老师教学进度走，再学习后边开设的课程就会很轻松。为了督促我们学习，学校要求各班
的女孩，对父母也非常的孝顺，只要一有时间她就会去爸爸的公司帮忙。在她的心里一直有一
一件标榜身份的事情，他们估计也不会去干。就像很多人喜欢奢侈品一样，哪懂什么品牌文化
于准确的、科学的肥胖界定概念，知道的人恐怕就会少之又少了。医学上测量肥胖不光只看体
三部曲"认真落实每一部分、每一章节的复习，就会在不知不觉当中获得知识巩固与解题能力的
工作的财力支撑和条件保障也会更好，民政事业就会加快发展，其对经济社会的积极作用也就
理，听到别人能在舞台上一展歌喉，我的心里就会一阵翻江倒海。但是没有量变哪来的质变，

图6-5　副词"就"与其搭配词"会"共现的部分索引行

头戏，一部志书如果没有丰满鲜活的人物志，就不可能充分展现历史文化名城的深厚人文底蕴。
科学报告，事先没有下功夫，让人听不懂，就会想到课堂教学的锻炼很重要。 我开设
于绝大多数农民，得了病而不需要住院治疗，就不能受益——没有生大病的人觉得自己交钱没有
从前考得很高分，以致于后来做研究做不好时就颓丧、灰心，站都站不起来，这些可能跟家长
第二名，但数学还是念不好，遇到鸡兔同笼就搞不懂，背公式始终背不起来，所以数学常常
考试时就算同样的题目出现，数学会做，物理就变成手忙脚乱不会做了。所以如何提高学生的
有标底时明显低于标底的，可以要求该投标人就其投标报价符合不低于成本的规定作出说明，并
方法、知识的盲点等等。 不要眼高手低就是在复习时一定要动手做题，不要就看看，觉
眼高手低就是在复习时一定要动手做题，不要就看看，觉得自己会了就不动手写了，或是看到
一定要动手做题，不要就看看，觉得自己会了就不动手写了，或是看到一个题没什么思路就
就不动手写了，或是看到一个题没什么思路就不去思考了而直接看书上的解题过程，这是很多
时候，就有必要对读者做一个交代，否则内容就不够完整。鉴于种种考虑，综合性条目的要素中
具体分析，比如说在概述中已经提到的内容，就可以少写或不写，也可以变换不同的说法来表
。总之，采用不同的体裁，其包含的条目要素就不相同，记述的重点也有所不同：志体侧重于记
后，我发现自己以前在学校里学到的知识根本就用不着，对专业性较强的技能知识脑海中没有
丝毫对不上具体某部影视作品。至于莫少聪，就更不要提了，无论名字还是面相，完全没有印象

图6-6　副词"就"与其搭配词"不"共现的部分索引行

轮济南市志都设"泉水篇"，从各自的篇目设计就可以体现这一思想。 新篇目保留了"泉
糊里糊涂过来的。当时自认为最出色的一次表现就是在三年级曾带回给母亲一份因学习好而得
格的边缘。老师出作文题，我不是觉得一句话就解答了，就是觉得无话好说。其后果也可以
联大名教授很多。课也开得很多。我在一年中就旁听了六门物理和数学的课，教学任务只是每
方程组或者是向量的线性表示，线性表示一转化就成了一个线性方程组的问题，你从向量的角度
三、数四，这四个都有同样一道题，这道题就是一个矩阵经过初等变换以后，考察它的一些
09款凯美瑞设计上迎合国人心理的一种理念，那就是中庸的气质。黑色的外观给人的第一感觉是
、多加练习、不要眼高手低。 注重基础就是一开始一定要把本科学习的课本拿出来好好
说，专题性条目更加趋于专一性，所谓"专题"，就是针对一件事情或一项专题来说的，但是有时
得细致一些，观察某一类树木的某一个部分，就要走得更近一些，甚至使用放大镜。这里的
的女孩，对父母也非常的孝顺，只要一有时间她就会去爸爸的公司帮忙。在她的心里一直有一
我那见过世面的领导说，吸毒不贵。一年他花费二三十万，尔等屁民也能吸得起。先不
，这个行业的收入到底是什么情况呢？一首歌就能保证一辈子荣华富贵？难怪那些年轻人趋之如
择填空只填答案，哪怕计算时出了一点小错分就没了。这一部分有30分，可以说，它做好了
一部分有30分，可以说，它做好了，考研数学就走了一大步了。"良好的开头，是成功的一半
出来，数学是按步骤给分的，多写一步说不定就多一分。 全面地讲，要重视基本概念

图6-7　副词"就"与其搭配词"一"共现的部分索引行

第 6 章　汉语认识情态副词的习得

是开始不顾专业海投简历，只要有单位接收，*我*就去做。我从事过很多工作，每一行业都有它
⋯。后来有个做铝合金的朋友事业小有成就，*我*就试着干起了门窗加工。 前些年门窗⋯
那不行，数学书上的题自己都要做。从此，*我*就按他的话做了，其影响深远。这不仅使我⋯
⋯，也产生了很大的兴趣，而且由此*我*习惯下课就忙于自己做题，很少去看书上的例题。我后⋯
联大的助教。系主任饶毓泰先生第一次接见*我*时就严肃地对我说，这里人很多，根本不需要助⋯
联大名教授很多。课也开得很多。*我*在一年中就旁听了六门物理和数学的课，教学任务只是⋯
的问题，我开始有兴趣去研究，*我*对数学的兴趣就是从那时候开始培养，愿意花较多的功夫去⋯
⋯下刹车，然后按方向盘右下方的启动按扭，汽车就会立即启动。 *我*所试验的 09 款凯美瑞⋯
⋯继续深造追寻我的设计师梦。 于是，*我*就看着在网络上寻找一个对自己发展前途有帮⋯
乎是向外界表明，天王肯定是指*我*。这就奇怪了。为何都是二流甚至三流明星吸毒呢⋯
一样，哪懂什么品牌文化啊，只要能证明*我*有钱就行，即使自己的收入不足以支撑这种消费⋯
国防力量的增强作出了重大贡献。 下面仅就*我*1962 年大学毕业后参加核武器理论研究与设⋯
就 永远不知道差距。或许一开始*我*对自己的定位就偏高，也太过自信。在极度低迷的状态下我⋯
⋯理，听到别人能在舞台上一展歌喉，*我*的心里就会一阵翻江倒海。但是没有量变哪来的质变⋯
课打破了我的学生工作梦，如果学生工作的代价是*我*落后的学习成绩，显然有悖于我的初衷。⋯
⋯的时候，期中考试的成绩便会想噩梦般警示*我*。就这样一坚持就是 4 个多星期。因为集中了大量⋯

　　图 6-8　副词"就"与其搭配词"我"共现的部分索引行

障制度和扶贫开发政策两项制度的有效衔接，就是*要*把具有劳动能力的农民区别出来，通过开⋯
⋯说学物理是很鸡的哦！你们*要*小心！我们也*要*战战兢兢的学习。因此考试时就算同样的题目出⋯
创新的愿望越来越强烈。企业作为创新主体，也就是说*要*通过企业的行为、通过企业的投资来实⋯
⋯抬一抬、相互让一让的情形还依然存在，这就要求我们*要*形成合力，共同克服存在的问题，⋯
多加练习、不*要*眼高手低。 注重基础就是一开始一定*要*把本科学习的课本拿出来好好⋯
也就是由三四个知识点加在一块。说了这么多就是一点，一定*要*注重基础，不用去钻研难题⋯
现在还是要把课本好好看看。 多加练习就是*要*多做些练习题，因为在做题的过程中能⋯
方法、知识的盲点等等。 不*要*眼高手低就是在复习时一定要动手做题，不要就看看，⋯
眼高手低就是在复习时一定*要*动手做题，不*要*就看看，觉得自己会了就不动手写了，或是看到⋯
⋯历年真题，一天一套，在三个小时内完成，就*要*在考场上那样。做完后对着答案改一改并且⋯
的一面，比如说介绍一个企业、集团的情况，就*要*涉及到它企业内部的方方面面，以及企业的⋯
得细致一些，观察某一类树木的某一个部分，就*要*走得更近一些，甚至使用放大镜。这里⋯
⋯丝毫对不上具体某部影视作品。至于莫少聪，就更不*要*提了，无论名字还是面相，完全没有印⋯
皮褶厚度+上臂部皮褶厚度想要测量皮褶厚度，就*要*用到皮褶钳了！测量时右手拿住钳子，左手⋯
⋯手读数。计量下数据，然后套在上面的公式里就好了！下面*要*给大家一个参考值：男性 20-30⋯
⋯中吸收最多的经验与收获。做题很重要的一点就是一定*要*注意思考和总结，对了的题要知道⋯

　　图 6-9　副词"就"与其搭配词"要"共现的部分索引行

想书出版后，大概也没有多少人看，过两年*也*就会停版了。没有料到，由于固体物理学全面大⋯
们说学物理是很鸡的哦！你们要小心！我们*也*就战战兢兢的学习。因此考试时就算同样的题目⋯
创新的愿望越来越强烈。企业作为创新主体，*也*就是说要通过企业的行为、通过企业的投资来实⋯
加了两个选择题，然后减少了一个简答题。*也*就是说，相应的这样一个变化把微积分、线性代⋯
的题只考一两个知识点，考研数学中的难题*也*就是由三四个知识点加在一块。说了这么多就⋯
⋯的内容，可适当展开记述，做到点面结合。*也*就是说，我们可以先将总的情况作一记述，接⋯
⋯体的表现形式，即通常所说的纪事本末体，*也*就是以历史事件为中心线索来编写的史书体裁；⋯
⋯志书，二者都会从历史发展的角度去记述，*也*就是都会涉及到一个历史发展演变的过程问题。⋯
⋯我那见过世面的领导说，吸毒不贵。一年*也*就花费二三十万，尔等屁民也能吸得起。先不说⋯
　　资料性特别强的事件，可以采用专题记述，*也*就是专题性条目。其撰写要求是：首先，必须做⋯
⋯以，在粮食中，大米是无机砷的重要来源。*也*就是说，"安全的大米"不是"绝对不含砷"的大⋯
p> 婴儿米粉是从大米而来的，其中含有砷*也*毫不奇怪。按照安全上限，一个 10 公斤的婴⋯
⋯等查知识点及相应的难度要求有准确的认识，*也*就避免了复习时盲目钻入一些偏题、怪题，耗费⋯
⋯各章节、各难度层次的题目进行训练，问题*也*就迎刃而解了。在复习初期，对大多数同学而言⋯
⋯的题看着答案，知道应该怎样得到正确的答案*也*就罢了。其实这样做并没有从做题的过程中吸⋯
交从一年级开始，每节课的时间是 40 分钟。*也*就是说，孩子的注意要在 40 分钟内作有意的、⋯

　　图 6-10　副词"就"与其搭配词"也"共现的部分索引行

汉语儿童不确定性表达习得研究

老师出作文题，我不是觉得一句话就解答了，就是觉得无话好*说*。其后果也可以说是影响一⋯
联大的助教。系主任饶毓泰先生第一次接见我时就严肃地对我*说*，这里人很多，根本不需要助⋯
创新的愿望越来越强烈。企业作为创新主体，也就是*说*要通过企业的行为、通过企业的投资来实⋯
加了两个选择题，然后减少了一个简答题。也就是*说*，相应的这样一个变化把微积分、线性代⋯
来说，经过这个调整以后，微积分是有变化的。就是*说*把原来的一道简答题变成了两道选择题⋯
也就是由三四个知识点加在一块。*说*这么多就是一点，一定要注重基础，而且要去钻研难题。⋯
的内容，可适当展开记述，做到点面结合。*说*了，我们可以先将总的情况作一记述，接⋯
所以，在粮食中，大米是无机砷的重要来源。也就是*说*，"安全的大米"不是"绝对不含砷"的大⋯
校从一年级开始，每节课的时间是40分钟。也就是*说*，孩子的注意要在40分钟内作有意的、⋯
彻底成型的弱队打的晕头转向。所以*说*火箭几乎就没有输过什么不该输的比赛（赛季初不算⋯
慈善等方面的要求就越高，民政工作的责任就越大。可以*说*，民政工作与人类社会始终⋯
》杂志执行主编陆悦农在尝了今年的龙井之后*说*："真好，但是太淡了，从杭州回上海⋯
主持人对他的评价，'He never disappoints！'也*说*他绝不会让我们失望。"看点4孝女冰演⋯
看法，大家不一致。认为现在房价还没有下降，*说*建议中央不要采取更紧的政策，所以现在婚⋯
⋯。合理价位在不同地区不同人看法不一致。也就是*说*，实际上我们的调控目标是什么？这个问⋯
国务院"国十条"，坚决遏制部分城市上涨。也就是*说*，今天的房地产让人感觉更多的忧愁。其⋯

图 6-11　副词"就"与其搭配词"说"共现的部分索引行

6.2　汉语儿童认识情态副词"就"的习得特征

6.2.1　词形习得特征

在儿童语料中，共出现97句含有认识情态副词"就"的语句。儿童从 2;2 岁开始习得"就"表示"可能性"的用法［例（5）］，之后含有"就"的语句所占的百分比总体呈现逐步上升的趋势，到第五阶段时占儿童语句总量的 0.8%（图 6-12）。

（5）（File "ld26m.cha"）
　　　*CHI: 到 了 托儿所 .
　　　*CHI: 喊 老师 早 .
　　　*CHI: 小朋友 就 夸 我 .
　　　*CHI: 你 是 好 宝宝 .
　　　*MOT: 后来 小明明 在 路 上 又 碰 到 谁 了？

Bowerman（1986）发现，2;0 岁的儿童就能够想象与现实不同的情景，并且能够使用情态副词 maybe 和 probably 表达"不确定性"［例如，"Christy: 小姐会在里面吗？（Missy inside *maybe*？）"］。O'Neill 和 Atance（2000）发现，儿童 2;0—2;5 岁开始习得英语情态副词 maybe 和 probably 表达"不确定性"［例如，"也许我会走开。（Maybe I will go away.）"］。本研究得到了跟以往研究相似的结论：儿童 2;0 岁以后就可以使用认识情态副词表达不确定性了。

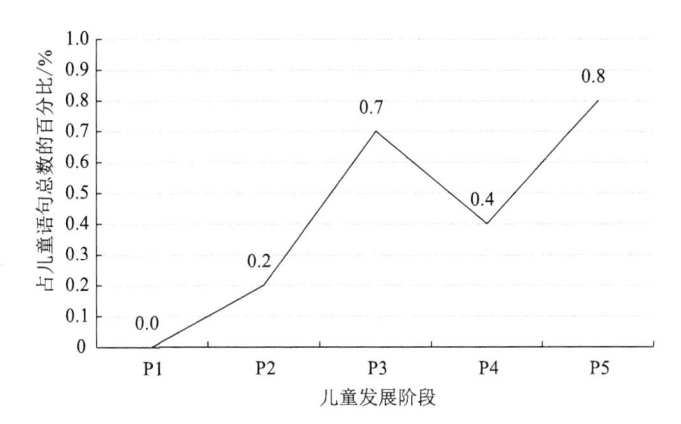

图 6-12　儿童语料中认识心理副词"就"的产生和发展趋势

6.2.2　语义习得特征

儿童既可以使用认识情态副词"就"表达正向推定的必然[例(6)—例(7)]，也可以表达反向假设的必然[例(8)—例(9)]。不过，后一种用法极罕见，在所有语句中仅见 2 例。

（6）（File "cs42ma01.cha"）
　　　*CHI: 它 就是 +...
　　　*MOT: 它 靠 不 上去 吗？
　　　*CHI: 你 看 (你看) 把 这个 拔 下来 就 靠 上去 了．
　　　*MOT: 把 什么 拿 下来 啊？
　　　*MOT: 哎．

（7）（File "cs72mb15.cha"）
　　　*CHI: 然后 这个 大．
　　　*CHI: 从 这个 出来 一 个 鳄鱼．
　　　*CHI: 再 打开 它 就 可以 出来 一 个 大头．
　　　*CHI: 就 变成 一 个 狼．
　　　*CHI: 这个 还 搬弄 一 下．

（8）（File "cs36fb16.cha"）
　　　*CHI: 嗯．
　　　*CHI: 不 听话 的 佳佳．
　　　*CHI: 要 不 听话 我 就 不 给 它① 吃 下次．

---

① "它"是错别字，此处应该是"她"，这可能是转写者的笔误，余同。

*MOT: 哦 佳佳 要是 不 听话 你 不 给 她 吃．

*MOT: 她 为什么 不 听话 啊？

（9）（File "cs72fa09.cha"）

*CHI: 就 这样．

*MOT: 好 我 看看．

*CHI: 要不然 球 就 掉 了．

*MOT: 恩① 好！

*MOT: 哎呀！

6.2.3 句法习得特征

第一，情态句的句型呈现出逐渐多样化的趋势。儿童最早产出的认识情态句是肯定的陈述句[例（10）]，从 3;0 岁开始产出否定的陈述句[例（8）]，从 4;6 岁开始产出特指问句[例（11）—例（12）]，随后从 5;0 岁开始产出是非问句[例（13）]。

（10）（File "ld26m.cha"）

*CHI: 他 呢．②

*CHI: 有 礼貌．

*CHI: 碰到 奶奶 就 喊 奶奶 好．

*CHI: 上 托儿所 就 喊 老师 早．

*CHI: 小明明 有 礼貌 吧？

（11）（File "cs66ma03.cha"）

*MOT: 不 够 了．

*CHI: 妈 呀 我 又 减少 了．

*CHI: 为什么 我 弄 一 个 你 就 拿 一 个？

*MOT: 不是．

*CHI: 欧③．

（12）（File "cs54ma01.cha"）

*MOT: 他们 很 快 就 睡着 了．

*MOT: 爸爸 妈妈 说：谢天谢地 我们 现在 可以 睡觉 去 了．

*CHI: 跳跳糖 怎么 会 吃 了 就 跳？

---

① "恩"是错别字，此处应该是"嗯"，这可能是转写者的笔误，余同。
② 这是个问句，句尾标点应该是"？"而不是"．"，这可能是转写者的笔误。
③ "欧"是错别字，此处应该是"噢"，这可能是转写者的笔误，余同。

*MOT: 好 讲 完 了.
@Eg: reading

（13）（File "cs60ma05.cha"）
*MOT: 一 次 不 行 试 两 次 啊.
*MOT: 两 次 不 行 试 三 次 啊.
*CHI: 三 次 行 的 话 那 就 行 了？
*MOT: 对 啊！
*MOT: 那 你 也 来 做 啊！

第二，情态句的句法结构也呈现出逐渐复杂化的趋势。儿童最早产出的认识情态句是结构比较简单的肯定的陈述句[例（10）]，从 3;6 岁开始从句可以充当主语[例（14）—例（16）]，从 5;0 岁开始情态副词的后项带"把"字句[例（17）]。

（14）（File "cs42ma01.cha"）
*MOT: 下次 教 妈妈 好 不好？
*CHI: 好.
*CHI: 我 自己 拿 钱 给 它 就 够 买 了.
*MOT: 用 你 自己 小 罐罐 里 的 钱 好 不好？
*CHI: 好吧.

（15）（File "cs72fa09.cha"）
*CHI: 妈妈.
*MOT: 恩.
*CHI: 只要 这个 头 翘 下去 就 算 我 赢 了.
*MOT: 哪 有 这种 规则 啊？
*MOT: 啊 好！

（16）（File "cs48fb16.cha"）
*MOT: 这 是 小门.
*CHI: 这个 房子.
*CHI: 把 这些 东西 都 搞 出来 就 好 了.
*CHI: 小椅子 搞 出来 了.
*CHI: 还有.

（17）（File "cs60mb11.cha"）
*CHI: 一会 又 跌 一个 又 把 他 送到 医院 去 了.
*MOT: 一会儿 妈妈 说 你们 两 个 好好 睡觉 了 别 再 吵 了.

　　　　　*CHI：再 吵 就 把 你们 送 到 医院 去．
　　　　　*MOT：你 看．
　　　　　*MOT：爸爸 妈妈 一 走，这 两 只 皮皮鼠 又 吃 跳跳糖
　　　　　　　　了 又 在 吵 了 乒乒乓乓．

　　第三，在 zhTenTen 中，当副词"就"跟"要""不""了""一""这""我""会"和"也"共现时，可以表达认识情态意义。在儿童语料中，除了没有出现"就"跟"也"共现的例子，其他七个词语都可以跟"就"搭配表达认识情态意义[例（9）、例（18）—例（22）]。

　　（18）（File "cs72mb15.cha"）
　　　　　*CHI：象 发 导弹 似的．
　　　　　*CHI：这个 东西．
　　　　　*CHI："轰" 一 下 就 掉 出来 了．
　　　　　*MOT：象 发 导弹 哪？
　　　　　*CHI：嗯．

　　（19）（File "cs36ma03.cha"）
　　　　　*CHI：盖 这个 盒子 呀．
　　　　　*MOT：嗯．
　　　　　*CHI：一 打开 就 变成 这个 了．
　　　　　*CHI：这个 里面 没有 玩具 呀？
　　　　　*MOT：在 这 里面 呢．

　　（20）（File "cs42ma01.cha"）
　　　　　*MOT：怎么 变成 这个 样子 的？
　　　　　*MOT：嘿嘿．
　　　　　*CHI：这样子 拼 就 上 了．
　　　　　*CHI：就 上 了 [x 2]．
　　　　　*MOT：是 这个 样子 的？

　　（21）（File "cs42ma01.cha"）
　　　　　*CHI：不要 的 就 给 我 买．
　　　　　*CHI：不应该 的 就 给 我 买．
　　　　　*CHI：不贵 的 就 给 我 买．
　　　　　*CHI：蓝 颜色 也 行．
　　　　　*CHI：绿 颜色 黄 颜色 也 行．

（22）（File "cs42ma05.cha"）
　　　*CHI: 啊．
　　　*CHI: 它 就 会．
　　　*CHI: 就 会 一 发 炮弹．
　　　*CHI: 子弹 就 露出 火 来．
　　　*MOT: 哦．

第四，认识情态副词"就"与情态句的句型以及情态句的主语指向之间存在某种同现关系。图 6-13 显示，儿童产出的含有心理副词"就"的语句绝大部分是肯定句[例（23）]，少数是否定句和疑问句[例（24）、例（25）]。

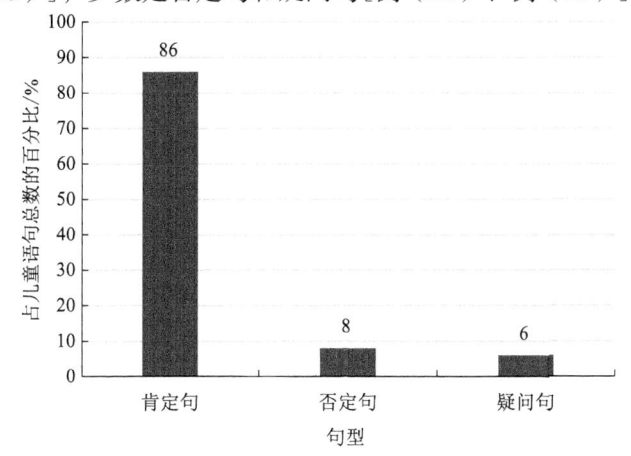

图 6-13　儿童语料中含认识情态副词"就"语句的句型分布

（23）（File "cs42ma01.cha"）
　　　*CHI: 买 机器人 那①．
　　　*MOT: 为什么 呢？
　　　*CHI: 如果 还有 钱 我 就 放 小罐罐 里面 拿 来 买 书 呀．
　　　*MOT: 那 就 以后 不能 乱花 了．
　　　*CHI: 噢．
（24）（File "cs48fb18.cha"）
　　　*CHI: 金刚．
　　　*MOT: 喔 这样 就 怎么样 了？
　　　*CHI: 这样 就 不 摔 下来．
　　　*MOT: 喔．

---

① "那"是错别字，此处应该是"呢"，这可能是转写者的笔误。

　　　　　*MOT: 不会 摔 倒 了．

（25）（File "cs66ma03.cha"）

　　　　　*CHI: 呵呵．

　　　　　*CHI: 我 厉害 吧？

　　　　　*CHI: 只要 我 一 扔 就 行 了 对 吧？

　　　　　*MOT: 嗯．

　　　　　*MOT: 扔 的[①] 近 一 点．

图 6-14 显示，儿童产出的"就"语句的主语绝大多数指向动作、玩具、动物等其他事物［例（26）—例（27）］，一部分指向自己和对话者［例（28）—例（29）］，极少数指向第三方［例（5）］。

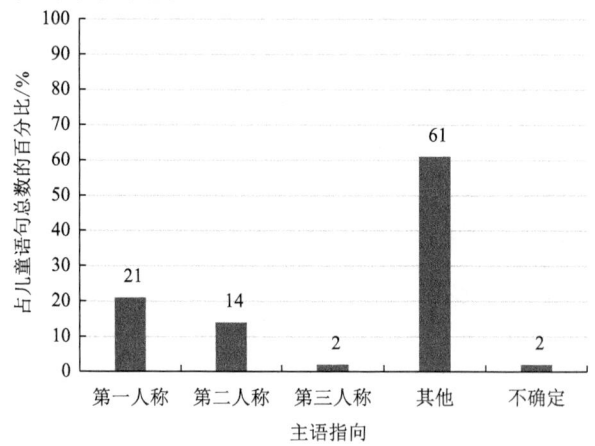

图 6-14　儿童语料中含认识情态副词"就"语句的主语指向分布

（26）（File "cs42fa08.cha"）

　　　　　*CHI: 只要 两 个．

　　　　　*MOT: 这样 好 不好？

　　　　　*CHI: 摆 两 个 就 行 了．

　　　　　*MOT: 好．

　　　　　*MOT: 两 个 加 在 一起 呢？

（27）（File "cs42ma05.cha"）

　　　　　*CHI: 它 就 会．

　　　　　*CHI: 就 会 一 发 炮弹．

　　　　　*CHI: 子弹 就 露出 火 来．

[①] "的"是错别字，此处应该是"得"，这可能是转写者的笔误，余同。

*MOT: 哦.

　　*MOT: 那 就 会 爆炸 了.

（28）（File "cs72ma03.cha"）

　　*MOT: 这人是竖着画.

　　*MOT: 竖着画.

　　*CHI: 那 我 就 画 直 的 啊?

　　*MOT: 啊（啊）.

　　*MOT: 好.

（29）（File "cs36ma03.cha"）

　　*MOT: 这个 是 什么 颜色 的?

　　*CHI: 这个.

　　*CHI: 你 喜欢 就 说 呀.

　　*MOT: 我 喜欢 呀.

　　*CHI: 丸子轮卡布达① 呀.

　　图 6-15 显示，儿童产出的肯定句的主语绝大多数指向动作、玩具等其他事物[例（30）]，少数指向自己和对话者[例（31）—例（32）]；否定句的主语绝大多数指向其他事物[例（33）]，少数指向自己[例（34）]；疑问句的主语绝大多数指向自己[例（25）]，少数指向对话者和其他事物[例（11）—例（12）]。

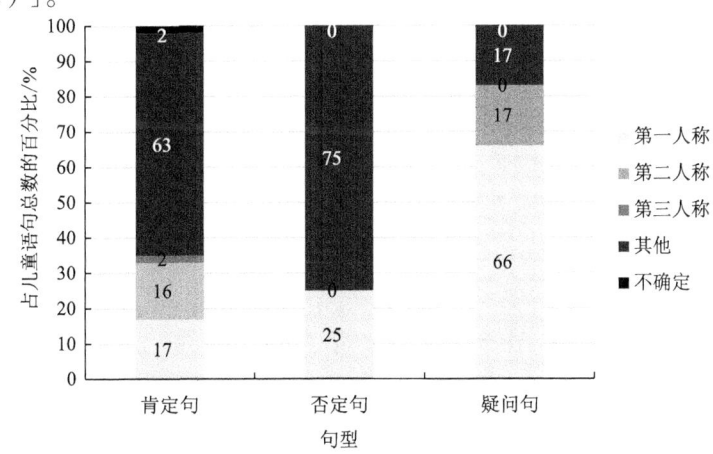

图 6-15　儿童语料中含认识情态副词"就"语句的句型分布和主语指向分布

---

① "卡布达"是一种玩具的名称，"丸子轮"是儿童自己创造的词汇，意思可能是像丸子一样圆的车轮。

（30）（File "cs72ma02.cha"）

　　　　*MOT: 爱 上 小 皮球 啦．

　　　　*MOT: 啊？

　　　　*CHI: 如果 皮球 大 就 好 拍．

　　　　*CHI: 小 就 没 法 瞄准．

　　　　*MOT: 不要 在 一边 玩．

（31）（File "cs72fa09.cha"）

　　　　*CHI: 请 等 一等．

　　　　*MOT: 哦．

　　　　*CHI: 我 说 等 一等 就 等 一等．

　　　　*MOT: 老师 教 你 画 这个．

　　　　*MOT: 教 你 这样 画 的 啊？

（32）（File "cs66ma05.cha"）

　　　　*CHI: 我 再 画 一 个 东西 你 就 知道 了．

　　　　*MOT: 好 再 画．

　　　　*CHI: 再 画 一 个 你 就 知道 了．

　　　　*MOT: 哦 白云．

　　　　*MOT: 哇 太阳．

（33）（File "cs60mb11.cha"）

　　　　*CHI: 这个．

　　　　*CHI: 像 这种 样 的．

　　　　*CHI: 连 起来 就 砸 不 碎 了．

　　　　*MOT: 这个．

　　　　*MOT: 看 有 没有 别 的 颜色？

（34）（File "cs60ma05.cha"）

　　　　*MOT: 你 搭 个 汽车．

　　　　*CHI: 嗯 汽车．

　　　　*CHI: 汽车 我 就 不会 搭 了．

　　　　*CHI: 汽车 我[1]．

　　　　*MOT: 要 慢慢 学．

---

[1] 儿童的话没有说完，所以正确的转写方式应该为 "CHI: 汽车 我+..."，儿童可能想重复刚刚说过的话"汽车 我 就 不会 搭 了"，转写者可能忘记输入"+..."符号了。

6.3 汉语看护者认识情态副词"就"的使用特征

6.3.1 词形使用特征

在看护者语料中，含有认识情态副词"就"的语句从儿童 1;2 岁就开始出现了[例（35）]。图 6-16 显示，在看护者语料中，含有"就"语句的百分比呈现总体增长的趋势，从第一阶段的 0.3%逐步增长到第五阶段的 1.2%。在儿童语料中，含有认识情态副词"就"的语句从儿童 2;2 岁开始出现，其百分比从第二阶段的 0.2%逐步增长到第五阶段的 0.8%，其百分比总体比看护者语料的要低。

（35）（File "cs14h.cha"）
　　　　*MOT: 这样 这样 .
　　　　*MOT: 像 妈妈 这样 .
　　　　*MOT: 呀 小 洞 一 掏 就 出来 了 .
　　　　*MOT: 你 也 给 小 熊 穿 衣服 好 不 好 ?
　　　　*CHI: 啊 +…

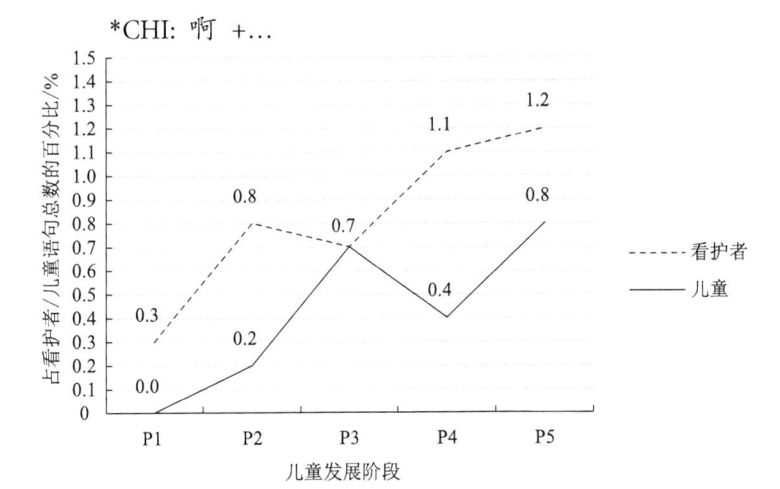

图 6-16　看护者和儿童语料中含认识情态副词"就"语句的产生和发展趋势

6.3.2 语义使用特征

看护者既可以使用认识情态副词"就"表达正向推定的必然[例（36）—例（37）]，也可以表达反向假设的必然[例（38）—例（39）]。不过，后一种用法极罕见，在所有语句中仅见 6 例。

（36）（File "cs42ma05.cha"）

*MOT: 然后 用 细铁丝 把 它 绑 起来 了.
*MOT: 它 怕 壳子 掉.
*MOT: 你 有 了 壳子 就 没 人 敢 欺负 你 了.
*MOT: 对 不对 啊？
*CHI: 嗯.

（37）（File "cs60ma02.cha"）

*MOT: 还行 啊？
*MOT: 我们俩 合作.
*MOT: 我 说 什么 形状 你 就 把 东西 给 我 好 不好？
*MOT: 盒子 给 你！
*MOT: 你 来 拼！

（38）（File "cs60mb13.cha"）

*MOT: 画 少 一 点.
*MOT: 快点.
*MOT: 不然 卡布达 就 没 得 玩 了.
*CHI: 卡布达 呢？
*MOT: 小草 不要 那么①.

（39）（File "cs36fa07.cha"）

*MOT: 那 我们 把 这个 放 进去 好 不好？
*CHI: 好！
*MOT: 要不 你 就 弄 乱 了 啊！
*MOT: 这个.
*MOT: 玩 这个.

6.3.3 句法使用特征

首先，儿童最早产出的情态句是结构比较简单的肯定的陈述句，然后情态句的句型呈现逐渐多样化的趋势，情态句的句法结构也呈现出逐渐复杂化的趋势。然而，在看护者的话语中，认识情态副词从一开始就用于结构复杂的多种句型中［例（40）—例（45）］。

---

① 儿童的话没有说完，所以正确的转写方式是"*CHI: 小草 不要 那么+..."，转写者可能忘记加上"+..."符号了。

（40）（File "cs20c.cha"）
　　*CHI: 哼.
　　*MOT: 你 一 只 手 扶 着 纸.
　　*MOT: 它 就 不 会 推 了.
　　*MOT: 哎 手 扶 着 纸.
　　*MOT: 手 扶 着 纸.

（41）（File "cs20c.cha"）
　　*MOT: 别 画 到 手 上 就 行.
　　*MOT: 哎 不 能 往 手 上 画!
　　*MOT: 你 看 画 到 手 上 就 脏 了 吧?
　　*MOT: 还 看 到 了?
　　*MOT: 画 到 手 上 就 脏 了 唉.

（42）（File "cs26i.cha"）
　　*CHI: 毛毛虫 变 的.
　　*MOT: 对 是 毛毛虫 变 的.
　　*MOT: 毛毛虫 长 大 了 就 变 成 什么 了?
　　*CHI: 蝴蝶 了.
　　*MOT: 对 变 成 了 蝴蝶 了.

（43）（File "cs26a.cha"）
　　*CHI: 弄 不 动.
　　*MOT: 再 把 这些 插 到 这 上面 来.
　　*MOT: 你 再 把 它 放 到 上面 来 不 就 行 了 吗?
　　*MOT: 把 它 插 到 上面.
　　*MOT: 你 起来.

（44）（File "cs36fa07.cha"）
　　*CHI: 是.
　　*MOT: 来.
　　*MOT: 你 只 要 用劲 把 这个 往里 一 弄 一下 就 打开 了.
　　*CHI: 嗯 我 不 要 这样.
　　*MOT: 啊?

（45）（File "cs36ma05.cha"）
　　*CHI: 不.
　　@Eg: drawing

*MOT: 不 玩 就 把 这个 放 里面.

*MOT: 把 这个 拎 到 这 上面.

@Bg: reading

其次，在 zhTenTen 中，当副词"就"跟"不""了""一""这""会""我""要"和"也"共现时，可以表达认识情态意义，看护者语料中出现了以上所有的搭配关系[例（40）、例（44）、例（46）—例（50）]。

（46）（File "cs26j.cha"）

*MOT: 谁 不 愿意 让 自己 变得 更 漂亮 啊.

*MOT: 可是 他们 又 都 不 愿意 承认 自己 长得 不 好看.

*MOT: 所以 呀 这 事 就 有点 难 办 了.

*MOT: 哎 这 是 谁 呀？

*CHI: 这 是 猴子.

（47）（File "cs26i.cha"）

*CHI: 小 蝌蚪.

*MOT: 对.

*MOT: 小 蝌蚪 长 大 了 就 会 变成 什么 了？

*CHI: 青蛙 了.

*MOT: 好 那 我们 来 看看 +...

（48）（File "cs26j.cha"）

*MOT: 对 动物们 说.

*MOT: 我 从 天 上 飞 下 来 是 想 帮助 大家.

*MOT: 你们 有 谁 觉得 自己 长 得 不 好 看 就 赶 快 告诉 我.

*MOT: 我 能 让 他 变 得 比 现① 漂亮.

*MOT: 哎 这 是 神仙 老爷爷 说 的 话.

（49）（File "cs20d.cha"）

*CHI: en@b en@b.②

*MOT: 玩 不 玩 这 筐子.③

*MOT: 要 玩 那个 就 收 好.

---

① 此处应该是"比现（在）漂亮"。这可能是说话者的口误，也可能是转写者的笔误。

② 儿童发出的含混不清的声音。

③ 这是一个问句，所以句尾应该是"？"而不是"."，这可能是转写者的笔误。

  *MOT: 放 好 .
  *MOT: 小 猪 猪 要 啊 .
（50）（File "cs48fb20.cha"）
  *MOT: 没 有 .
  *CHI: 没 有 就 用 这 个 .
  *MOT: 就 用 这 个 水 彩 笔 涂 也 可 以 的 .
  *MOT: 那 这 样 画 的 也 不 行 啊 .
  *MOT: 这 什 么 颜 色 ?

  最后，认识情态副词与情态句的句型以及情态句的主语指向之间存在某种同现关系。图 6-17 显示，在看护者语料中，含有认识情态副词"就"的语句中肯定句最多[例（51）]，疑问句次之[例（53）]，否定句最少[例（52）]。在儿童语料中，肯定句也是最多的[例（23）]，否定句次之[例（24）]，疑问句最少[例（25）]。

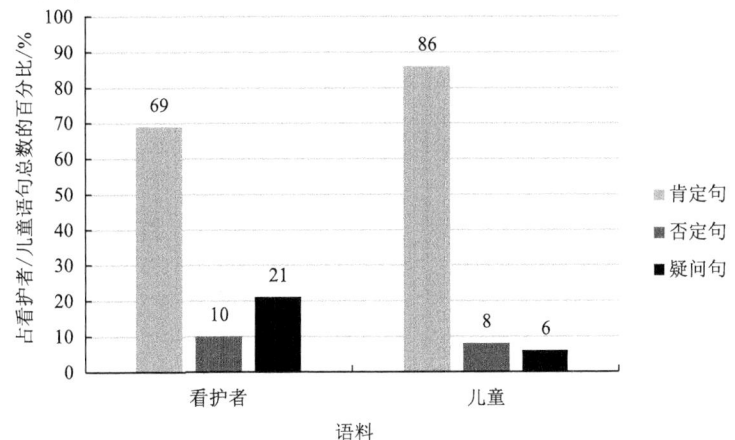

图 6-17 看护者和儿童语料中含认识情态副词"就"语句的句型分布

（51）（File "cs20g.cha"）
  *MOT: 写 字 .
  *MOT: 这 些 摆 好 .
  *MOT: 不 玩 就 摆 好 .
  *MOT: 跟 妈 妈 一 样 摆 好 .
  *MOT: 统 统 摆 好 .
（52）（File "cs48ma03.cha"）
  *MOT: 你 要 这 样 子 就 对 了 .
  *MOT: 是 吧 ?

```
*MOT: 那 你 要 这样子 就 不 对 了 .
*MOT: 呶① .
*MOT: 你 看 这 是 小小 .
```
（53）（File "cs60mb13.cha"）
```
*MOT: 老师 叫 你 声音 大 一 点 知 不 知道 ?
*CHI: 知道 .
*MOT: 知道 你 就 响 一 点 好 吗 ?
*CHI: 好 .
*CHI: 这个 这样 走 .
```

图 6-18 显示，在看护者语料中，含有认识情态副词"就"语句的主语指向对话者的最多［例（54）］，指向动作、玩具等其他事物的次之［例（55）］，指向自己的比较少［例（56）］。在儿童语料中，指向其他事物的最多［例（26）］，指向自己的次之［例（28）］，指向对话者的比较少［例（29）］。

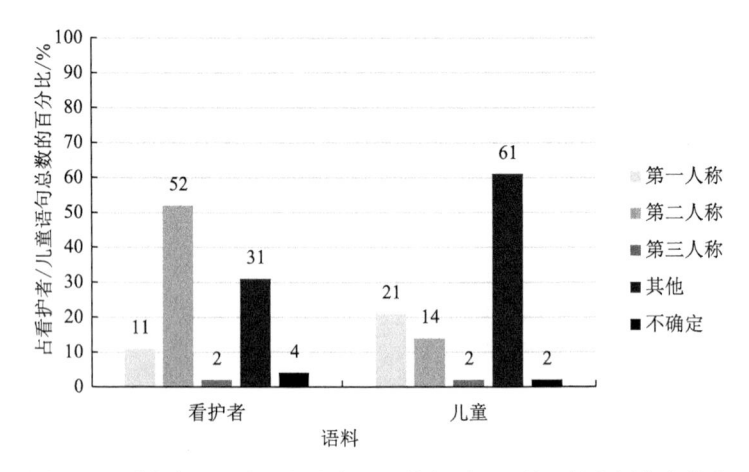

图 6-18 看护者和儿童语料中含认识情态副词"就"的主语指向分布

（54）（File "cs36mb13.cha"）
```
*MOT: 是 吧 ?
*CHI: 对 .
*MOT: 你 说 对 就 对 .
*MOT: 这 几件 东西 你 最 喜欢 哪 一 个 ?
*MOT: 姜一② .
```

---

① "呶"是错别字，此处应该是"喏"，这可能是转写者的笔误，余同。
② "姜一"是儿童的名字。

（55）（File "cs60fa10.cha"）
  *MOT: 等 一 会儿．
  *MOT: 这个 还 没 玩 好．
  *MOT: 套 进去 就 可以 了．
  *MOT: 你 弄 这个．
  *CHI: 嗯．

（56）（File "cs36ma10.cha"）
  *CHI: 咚．
  *MOT: 又 撞到 我 啦．
  *MOT: 你 再 撞 我 就 拿 这个 挡住．
  *CHI: 没有 罗①！
  *MOT: 我 倒掉 了．

图 6-19 显示，看护者产出的肯定句的主语绝大多数指向对话者[例（57）]，一部分指向其他事物[例（58）]；儿童产出的肯定句的主语绝大多数指向其他事物[例（26）]，一部分指向自己和对话者[例（28）—例（29）]。看护者产出的否定句的主语多数指向对话者和其他事物[例（59）—例（60）]，部分指向自己和交谈第三方[例（61）—例（62）]；儿童产出的否定句的主语绝大多数指向其他事物[例（24）]，少部分指向自己[例（34）]。看护者产出的疑问句的主语大多数指向其他事物[例（63）]，部分指向对话者[例（64）]；儿童产出的疑问句的主语绝大多数指向自己[例（28）]，部分指向对话者和其他事物[例（11）—例（12）]。

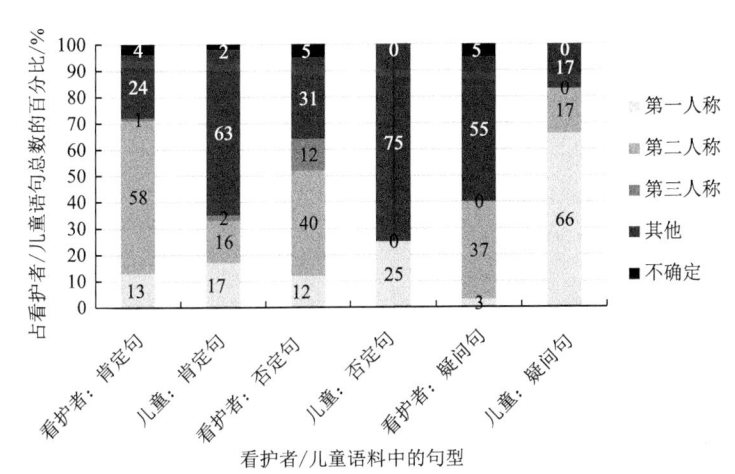

图 6-19　看护者和儿童语料中含认识情态副词"就"的句型分布和主语指向分布

---
① "罗"是错别字，此处应该是"啰"，这可能是转写者的笔误，余同。

（57）（File "cs26c.cha"）
　　　　*MOT: 不要 玩 球.
　　　　*MOT: 又 要 画 呀.
　　　　*MOT: 那 你 就 画 吧.
　　　　*MOT: 这 支 笔 是 什么 颜色？
　　　　*MOT: 你 拿 在 手 里 的 笔 是 什么 颜色？
（58）（File "cs36fa07.cha"）
　　　　*MOT: 哎吆① 又 要 倒 了.
　　　　*MOT: 它 不能 保持 平衡.
　　　　*MOT: 哎 你 看 我 的 一下子 就 站住 了.
　　　　*CHI: 帽子 呢？
　　　　*MOT: 帽子（帽子）！
（59）（File "cs48fb19.cha"）
　　　　*CHI: 我 会 画 自己 的 手.
　　　　*MOT: 画 自己 的 手.
　　　　*MOT: 自己 的 手 就 不要 画 了.
　　　　*MOT: 跟 妈妈 的 差不多.
　　　　@Comment: EndTurn
（60）（File "cs32b.cha"）
　　　　*CHI: 放 下面.
　　　　*MOT: 呕②.
　　　　*MOT: 放 下面 就 不 会 倒 了.
　　　　*CHI: 红 的.
　　　　*MOT: 这 是 什么 颜色？
（61）（File "cs60ma02.cha"）
　　　　*MOT: 你 说.
　　　　*MOT: 告诉 妈妈 什么 形状 我 就 知道.
　　　　*MOT: 你 要 不 告诉 我 什么 形状 我 就 不 知道 了.
　　　　*MOT: 还 要 什么 啊？
　　　　*MOT: 还 要 什么 啊？

---

① "哎吆"是错别字，此处应该是"哟"，这可能是转写者的笔误，余同。
② "呕"是错别字，此处应该是"啊"，这可能是转写者的笔误，余同。

（62）（File "cs60ma05.cha"）

  *MOT: 阿姨 在 拍 你 .

  *MOT: 你 快 过来 .

  *MOT: 要 不 阿姨 就 看 不 到 你 了 .

  *CHI: 窗户 打开 .

  *CHI: 哎 .

（63）（File "cs20h.cha"）

  *MOT: 换 一 个 玩 啦 .

  *CHI: 哼 +...

  *MOT: 怎么 一 按 就 出来 了 ?

  *CHI: 哼 +...

  *MOT: 哎 .

（64）（File "cs36fa07.cha"）

  *MOT: 你 一 拔 拔 下来 的 .

  *MOT: 它 这个 (这个) 象 锁 一样 的 扣在 上面 的 .

  *MOT: 这样 你 就 打 不 开 了 是 不 是 呀 ?

  *CHI: 是 .

  *MOT: 来 .

6.4 小　　结

  儿童从 2;2 岁开始习得认识情态副词"就"，其百分比呈现总体上升的趋势。在儿童语料中，"就"主要表达正向推定的必然，极少表达反向假设的必然。含有"就"语句的句型呈现逐渐多样化的趋势，句法结构呈现逐渐复杂化的趋势。儿童习得了"就"常见的大部分搭配关系。儿童语料中含有"就"的语句绝大多数是肯定句，否定句和疑问句很少；语句主语大多数指向其他事物，一部分指向第一人称和第二人称；肯定句和否定句的主语大多数指向其他事物，疑问句的主语大多数指向自己。

  看护者从儿童 1;2 岁开始使用认识情态副词"就"，其发展趋势和儿童语料相似，所占比例要比儿童语料中的稍高些。在看护者语料中，"就"主要表达正向推定的必然，极少表达反向假设的必然。含有"就"的语句从一开始就用于结构复杂的多种句型中。看护者使用了"就"所有常见的搭配关系。跟看护者相比，儿童语料中的肯定句较多，否定句和疑问句较少；主语指向第一人称和其他事物的较多，指向第二人称的较少。此外，跟看护者相比，儿童产出的肯定句和否定句的主语指向其他事物的较多，这说明儿童更倾向于肯定或者否定指向其他事物的含认识情态副词"就"的不确定性判断；儿童产出的疑问句的主语指向第一人称的较多，这说明儿童更倾向于对看护者发出询问，以确定自己做出的含认识情态副词"就"的不确定性判断是否可行。

第7章

汉语认识心理动词的习得

7.1 汉语认识心理动词

"心理动词"是指与人的心理活动相关的动词。"心理动词"的概念最先由马建忠在1898年的《马氏文通》中提出，在许多语法学家及语法研究者的努力下，心理动词最终成为一个公认的动词重要分类。然而，学界对于汉语心理动词的定义、范围的界定、语法、语义、语用特点等，都还存在很多争议。

胡裕树和范晓（1995：245）提出，表示情感、意向、认识、感觉、思维等方面的心理活动或心理状态的动词都是心理动词。这个定义同时在内涵和外延上对心理动词进行了界定，同时还进一步说明心理动词与非心理动词的本质区别在于是否有外在的活动性；在界定心理动词时，应遵循词义类型、语法功能、语用性能相结合的原则。文雅丽（2007：69）认为，胡裕树和范晓的定义相对比较明确，并进一步采用以语义特征为主要基础，以语法功能框架为辅助的方法，界定了心理动词的范围。文雅丽（2007：77）把心理动词分为心理活动动词、心理状态动词和心理使役动词三类。其中，猜测类心理活动动词和表不确定性判断的判断类心理活动动词可以表达认识情态意义。

猜测类心理活动动词的语义大致可以表现为以下四个方面：第一，表示根据已知推想未知，有一定的事理依据，所做出的判断往往有很大把握。表示这种意义的动词有"推想""推测""推理""想""想来""揣测""揣摩""揣摸""揣想""忖度""忖量"和"臆测"。第二，表示根据某些情况，对人或事物的性质、数量、变化等做出大致的推断。由于推断是建立在已知的客观情况的基础上，因此对结果往往有一定把握。表示这种意义的动词有"估""估计""估量""估摸""估算""低估""高估""约摸""算计""酌量""推算"。第三，表示根据不明显的线索或只凭想象去估计和推测来寻找正确的答案，由于是主观的想象和估计，不一定有什么依据，其结果往往无把握。表示这种意义的动词有"猜""猜测""猜想""猜度""怀疑""捉摸""蒙"。第四，表示事先推测、推想，强调对情况进行分析预测，包括预测人的心理、行动、想法、观点、态度等方面的变化和事态、环境、形势等方面的变化。表示这种意义的动词有"预料""预测""预想""预卜""预计""预见""意料""意想""料""料想"。此外，表示不确定性判断的判断类心理活动动词指对人或事物做出判断或表述出某种看法，但不大确认自己所做出的判断，语义较轻，如"当""当作""感觉""假定""觉得""认为""想""以为"。

在以上文雅丽提到的表示猜测类心理活动动词和表不确定性判断的判断类心理活动动词中，本书所调查的儿童只习得了"想"和"猜"，因此本章将详细介绍这两个词的特征。此外，"知道"表示"知或不知"的心理状态，有的研究把"知道"也归入认识心理动词的范畴（Harris, Yang & Cui, 2017; Tardif & Wellman, 2000）。当"知道"用于否定句或者疑问句的时候，可表达"不确定"的心理状态，因此本章也将讨论"知道"的习得状况。由于"想"和"猜"在语义上比较接近，因此7.2小节把这两个词的习得放在一起讨论，"知道"的习得则另外单独讨论。

7.1.1 认识心理动词"想"

吕叔湘（1999：576）认为，"想"表示"料想、估计"，可带小句作宾语，不能用"想不想"提问。"没想"表示对已经发生的事没料到，后面常加"到"。

(1) 我想他一定会来的。（吕叔湘，1999：576）

(2) 你想没想过他会亲自来？（同上）

(3) 没想到第一次试验就成功了。（同上）

文雅丽（2007：76）提出，当"想"表示推测时，是猜测类心理活动动词；当"想"表示认为时，是判断类心理活动动词[例（4）—例（5）]。

(4) 但是当时的校园舞会是以白人为主的舞会，李小龙处在白人为主的群体内，心里总有股受歧视的感觉，他自卑又自负，他想应该有姑娘来邀请他，然而没有。（CCL语料库①）

(5) 我想他今天不会来（《现代汉语词典（第7版）》，2016：1432）。

下面将使用语料库的方法，从使用频数和典型搭配方面展示动词"想"在

---

① CCL语料库（Center for Chinese Linguistics PKU）指北京大学中国语言学研究中心语料库检索系统，具体参见网址 http://ccl.pku.edu.cn:8080/ccl_corpus/index.jsp?dir=xiandai。

第 7 章 汉语认识心理动词的习得

zhTenTen 语料库中的用法特征①。

图 7-1 显示，动词"想"在 zhTenTen 中共出现了 897 345 次（每百万词出现 426 次）。

```
Query 想, V.*  897,345 (426.00 per million)
Page 1  of 44,868  Go  Next | Last
china-id.c...   时候 我 想到了 转行，因为 在 市场 竞争 中，技术 因素 所占比重 越来越大，要想 在 行业 中 获得
cas.cn          1948 开始 一直 延续了三年，到最后时期，如果 不是 有约 在 先，也 很 不想 写下去了。这
cas.cn          已经 很 不想 写下去了。这是 因为 当时 这远 不是 一个 热门，我 想 书 出版后，大
cas.cn          才 决定 停版，而且 过了 三年 又 根据 科学家 提议，再次 出版。这 真是 万万 想 不到的。</p>
cas.cn          几十年，自己 年龄 已 近 60，研究 工作 怎样 才能 做 得起来 呢？我 当时 想，科学家 老了
cas.cn          结构 的 医疗 保障 制度，建立 城乡 一体的 医疗 保障 体系。来源：《文汇报》</p><p>今天 主要 想讲 的 是 我 的小
cas.cn          影响 最大 的 是 父亲。父亲 是 20 年代的人，在 广东省 蒲岭 长大。父亲 从前 当兵，但 因为
cas.cn          ，但 因为 身体 不好，只好 改念 大学。他 念的 是 厦门 大学 的 经济系，想 将来 救 中国，
cas.cn          印证 这些 理论。五年后，我 自己 做 研究，当时 老师 教什么 全 忘了，我 想 问题 也 忘在
cas.cn          提高 学习的 兴趣，其实 是 更重要 的 事。很多 时候 上 其它 的课 是 很想 睡觉。但 当 老
jnsq.org.c...   和 角度 的 问题。打 一个 比方，阅读 一本 志书 如同 观察 一片 森林，若 想 看到 整片 森林
jnsq.org.c...   观察 一片 森林，若 想 看到 整片 森林 的 全景，可以 站到 比较 高远 的 地方；若 想 看 某 一类
jnsq.org.c...   ，若 想 看 某 一类 树木，可以 从 近处 观察，从 近处 观察，又 想 再看 得 更细 一
univs.cn        方法 吧，或许 有些 麻烦，但是 得出 的 数值 会 非常 准确哟！在 献上 方法 之前，我 想 强调 一下 " 身体
jnlcsx.cn n...  其中 139 篇 被 SCI 检索，179 篇 被 EI 检索，论文 他 引超过 100 次。</p><p>我 想 在 您 为 孩子 选
jnlcsx.cn n...  有 义务、有 责任 将 学校 的 情况，向 您们 作 简单 的 介绍，因为 您 一定 非常 想 了解 您的 孩子
```

图 7-1 动词"想"在 zhTenTen 中的部分索引行

表 7-1 显示了动词"想"在 zhTenTen 中的前 100 个搭配词。图 7-2 到图 7-11 显示了动词"想"与前 10 个搭配词的部分索引行。这些索引行显示，当"想"跟"我""你""什么""如果"和"不"共现时，可以表达认识情态意义"料想""估计""认为"；而当"想"跟"想""一下""去""办法"和"知道"共现时，基本表达"思考"和"希望"。

表 7-1 动词"想"在 zhTenTen 中的前 100 个搭配词

序号	搭配词	共现频数	logDice	序号	搭配词	共现频数	logDice
1	想	70 489	10.329 81	9	？	40 676	8.789 11
2	我	255 113	10.105 98	10	不	163 331	8.781 64
3	你	70 270	9.490 76	11	知道	19 032	8.777 48
4	一下	19 869	9.117 22	12	要	92 913	8.737 01
5	什么	29 192	9.031 84	13	做	32 405	8.703 18
6	去	32 203	8.987 95	14	自己	40 781	8.684 31
7	如果	30 160	8.961 65	15	说	48 503	8.679 71
8	办法	20 804	8.910 59	16	问	15 654	8.674 6

---

① 吕叔湘（1999：576-578）认为，动词"想"可以表达六种意义：第一，思考，如"我在想下一步棋怎么走"。第二，回想、回忆，如"想想过去，看看今天，展望未来"。第三，料想、估计，如"我想他一定会来"。第四，希望、打算，如"我想当探险家"。第五，想念、惦记、盼望见，如"想亲人想得要命"。第六，记住、不要忘了，如"你可想着这件事"。由于 zhTenTen 目前只能对词性附码，还不能对语义附码，所以我们搜索的结果是动词"想"所有用法的使用频数和搭配词。

续表

序号	搭配词	共现频数	logDice	序号	搭配词	共现频数	logDice
17	心	15 648	8.605 3	46	时候	12 084	7.963 38
18	就	79 931	8.569 55	47	呢	10 600	7.962 9
19	他	55 706	8.563 6	48	这样	15 285	7.962 24
20	她	24 485	8.532 17	49	所以	12 209	7.947 19
21	让	29 556	8.506 71	50	吗	9 320	7.933 94
22	过	22 519	8.447 63	51	事情	8 709	7.908 41
23	没	15 677	8.441 85	52	买	8 639	7.902 41
24	只	22 780	8.433 42	53	他们	20 421	7.892 74
25	怎么	11 957	8.323 71	54	好	24 515	7.858 15
26	着	34 342	8.320 79	55	这	48 520	7.855 71
27	这个	22 257	8.278 82	56	但	21 154	7.824 34
28	都	45 034	8.230 91	57	里	15 482	7.803 44
29	很	29 949	8.196 4	58	没有	19 798	7.802 94
30	找	10 334	8.179 61	59	还	29 109	7.800 56
31	把	26 814	8.162 18	60	但是	11 814	7.786 77
32	再	17 544	8.111 75	61	这么	7 432	7.761 46
33	也	58 515	8.107 4	62	人	40 068	7.748 39
34	我们	43 320	8.105 51	63	谁	7 893	7.745 79
35	！	18 729	8.083 47	64	是	142 171	7.741 77
36	起来	12 072	8.074 58	65	方	7 772	7.738 8
37	敢	8 584	8.067 99	66	一	114 045	7.731 15
38	得	19 364	8.057 63	67	当	10 445	7.725 17
39	您	11 488	8.042 06	68	会	26 264	7.711 73
40	大家	13 833	8.029 6	69	又	16 968	7.703 02
41	设法	7 296	8.020 62	70	看	13 765	7.695 06
42	事	11 608	8.014 91	71	真	7 355	7.655 7
43	那	16 243	8.012 98	72	你们	7 116	7.655 51
44	现在	13 890	7.989 16	73	多	29 017	7.629 11
45	吃	10 249	7.979 07	74	给	13 675	7.617 28

续表

序号	搭配词	共现频数	logDice	序号	搭配词	共现频数	logDice
75	请	8 488	7.612 53	88	了解	9 337	7.514 35
76	却	10 020	7.610 07	89	孩子	8 391	7.510 91
77	钱	8 200	7.598 14	90	这里	7 206	7.510 36
78	太	8 272	7.588 99	91	一直	7 520	7.502 99
79	所	19 769	7.584 38	92	到	27 075	7.492 26
80	个	59 511	7.583 77	93	因为	10 801	7.489 67
81	急	5 593	7.550 51	94	应该	8 637	7.487 35
82	还是	8 142	7.535 64	95	真的	5 579	7.468 2
83	啊	6 429	7.535 2	96	问题	21 340	7.453 67
84	跟	6 999	7.532 09	97	那么	7 177	7.439 34
85	吧	6 710	7.530 97	98	东西	6 275	7.431 28
86	：	51 221	7.529 92	99	干	5 657	7.430 72
87	点	9 304	7.529 31	100	当时	6 600	7.404 84

之路搞到家里去，顾先生，你的房子怎么买，想不***想***买房。我说想，我没钱。我借给你。
搞到家里去，顾先生，你的房子怎么买，***想***不想买房。我说想，我没钱。我借给你。我的
像中国这样。有一年到法国，那个秘书长问，想不***想***看法国的房地产。坐车绕了半天，有三
国这样。有一年到法国，那个秘书长问，***想***不想看法国的房地产。坐车绕了半天，有三栋楼
，不像现在的年轻人，拥抱、接吻等亲密动作想都不敢***想***，也不好意思说什么甜言蜜语。”在
现在的年轻人，拥抱、接吻等亲密动作***想***都不敢想，也不好意思说什么甜言蜜语。”在张玉梅的
帮助解决企业在生产经营中碰到的各种问题，想企业所***想***、急企业所急，帮助企业做大做强
企业在生产经营中碰到的各种问题，***想***企业所想、急企业所急，帮助企业做大做强。要继续
似掺杂着一种和谐（这字眼又好似，很俗。不想动脑子***想***了。昨天回去一直傻坐到将近两点，
一种和谐（这字眼又好似，很俗。不***想***动脑子想了。昨天回去一直傻坐到将近两点，还“卖了
屡败，屡败屡战，锲而不舍。五是都肯动脑筋、想办法。酒桌上***想***方设法要把别人喝倒；牌桌
锲而不舍。五是都肯动脑筋、***想***办法。酒桌上想方设法要把别人喝倒；牌桌上想方设法要把
齐发展，要承接东部转移的高耗能工业，不但不想减排，还***想***上升，所以中西部也不愿减。大
承接东部转移的高耗能工业，不但不***想***减排，还想上升，所以中西部也不愿减。大家都不愿意
对不起，请恕寒烟不能嫁给你，因为，寒烟只想嫁给自己***想***嫁的人。</p><p>说完之后，寒烟
恕寒烟不能嫁给你，因为，寒烟只***想***嫁给自己想嫁的人。</p><p>说完之后，寒烟知道此后就

图 7-2　动词“想”与其搭配词“想”共现的部分索引行

下去了。这是因为当时这远不是一个热门，*我* 想书出版后，大概也没有多少人看，过两年也
三年又根据科学家提议，再次出版。这真是万万想不到的。 *我* 于1951年回国到北京大
近60，研究工作怎样才能做得起来呢？*我* 当时想，科学家老了会掉队大概有两个原因，一是
疗保障体系。来源：《文汇报》 今天主要想讲的是 *我* 的小学、中学的求学经验。小时候
得出的数值会非常准确哟！在献上方法之前，*我* 想强调一下"身体成分"这个问题：身体成分：
9篇被 EI 检索，论文他引超过 100 次。 *我* 在您为孩子选择学校之前，是经过慎重考虑
入学的孩子自己看书做作业，对他不理不睬，*我* 想无论什么天大的理由孩子也会不信服，看书
视天下的老湖人的影子了。 但是这里 *我* 说的不是赞美，是揭短，所以不表扬湖
是每当有放弃想法的时候，期中考试的成绩便会来噩梦般警示 *我*。就这样一坚持就是4个多星
很多照顾家人的时间，而且没有美术功底的 *我*，想要在半年到一年之内把室内设计专业学好学
势，以及我们全社会关注的很多问题。现在，*我* 想就我对房地产发展的理解讲一下今天这个题目
理的价位，这是总理讲的。还是那个目标。*我* 想全社会房地产的目标调控的大家看法、对调控
的问题也很多。我相信，我们的房地产会出现 *我* 唱的第三首歌。一个是《千年等一回》，
没人买房，还在经营楼市。所以情况不一样。*我* 想中国房地产的确有问题，绝对不是日本的泡沫
搞到家里去，顾先生，你的房子怎么买，想不想买房。*我* 说想，我没钱。我借给你。我的
顾先生，你的房子怎么买，想不想买房。*我* 说想，我没钱。我借给你。我的工资低。没关系

图 7-3 动词"想"与其搭配词"我"共现的部分索引行

112.111.24.84 文物 签定   *你* 好！我 想 问 下 个人 文物 可以 到 地方 文物局 签定 吗？如果
。 2、即便 是 看似 简单 的 事情，只要 *你* 想 把 它 做好，就 有 许多 工作 方法 值得 去 思考 和 研
的 影响 之下，结合 我 在 数学 方面 的 研究 工作，我 想 应该 *你* 国外 干 你 国外 的 研究，我 在 国内 寻找 我
，递给 我 两百 块钱，"两百吧，成交。我 也 不想 让 *你* 吃亏。"我 从 皮夹 里 拿出 了 票。她 看了 了
异地 望着 我。这种 音乐 是 跟 你 完全 不同 的，我 想 *你* 也 应该 去 感受 它们。我 用 很 诚恳 的 声音 告诉
当然 只要 做得 好，是 没有 这个 问题，*你* 是 怎么 想 的，有 没有 信心 和 自信？要 作好 理论 物理 必须
出 时间 来 参加。 其实 对 一件 事情，*你* 不想 去 做，就 会 有 千万 个 借口；如果 你 想 去 做，
情，你 不想 去 做，就 会 有 千万 个 借口；如果 *你* 想 去 做，同样 会 有 许多 方法 和 途径。时 下 有 一
很 惋然 地 问道："第一次 见面，为什么 *你* 就 想 娶 寒烟？"孤山 答曰："没有 任何 原
；还没 "，孤山 接着 说："我 会 让 *你* 嫁 我 的。"寒烟 嫣然 一笑："如果 在
就 有 人 要 PK 我，在 扬州 客店 我 看 *你* 怎样 PK。她 想 那人 一定 是 不 知道 寒烟 是 路盲，不会 在 外面
的 是，小小 竟 说：" gushan, gushan *你* 还是 想 着 孤山。我 走 了，以后 也 不再 来。你 想 每
你 还是 想 着 孤山。我 走 了，以后 也 不再 来。*你* 想 每 一 个 人 都 不 难过，结果 你 让 每 一 个 人 都 难
羊 一波 一波，温柔 的 将 我 淹没。 假如 *你* 想 创业 但 资金 不多 或 想 找 个 兼职 请看 这 与 您 现
一 个 奇迹，因为 他们 都 是 做 互联网 起家 的。*你* 想 成为 第 二 个 孙正义、第 二 个 李泽楷 吗？机会 是
结束，还 有 一 个 短期 强化班 剩余 几 个 名额。"*你* 想 考 公务员 应 早点 报班，现在 我们 都 已 把 主要 精

图 7-4 动词"想"与其搭配词"你"共现的部分索引行

得出 的 数值 会 非常 准确 哟！在 献上 方法 之前，我 想 强调 *一下* "身体 成分" 这个 问题：身体 成分：
暂的，这种 大家 都 热衷 跟随 的 是否 能够 持久，我 想 还是 应该 思考 *一下*。 我 1951 年 夏天 回
一步 心 上 裂开 的 那道 伤口 便 钝钝 的 痛 *一下*，我 想 我 需要 什么 让 我 靠 一下 帮 我 遮 一下，这样 想
，我 想 我 需要 什么 让 我 靠 *一下* 帮 我 遮 *一下*，这样 想 着 便 走 去 衡山 电影院。衡山 电影院 放 的 是
还是 考虑 到 表演 的 要求。从 我 个人 来说，还是 很 想 尝试 *一下* 不同 风格 的。"她 说。申雪／赵宏博
眼 给 我 修 电视 时，我 真的 觉得 我 是 个 坏人，我 想 弥补 *一下* 无意 中 犯 的 错误，我 给 他 倒水，给
作场地，临走时 我 想 留下 他 的 电话 号码，我 只是 想 关心 *一下* 他，可 他 说 有 规定，不能 私留 电话
 不公平 待遇 反馈 内容： 我 想 问 *一下* 公司 对 乘务员 工资 最低 标准 是 多少？
主题 是 珠穆朗玛峰 对 全球 变化 的 响应。我 想 问 *一下* 全球 变化，这个 变化 指 的 哪些 内容？了
发票 上面 需 加盖 发票 专用章。 4、问：我 想 问 *一下* 现在 企业 所得税 中，工资 的 扣除 标准 是
国家 统一 定的，那 怎么 价格 会 差 这么 多，所以 我 想 咨询 *一下* 其中 是否 存在 价格 欺诈？！
子 打 电话 请示 什么 回 江城，到 哪里 接 他，老爷子 想 了 *一下* 说，下午 4 点，在 人民 广场 东 停车场
上。城市 的 尘埃 飘 进来，我 感觉 满脸 污垢，真的 想 躺 下来 好好 休息 *一下*。家乡 每年 一次 的 "年底
不容易 聚 到 一起，也 只是 问问 近况，寒暄 *一下*。想要 聊 更 深 的 话题，会 因 看法 差异 而 作罢。
天，妻子 下班 后 碰到 了 一位 二手房 公司 的 业务员，想 顺便 打听 *一下* 附近 房屋 的 价格，没想到 这个 业
，明天 考试 的 时候 不会 有 差异，反过来 想想，我 *一下* 这些 内容，想着 就 想 睡 了，其实 是 没有

图 7-5 动词"想"与其搭配词"一下"共现的部分索引行

/ 144 /

第 7 章　汉语认识心理动词的习得

我自己做研究，当时老师教 *什么* 全忘了，想的问题也全忘了，只有那些问题可以 在那些书里
学的孩子自己看书做作业，对他不理不睬，我 想 无论 *什么* 天大 的理由孩子也不会信服，看书比
没基础的同学，并且还是前三名的时候，程东想骂 *什么* 也没用了，没关系，那就明年再考。第
，我也曾带人去找他，想教训他一顿。不是想挽回些 *什么*，只是心里特难受。后来没打起来
一步心上裂开的那道伤口便钝钝的痛一下，我想我需要 *什么* 让我靠一下帮我遮一下，这样想着
自己的意思，也不是中国考生无聊自发的行为，想引起 *什么* "内部竞争"。这是学校（IVY、STANFO
住所要面积大的，喜欢在家中行来行去，想着些 *什么*。不喜欢游览，不喜欢我到过很少
在缅甸受了灾，我们也感同身受，华侨学校很想为灾区做点 *什么*，这一决定是为表达我们的一
久。 离家的一刹那，我 *什么* 都没有想，只是要求自己离开他，不断地要求自己离开他
？时间到了。"显然，这是最后通牒了。我不想争辩 *什么*，这是人家的地方。虽然带给我家的
意见也多有分歧，我想听听你的看法，首先请你谈谈 *什么* 是佛教音乐？你对我国佛教音乐的
音乐。后来发现，这个观点犯了根本错误。要想判断 *什么* 是佛教音乐，首要对佛教音乐作出比
义。譬如他们要念些什么，或是要写 *什么*，我想在全家之中，他们一定先来找你。" "
糊糊的什么东西乱叫，而德奥知道自己绝对不想知道那究竟是 *什么*，前面的香蕉林上方有嗡嗡成
满足，不管好坏。曾经，我们不知道也不去多想 *什么* 是中秋；而今，每逢佳节，游子之情，油
， 在房子里的！你真是傻到家了！你到底在想 *什么*？你出去转转就知道外面发生了什么！"</

图 7-6　动词"想"与其搭配词"什么"共现的部分索引行

自己的生活和学习，腾出时间和精力 *去* 做自己想做的事。希望家长在关心孩子的健康和学习的
以后父母不管，要么你自己借钱 *去* 买房，要么想办法去租房。我们中国不一样。希望将来自
难逃 "炮灰" 的命运，她也懒得 *去* 想，"只要是有希望摆脱那种不安定，我都
"只要是有希望摆脱那种不安定，我都 *去* 试"；回忆起一头扎进国考千军万马的
很多大龄男女都说，到底要到哪里找我夏？我想到底要 *去* 找还是要做些什么别的事，比如把
一谈我的历程。我是学气象的，当时从来没有想过，将来会 *去* 搞空间物理。随着科学研究，日
立大学，还算是听说过的，她认为，不能因为想 *去* 美国留学，就随意选择学校。一对夫妇替在
地望着我。这种音乐是跟你完全不同的，我想你也应该 *去* 感受它们。我用很诚恳的声音告诉
母亲也非常喜欢这个柔软透明的钢琴教师，母亲送孩子 *去* 美国的姨妈那里继续学习钢琴，请求
出时间来参加。 其实对一件事情，你不想 *去* 做，就会有千万个借口；如果你想去做，
，你不想去做，就会有千万个借口；如果你想 *去* 做，同样会有许多方法和途径。时下有一
，但它能从主观上作用于人类。如果我们多 *去* 想能够成功、能够做到，那么我们成功的概率会
是不可预测吗？到底是想不到，还是故意不 *去* 想？其实早就有人想到了，警钟曾一再敲响。
个，到较远的地方2-3元，出租车稍贵一些。想 *去* 月亮湾或是万象大慈法轮林的话，租车十分
应了，于是来到寒烟的面前，带她 *去* 每一个她想去的地方，寒烟和他说话，他总是回答"
样的带着寒烟跑啊跑啊，就是停下来等我说想 *去* 那里，寒烟真是哭笑不得，于是嫣然一笑，

图 7-7　动词"想"与其搭配词"去"共现的部分索引行

老师在这里想对大家说： 早动手。*如果* 想取得高分，基础知识一定要扎实、深入，所以
比套色贵很多，差不多一个要20元。*如果* 大家想就印两件情侣衫的话，那里倒是个很好的选
情，你不想去做，就会有千万个借口；*如果* 你想去做，同样会有许多方法和途径。时下有一
，但它能从主观上作用于人类。*如果* 我们多去想能够成功、能够做到，那么我们成功的概率会
承受能力，投了12-15元左右。 因此我想，*如果* 大家都把电影当一回事，能够让老百
施中，一个比技术更为重要的是文化要素。*如果* CRM 能圆满实施，你所需满足的不仅仅是技
，让犯错的人可以在适当的时候，自己解开。我想当时 *如果* 我用简单批评的方法处理，永远也
炎，这样往往能收到事半功倍的效果。 我 *如果* 我当时训斥他一顿，就会导致他的逆反
色幽默的成分在里面，不过，让我们设身处地地想一想，*如果* 你是一名士兵，处于战火纷飞
默的成分在里面，不过，让我们设身处地地想一想，*如果* 你是一名士兵，处于战火纷飞的战场
在看来在声腔方面，佛教也深受曲黄影响。*如果* 想溯本清源，恢复佛教声明的本来特色，恐怕是
织青春飞扬徒步系列活动之"走进春天"，想报名参加，请关注上的活动注意事项。注
，觉得已满腔抱负没得到上级的赏识，经常想：*如果* 有一天能见到老总，有机会展示自
得已回头又要三弟劝二弟屈服，觉慧十分气愤，想："*如果* 牺牲是必须的话，做牺牲品的决不是
倍还多。 邢宏宝：这样一块翡翠呢，我想 *如果* 在两三年以前，可能价格也就是十几万
换衣服的小垫上方挂上一些运动的物体。*如果* 不想买这些物品，你可以用家里很多其它的物品

图 7-8　动词"想"与其搭配词"如果"共现的部分索引行

/ 145 /

以后 父母 不管, 要么 你 自己 借钱 去 买房, 要么 想 *办法* 去 租房。我们 中国 不一样。希望 将来 自
不够。有 没有 出路? 出路 是 有 的 城乡 一体化。想 *办法* 把 农村 的 宅基 地 建设 用地 合理 合法 变成 城
要败, 屡败 屡战, 锲而不舍。五 是 都 肯 动脑筋、想 *办法*。酒桌 上 想方设法 要 把 别人 喝倒; 牌桌 上 想
锲而不舍。五 是 都 肯 动脑筋、想 *办法*。酒桌 上 想方设法 要 把 别人 喝倒; 牌桌 上 想方设法 要 把
部门 要 做好 调度。第三, 流动 资金 比较 困难, 要 想 *办法* 解决 企业 融资 难 问题。第四, 原矿 资源配
那么 考生 就 要 和 该 专业 的 同学 建立 联系, 想 *办法* 把 笔记 拿到 手, 或者 参加 一些 考研 辅导 的
不在乎, 放松 警惕, 而是 同样 要 在 原有 基础 上 想 *办法* 考高分, 而对于 跨专业 的 考生 来说 以上 五
标准。并 根据 不同 群体 实际 情况, 帮助 出主意 想 *办法*, 让 群众 既 体面 的 办完 丧事, 又 节约 了
从 暑假 开始, 全国 各 大 机关、企事业 单位 都 在 想 *办法* 恢复 工间操, 加强 体育 锻炼。我们 的 老师
服务业, 这些 都 可以 容纳 更多 的 就业。我们 一定 想 *办法*, 在 比过去 低 的 速度 下 还能 解决 中国 日
家,"房东 说 我 住 可以, 夫妇 住 不行, 不过 我 想 了个 *办法*, 你 去 住 玉佛寺, 白天 去 晚上 回来
, 往下 一 挖 地基 就 全 挖没 了, 已经 挖完 了 我 想 可以 采取 一些 补救 *办法*, 补救 办法 就是 标识一
22 个 房间 肯定 满足 不了 游客 住宿 需要, 我 还 要 想 *办法* 扩大 规模、提升 档次, 为 前来 观光 的 四方
今天, 消费者 面临 着 太多 的 选择, 经营者 要么 想 *办法* 做到 差异化 定位, 要么 就 定 一个 很低 的
层 的 长虹 维修 人员, 积极 响应 "三倍速" 活动, 想尽 一切 *办法* 积极 快速地 为 用户 提供 上门 服务,
促发展 的 办学 宗旨, 坚持 "不言 学生 差、积极 想 *办法*" 的 教育 理念, 用 教师 健康 的 心态 呵护 学

图 7-9　动词"想"与其搭配词"办法"共现的部分索引行

年, 到 最后 时期, 如果 不是 有约 在先, 已经 很 *不* 想 写下 去了。这 是因为 当时 这 远不是 一个 热
三 年 又 根据 科学家 提议, 再次 出版。这 真是 万万 想 *不* 到 的。 我 于 1951 年 回国 到 北京 大
赞, 而且 他们 的 比赛 态度 (可能 *不* 太 准, 不过 想 不出 别的 词 了) 也 很 好: 无论 什么样 的 对手
视 天下 的 老 湖人 的 影子了。 但是 这里 我 想 说 的 *不是* 赞美, 而是 揭短, 所以 就 不 表扬 淘
编码 解码 时, 她 后悔 了, 因为 计算机 和 她 心中 所 想 的 完全 *不一样*, 也 没有 她 朝思暮想 的 手绘 课
本 的 房子, 娶 美国 的 老婆, 那 是 *不行*, 大家 都 想 住 英国 的 房子。 英国 现在 住房 问题 也
人 买房, 还 在 经营 楼市。所以 情况 *不一样*。我 想 中国 房地产 的确 有 问题, 绝对 不是 日本 的 泡沫
行 借款 是 优级, 像 我 这样 收入 低, 借了 款 又 *不* 想 还, 认为 是 次级, 不 借钱。美国 为什么 要 发
之路 搞到 家里 去, 顾 先生, 你 的 房子 怎么 买, 想 *不* 想 买房。我 说 想, 我 没钱。我 借给 你。
搞到 家里 去, 顾 先生, 你 的 房子 怎么 买, 想 *不* 想 买房。我 说 想, 我 没钱。我 借给 你。我 的
不够 卖 的 就 开始 涨价。你们 这些 有钱 的 人 *不一定* 想 买, 看 房子 涨 了 20%, 我们 也 买房, 买 房子
像 中国 这样。有 一年 到 法国, 那个 秘书长 问, 想 *不* 想 看 法国 的 房地产。坐车 绕 了 半天, 有 三
中国 这样。有 一年 到 法国, 那个 秘书长 问, 想 *不* 想 看 法国 的 房地产。坐车 绕 了 半天, 有 三栋 楼
系 的 调整, 在 控制 房价 的 过程 中 把 这个 调好。我 想 全 社会 也 不会 酿成 政治 调整。如果 各个 收入
员; 只要 是 有 希望 摆脱 那种 *不安定*, 我 都 要 去 试 " 回忆 起 一头 扎进 育才 千军万马
学 历史、教师 队伍 实力 雄厚 等 特点 非常 满意。*不* 想 再 继续 那种 " 闲到 发疯 " 的 备考 生

图 7-10　动词"想"与其搭配词"不"共现的部分索引行

就 可以 回家 过年 了。不过, 不会 让 他 *知道*, 我 不 想 让 如此 美好 的 东西 成为 笑柄 或 美谈。直到 现
宁愿 挤来 挤去 挤进 一 椅角 昏昏 去。挤 的 时候 我 心想: 我 *知道* 我 不是 什么 美女, 还 拽 个 破驴,
要 那样 的 多疑, 寒烟 已经 下了 决心, *知道* 自己 最想 嫁 的 人 是 谁, 只是 希望 小小 能 理解 一下 现在
我 已经 把 很多 事 都 挑明 了, 以后 的 生活 肯定 还 会 想 她 的, 不 *知道* 在 一个 人 的 时候 该 怎么 过 了
一直 说 要 修葺, 好 几年 了, 也 没有 起色? 我 想 *知道* 村长 的 职责 是 什么? 难道 只要 上面 发话
大家 都 成了 非常 熟悉 的 朋友, 他们 也 *知道* 我 一直 想 在 中国 举办 国际 花滑 表演, 所以 这次 当我 向
中央 这次 要 出手, 您 怎么 看待 这个 说法? 我们 很 想 *知道*, 这些 措施 是否 能够 有效 解决 现在 香港 存
也 有 收藏 价值。 众多 收藏者 都 *知道*, 如今 要 想 在 古玩 市场 淘件 自己 喜欢 又 货真价实 的 古瓷 可
场 警察 想看看 德奥 的 护照、签证 和 机票, 而 德奥 *知道* 应该 到 哪儿 取回 他 的 行李。听到 这个 问
人 陪伴, 可 她 接二连三 的 问题 让 德奥 很 困扰 — 她 想 *知道* 德奥 身上 发生 的 所有 事情。德奥 觉得 回答
黑糊糊 的 什么 东西 乱叫, 而 德奥 *知道* 自己 绝对 不 想 知道 那 究竟 是 什么, 前面 的 香蕉林 上方 有 嘹
工 关心 的 问题 全程 公开, 热点 问题 及时 公开, 职工 想 *知道* 的 问题 彻底 公开"。加强 了 对 重点 部门 和
能 满足, 不管 好坏。曾经, 我们 *不 知道* 也 不 去 多想 什么 是 中秋; 而今, 每逢 佳节, 游子 之情
。基于 经济 压力 我 想 申请 这样 的 一套 住房,。我 想 *知道* 公办 教师 申请 经济适用房 的 相关 事宜, 请
触摸式 "洋 机器" 成为 村民们 的 新宠。 俺 想 *知道* 明后天 的 天气 咋样, 该 不 该 浇水, 一点
我 都要 崩溃 了, 大家 说说 怎么 处理 吧, 这事 我 不 想 让 老公 *知道*。 帮 女朋: 这 就

图 7-11　动词"想"与其搭配词"知道"共现的部分索引行

/ 146 /

7.1.2 认识心理动词"猜"

《现代汉语词典(第7版)》(2016:117)给"猜"的定义是:"根据不明显的线索或凭想象来寻找正确的解答"。

(6)你猜谁来了?(《现代汉语词典(第7版)》,2016:117)

文雅丽(2007)认为"猜"属于猜测类心理活动动词,表示根据不明显的线索或只凭想象去估计和推测来寻找正确的答案,由于是主观的想象和估计,不一定有什么依据,其结果往往无把握[例(7)—例(10)]。

(7)如果按照宋墨的说法,那苏阑对贺音也不是不用心的,为什么会被拒绝,沈醉不是没有猜过里面的原因。(CCL语料库)

(8)在测试场上我碰到了学校会计学的教授罗曼·维尔。"你怎么会在这?"我问道。我猜是麦克带他来的,结果发现是章明基直接邀请的。(CCL语料库)

(9)法国著名作家阿纳托尔·法朗士曾经说过:"假如我死后百年,还能在书林中挑选,你猜我将选什么?……在未来的书林中,我既不选小说,也不选类似小说的史籍。朋友,我将毫不迟疑地只取一本时装杂志,看看我身后一世纪的妇女服饰,它能显示给我们的未来的人类文明,比一切哲学家、小说家、预言家和学者们能告诉我的都多。"(CCL语料库)

(10)你再也不会把它的名字猜出来。(CCL语料库)

下面将使用语料库的方法,从使用频数和典型搭配方面展示动词"猜"在zhTenTen语料库中的用法特征。

图7-12显示,动词"猜"在zhTenTen中共出现了11 741次(每百万词出现5.60次)。

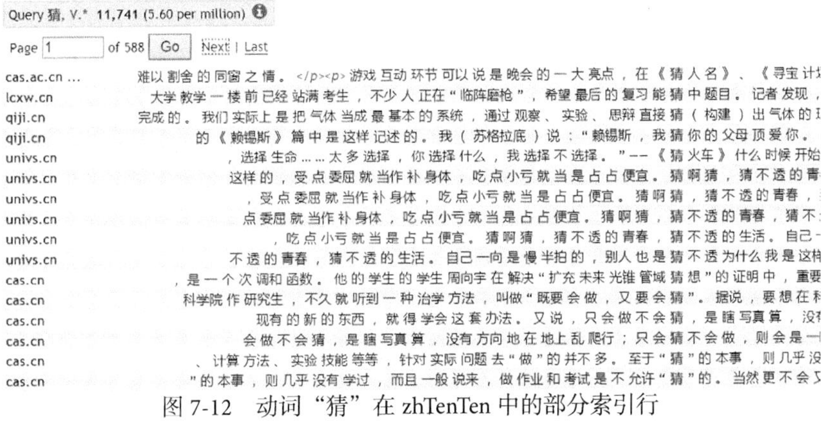

图7-12 动词"猜"在zhTenTen中的部分索引行

表 7-2 显示了动词 "猜" 在 zhTenTen 中的前 100 个搭配词。图 7-13 到图 7-22 显示了动词 "猜" 与前 10 个搭配词的部分索引行。这些索引行显示，当 "猜" 跟 "猜""灯谜""谜语""字谜""猜猜猜""比划""猜猜""透""歌名"和 "成语" 共现时，可以表达认识情态意义 "根据不明显的线索或凭想象来寻找正确的解答"。

表 7-2 动词 "猜" 在 zhTenTen 中的前 100 个搭配词

序号	搭配词	共现频数	logDice	序号	搭配词	共现频数	logDice
1	猜	1 386	10.917 44	25	谜面	27	6.173 8
2	灯谜	752	10.782 27	26	上下文	31	6.080 66
3	谜语	428	10.017 27	27	猜谜	26	6.047 71
4	字谜	148	8.589 35	28	竞猜	29	6.019 47
5	猜猜猜	130	8.478 49	29	词语	59	6.011 75
6	比划	141	8.398 72	30	元宵节	32	6.003 17
7	猜猜	122	8.278 9	31	蒙	66	5.962 41
8	透	322	8.254 85	32	看图	26	5.940 55
9	歌名	86	7.828 91	33	拳	53	5.937 72
10	成语	122	7.799 12	34	猜对	23	5.933 68
11	哥德巴赫	75	7.569 27	35	来猜	22	5.922 7
12	元宵	100	7.564 62	36	开头	45	5.897
13	谜	91	7.121 39	37	结局	48	5.892 95
14	八九不离十	48	7.023 56	38	抢答	26	5.872 4
15	谜底	112	6.818 49	39	赏	48	5.856 46
16	词	444	6.600 53	40	脑筋	29	5.850 52
17	猜中	36	6.586 61	41	击鼓	23	5.787 48
18	单词	127	6.574 99	42	玩法	34	5.786 18
19	心思	86	6.507 87	43	花灯	24	5.773 99
20	没错	53	6.494 15	44	猜到	22	5.761 05
21	游戏	627	6.456 01	45	汤圆	23	5.737 5
22	气球	53	6.358 87	46	灵犀	21	5.732 1
23	接龙	31	6.330 77	47	转弯	27	5.621 18
24	胜负	42	6.234 1	48	趣味	51	5.595 9

续表

序号	搭配词	共现频数	logDice	序号	搭配词	共现频数	logDice
49	进球数	18	5.594 5	75	谁	309	4.986 62
50	搭档	27	5.523 89	76	人名	14	4.921 18
51	哑谜	16	5.466 55	77	笑话	22	4.908 87
52	心事	21	5.438 39	78	灯	88	4.893 27
53	奖品	34	5.434 79	79	乱	105	4.880 31
54	硬币	22	5.425 75	80	意思	87	4.855 37
55	踩	36	5.355 84	81	中视	11	4.823 49
56	巴赫	18	5.344 77	82	大概	66	4.812 24
57	陈省身	18	5.323 65	83	猜测	22	4.806 59
58	灯谜	14	5.282 32	84	儿歌	14	4.805 33
59	心有	15	5.207 97	85	赵昆通	10	4.801 31
60	绕口令	14	5.183 02	86	八九	11	4.771 84
61	答案	123	5.172 66	87	火车	40	4.771 03
62	唱歌	31	5.168 54	88	估	12	4.761 2
63	问答	29	5.167 06	89	结尾	17	4.753 68
64	答题	46	5.157 58	90	歌词	20	4.750 71
65	押	19	5.147 43	91	比分	34	4.748 07
66	凳子	17	5.136	92	题	157	4.747 22
67	扑克	16	5.130 5	93	歌德	12	4.745 56
68	猜想	22	5.097 42	94	飞镖	11	4.743 6
69	冠亚军	14	5.087 97	95	闹	29	4.719 71
70	演	33	5.083 13	96	环节	239	4.719 64
71	穿插	23	5.075 96	97	怎么	271	4.718 55
72	出来	448	5.055 22	98	ID	20	4.690 18
73	灯笼	17	5.018 35	99	名词	26	4.681 15
74	抽奖	19	4.998 22	100	胡乱	12	4.677 88

就当作补身体，吃点小亏就当是占占便宜。猜啊猜，猜不透的青春，猜不透的生活。自己一向是慢半
时也向自己提出了一个焦点问题，怎样才能猜得准。因为猜着一点，或猜得似是而非，并不太难；但真正
出了一个焦点问题，怎样才能猜得准。因为猜着一点，或猜得似是而非，并不太难；但真正猜得准做得好
的知情权，生气之余，哪有心情陪你玩"你猜你猜你猜猜猜"的游戏？ （本文来源网络作者
飞快 漆黑 漆黑 6、A-A式 看一看 试一试 热一热 猜一猜 7、A了(一)A式 看了看试了试摸了摸拍了拍
而已。倒是领枢的人，真正匪夷所思，你请猜一猜，猜着了我广和居做东。""自然是亲贵？""那
扑朔迷离，游戏也就越来越有意思了。三、猜数字规则：猜数字（1~100）每猜一次范围缩小
戏也就越来越有意思了。三、猜数字规则：猜数字（1~100）每猜一次范围缩小，最后猜中的
不会做，就是说好像你挺聪明的，什么一猜，你就猜得到，不用做你都能猜得出来。最后
，就是说好像你挺聪明的，什么一猜，你就猜得到，不用做你都能猜得出来。最后呢，你不

图7-13 动词"猜"与其搭配词"猜"共现的部分索引行

，把大会带入了诗情画意的美境之中。接下来的猜灯谜、击鼓传花既热闹而又带有几分童趣。
后"主题游园活动，活动以具有传统文化色彩的"猜灯谜"为主，包括水中夹弹子、吹乒乓球、即
识其实是非常的渴求，尤其是在探宝以及之后的猜灯谜的环节中，有些同学甚至不要奖品，只
别开生面的中秋游园活动，活动包括雨林寻宝、猜灯谜、与月光对话等，内容丰富且互动性强
到格外新奇和兴奋。游客们还纷纷参与到传统的猜灯谜、刺激的神秘雨林寻宝活动中，明月碧
更是全力以赴，卯足了劲争夺对应位置的纸团。猜灯谜游戏则把活动推向了高潮，同学们拼尽
个子主题活动——主题农家年，眉山三苏祠举办了猜灯谜和汉服表演活动等，吸引了大批城市居民
群一起大玩混搭跨界。众量和全场观众热闹闹地猜灯谜、喜气洋洋"闹"元宵。 1个半小
肩接踵，络绎不绝，荡漾在五彩缤纷的花灯下，猜灯谜、赏花灯，欣赏丰富多彩的民俗歌舞表演
俗活动在凤山妈祖文化广场精彩上演。赏渔歌、猜灯谜、看舞狮，置身于颇具汕尾特色的民俗
中秋赏月游园活动丰富多彩。活动包括雨林寻宝、猜灯谜、佤族文艺表演，内容丰富且互动性强
喧闹热烈——人们走出家门，涌上街头，观花灯、猜灯谜、走百病、舞狮子、踩高跷……堪称全民
；举办第二十三届百脉灯会；十二至十五，举办"猜灯谜、闹元宵"活动。 重庆沙坪坝长
意奖。活动期间，化工学院还举办了精心准备的猜灯谜活动，令同学们在柔和的烛光和习习的
也将同时登场。据了解，本次庙会特别准备的"猜灯谜"游戏将把近千份礼品送给市民。记者
急转弯、字谜、成语谜、智力问答等。 猜灯谜活动 此外，现场传统的民俗文化

图7-14 动词"猜"与其搭配词"灯谜"共现的部分索引行

/p> 棋艺比拼的现场头碰头，酣战淋漓；乐猜谜语的现场，摩肩接踵，智慧角逐。 棋
十五结束，一共张贴了2000多个谜语，几天就猜完了。"省图书馆副馆长林旭东告诉记者，很多
场气氛，还设立了植物拼图游戏、植物谜语竟猜、科普导赏等多种趣味互动活动。 园艺
>一、创设情境，猜谜引入 孩子们喜欢猜谜语吗？老师这儿有几个谜语，有兴趣来猜猜
舟金丰矿业，采矿的工人们看安全漫画挂图，猜安全知识谜语，在"安全发展、预防为主"的主
设计了"雨林历险记"科普游戏，趣味谜语竟猜等互动科普活动，展出了"植物、环境、人类"
迷宫怎么办？ 悲观者：谜语那么难猜， 走出迷宫岂不更难？ 对了，
。下午，全体师生来到活动室踊跃参加球类、猜谜语等各项游戏活动，同学们阵阵的欢声笑语也
子、夹玻璃球、飞镖、敲锣、套圈、扔筷子、猜谜语等项目，趣味横生，吸引了研究所广大职工
明小制作展、篮球、乒乓球比赛、智力竞赛、猜谜语等丰富多彩的活动，为学生创造了表现自我
，会有两个媒人站在人群间唱歌，说笑话，猜谜语，在场的人经常被引得哄堂大笑，但是在四
两分钟以内猜出一个刁钻古怪的谜语。她没有猜出来，只好又按照签子上写的惩罚办法，到一
路过的人总是问一个富有哲学意味的谜语，猜不出的人就被它吞掉。②指墓地。这屋子里
。方法：家长可以经常给孩子出些谜语让孩子猜，下面介绍几组谜语。 身体像把刀，
举行元宵灯会，可以看到花灯、走马灯，还能猜谜语。如今，春节之后，劳动人民文化宫每年
《汽车标志图》《左半脑开发》；三岁：《猜谜语》《绕口令》《成长圣胜经101心灵小故事

图7-15 动词"猜"与其搭配词"谜语"共现的部分索引行

/ 150 /

第 7 章　汉语认识心理动词的习得

他们 受到 了 侮辱 。 第四 个 答案 的 意思 是 他们 忙于 猜 *字谜* 。 我们 说 这 四 个 答案 用 英语 表达 在 你 的
这些 字 ， 并 根据 上下文 ， 把 缺 的 字 填 上 ， 就 像 猜 *字谜* 一样 。 接着 ， 我 把 各 个 战线 发来 的 电报 分
自 跑堂 ， 有 银行 职员 ， 甚至 还 有 国际 象棋 冠军 和 猜 *字谜* 的 江湖 艺人 。 在 这儿 ， 随时 都 能 碰到 身
究 。 茶话 会后 还 精心 组织 了 虎年 说 虎 、 猜 *字谜* 、 脑筋 急 转弯 和 心有灵犀 等 等 丰富 多彩 的
东方 。 联欢会 中 还 包含 了 脑筋 急 转弯 、 猜 *字谜* 、 抢 板凳 、 踩 气球 、 "保龄球" 、 跳绳 记数
再 加上 一些 奖惩 措施 让 班级 气氛 活跃 起来 。 这种 猜 *字谜* 游戏 使 班级 气氛 达到 了 一 次 高潮 。 最后 大
字 特点 、 根据 学生 身心 发展 特点 激励 识字 ， 利用 猜 *字谜* 、 编 儿歌 、 编 故事 等 一些 方法 穿插 于 识字
播出 互动 类 节目 （ 如 解析 姓名 、 测 星运 、 占 卜 、 猜 成语 、 猜 *字谜* 等 ） 时 ， 通过 虚假 宣传 、 虚设
节目 （ 如 解析 姓名 、 测 星运 、 占 卜 、 猜 成语 、 猜 *字谜* 等 ） 时 ， 通过 虚假 宣传 、 虚设 高额 奖金
播出 互动 类 节目 （ 如 解析 姓名 、 测 星运 、 占 卜 、 猜 成语 、 猜 *字谜* 等 ） 时 ， 通过 虚假 宣传 、 虚设
唱 汉语 歌曲 、 朗诵 汉语 诗歌 散文 、 做 词语 接龙 及 猜 *字谜* 游戏 等 活动 环节 。 在 老师们 的 帮助 下 ， 营
场 联欢会 内容 丰富 、 形式 多样 ， 穿插 节目 其间 的 猜 *字谜* 、 猜 职工 儿时 的 照片 和 抽奖 更 是 助推 了
内容 丰富 、 形式 多样 ， 穿插 节目 其间 的 猜 *字谜* 、 猜 职工 儿时 的 照片 和 抽奖 更 是 助推 了 联欢会 的 热
从 江城 三 镇 涌来 的 数千 名 嘉宾 挤 得 水泄不通 。 " 猜 *字谜* ， 得 福袋 " 、 " 七夕 结绳 " 、 " 染指甲 " 、
花朵 的 盆里 ， 望着 染红 的 美甲 欣然 一 笑 ； 合力 对 *字谜* 的 情侣 笑 呵呵 地 换回 一 对 盛满 幸福 的 福

图 7-16　动词 "猜" 与其搭配词 "字谜" 共现的部分索引行

众 的 知情权 ， 生气 之余 ， 哪 有 心情 陪 你 玩 "你 猜 你 猜 你 *猜猜猜* " 的 游戏 ？ （ 本文 来源 网
知情权 ， 生气 之余 ， 哪 有 心情 陪 你 玩 "你 猜 你 猜 你 *猜猜猜* " 的 游戏 ？ （ 本文 来源 网络 作
实 小 S 进步 最 多 的 还 是 和 我 合作 的 《 我 猜 ， 我 猜 ， 我 *猜猜猜* 》 。 我们 最 缺乏 的 就 是 英雄 主义
兴 、 莫 少 聪 等 则 拒绝 透露 更 多 进展 。 你 猜 你 猜 你 猜 *猜猜猜* ...... 在 孙兴 这 条 新闻 中
莫 少 聪 等 则 拒绝 透露 更 多 进展 。 你 猜 你 猜 你 猜 *猜猜猜* ...... 在 孙兴 这 条 新闻 中 ， 由
但 是 大家 通过 网络 下载 他们 的 节目 ， 比如 《 我 猜 我 猜 我 *猜猜猜* 》 ， 这样 的 问题 非常 普遍 ， 您 怎
大家 通过 网络 下载 他们 的 节目 ， 比如 《 我 猜 我 猜 我 *猜猜猜* 》 ， 这样 的 问题 非常 普遍 ， 您 怎么 看
台湾 又 马 不 停 蹄 的 开始 工作 ， 昨天 进 棚 录 《 你 猜 你 猜 你 *猜猜猜* 》 。 至于 孕 事 ， 她 坦言 想 先 过
又 马 不 停 蹄 的 开始 工作 ， 昨天 进 棚 录 《 你 猜 你 猜 你 *猜猜猜* 》 。 至于 孕 事 ， 她 坦言 想 先 过 夫妻
与 澄清 的 行为 ， 日前 吴宗宪 在 他 的 新 一 集 《 我 猜 我 猜 我 *猜猜猜* 》 节目 中 向 刘德华 "指路" ： 建议
的 行为 ， 日前 吴宗宪 在 他 的 新 一 集 《 我 猜 我 猜 我 *猜猜猜* 》 节目 中 向 刘德华 "指路" ： 建议 华仔
星 莫 少 聪 和 孙兴 因 吸毒 被 警方 抓获 ， 娱乐圈 "我 猜 我 猜 我 *猜猜猜* " 的 游戏 就 宣告 进入 了 新 一 季 。
少 聪 和 孙兴 因 吸毒 被 警方 抓获 ， 娱乐圈 "我 猜 我 猜 我 *猜猜猜* " 的 游戏 就 宣告 进入 了 新 一 季 。 其实
完 ） "大家好 ， 你们 现在 收 看到 是 《 我 猜 我 猜 我 *猜猜猜* 》 ， 噢 对 不 起 。 说 错 了 ， 是 《
 "大家好 ， 你们 现在 收 看到 是 《 我 猜 我 猜 我 *猜猜猜* 》 ， 噢 对 不 起 。 说 错 了 ， 是 《 超级
> 之前 在 金钟奖 的 报名 中 吴宗宪 拒绝 将 《 我 猜 我 猜 我 *猜猜猜* 》 推荐 评奖 ， 而 在 目前 的 评选 中

图 7-17　动词 "猜" 与其搭配词 "猜猜猜" 共现的部分索引行

1 一 名 编辑 搭伴 组队 ， 两 人 一 个 *比划* 动作 ， 一 个 猜 。 编辑 黄利娜 和 读者 孙德玉 的 组合 ， 成 了 全场
上 ， 开展 了 "高温 合金 知识 问答" 、 "我 *比划* 、 你 猜" 等 丰富 多彩 的 文娱 活动 ， 欢声 笑语 中 ， 大家
念品 ； 第三 个 活动 是 与 足球 有关 的 "你 *比划* 我 来 猜" 趣味 游戏 。 活动 中 ， 两 位 主持人 生动 幽默
班 的 体验 感想 等 ； 2 、 事先 获得 当晚 菜单 ， *比划* 猜 菜名 ， 现场 热情 高涨 ； 3 、 知识 有奖 问答 。 *
赛 式 特点 ； * 互动 环节 ： 事先 获得 当晚 菜单 ， *比划* 猜 菜名 ， 最快 猜 中 的 网友 可 获 奖品 一 份 。 * 品尝
赛 式 特点 ； * 互动 环节 ： 事先 获得 当晚 菜单 ， *比划* 猜 菜名 ， 最快 猜 中 的 网友 可 获 奖品 一 份 。 有 奖
、 踢 毽子 、 背 挤 气球 、 六 人 七 足 、 萝卜 蹲 和 *比划* 猜 6 个 项目 组成 。 外国 语言 学院 全体 学生会 干
选题 做答 ； 第三 环节 是 猜 词 题 ， 一 个 *比划* 一 个 猜 ， 所 猜 内容 均 与 IT 知识 有关 ； 最后 一 个 环节
， 比赛 特意 穿插 了 游戏 和 节目 ， "你 来 *比划* 我 来 猜" 考验 了 选手 们 的 表达 能力 、 理解 能力 和 默契
节 中 ， 每 支 队伍 派出 两 名 选手 ， 一 个 *比划* 一 个 猜 。 选手 对 各种 社会 新闻 、 热点 及 社会学 名词
复数 表 演 题 环节 ， 即 我们 常说 的 "一 个 *比划* 一 个 猜" ， 面对 屏幕 上 出现 的 台湾 著名 小吃 "卤肉饭"
戏珠 接力赛" 、 "二 人 三 足" 、 "你 来 *比划* 我 来 猜" 、 "抱着 蔬菜 绕口令" 、 "正话 反说" 以及
文艺 汇演 中 加入 了 "击鼓 传花" 、 "你 来 *比划* 我 来 猜" 等 游戏 ， 并 将 他们 带去 的 70 多 份 文化 用品 送
支 带 " " 接力 运气球 " " 协同 共进 " " 你 来 *比划* 我 来 猜 " 和 " 才艺 比拼 " 五 个 部分 ， 队员 们 分别 从 不同
的 部分 便 是 游戏 互动 的 环节 了 —— 一 个 *比划* 一 个 猜 。 比划 本 是 他们 的 强项 ， 剩下 来 考验 的 便 是
出 两 名 选手 参与 游戏 ， 一 个 同学 *比划* ， 一 个 同学 猜 。 游戏 中 所 涉及 的 词 大多 与 世博 有关 ， 准备

图 7-18　动词 "猜" 与其搭配词 "比划" 共现的部分索引行

/ 151 /

的欢乐的夜晚。 互动游戏的第一项"我猜我猜我*猜猜*"已经吸引了大家的眼球！丁昊阳同
乐的夜晚。 互动游戏的第一项"我猜我猜我*猜猜*"已经吸引了大家的眼球！丁昊阳同学准
的笑声。节目进行过程中穿插的精彩游戏《我猜我猜我*猜猜猜*》、《顶气球》等更是让人在
声。节目进行过程中穿插的精彩游戏《我猜我猜我*猜猜猜*》、《顶气球》等更是让人在捧腹
进行过程中穿插的精彩游戏《我猜我猜我*猜猜猜*》、《顶气球》等更是让人在捧腹的欢笑声
板凳》、《萝卜蹲》、《水杯接龙》、《我猜我猜我*猜猜猜*》、《七拼八凑》等游戏让晚
卜蹲》、《水杯接龙》、《我猜我猜我*猜猜猜*》、《七拼八凑》等游戏让晚会现
》、《水杯接龙》、《我猜我猜我*猜猜猜*》、《七拼八凑》等游戏让晚会现场不断高潮
"关门大吉"，目前他主持的节目只剩下《我猜我猜我*猜猜猜*》、《周日八点党》及《齐天大
关门大吉"，目前他主持的节目只剩下《我猜我猜我*猜猜猜*》、《周日八点党》及《齐天大胜》
，目前他主持的节目只剩下《我猜我猜我*猜猜猜*》、《周日八点党》及《齐天大胜》。一向号
京演艺圈的艺人涉嫌吸毒。) 艺人心惊你猜你猜你*猜猜* 孙兴在接受审讯时，将演
艺圈的艺人涉嫌吸毒。) 艺人心惊你猜你猜你*猜猜* 孙兴在接受审讯时，将演艺圈
个造型独特、可爱至极的饺子；第三环节："我猜我猜我*猜猜*"，此游戏由现场负责人随机抽取一
独特、可爱至极的饺子；第三环节："我猜我猜我*猜猜*"，此游戏由现场负责人随机抽取一张
安夜探望遭灼伤的Selina。曾与Selina主持《我猜我猜我*猜猜猜*》的庾澄庆昨天表示："我本以

图 7-19 动词"猜"与其搭配词"猜猜"共现的部分索引行

作补身体，吃点小亏就当是占占便宜。猜啊猜，猜不*透*的青春，猜不*透*的生活。自己一向是
身体，吃点小亏就当是占占便宜。猜啊猜，猜不*透*的青春，猜不*透*的生活。自己一向是慢半
就当是占占便宜。猜啊猜，猜不*透*的青春，猜不*透*的生活。自己一向是慢半拍的，别人也是
不*透*的生活。自己一向是慢半拍的，别人也是猜不*透*为什么我是这样子的。慢慢的，不好吗？
似平静，却如岩浆蓄势待发，予人一种平静中猜不*透*的恐怖。在米林和墨脱之间，雅鲁藏布江
》<p>八</p><p>九斤这狗日的，不仅让尤乡长猜不*透*，让我也猜不透，我不知道这熊娃究竟想
斤这狗日的，不仅让尤乡长猜不*透*，让我也猜不透，我不知道这熊娃究竟想干啥？也不知道
的山顶上。青龙山上风大缺水，道路不畅，我猜不*透*他们玩的是啥把戏。过了有十几天，九斤
念、以及一种变革与改良的朦胧希望；但谁都猜不*透*这场变革应该是什么样子。 对新一
。甚至连盛昱自己都有些惴惴不安，怎么样也猜不*透*慈禧太后葫芦里卖的是什么药？而了解政
。"万寿快到了！"没头没脑这一句话，恭王猜不*透*他的意思，漠然应道："是啊！""六哥，
你总是不知道我的心。""是啊！我实在有点猜不*透*。"载澜问道："不是嫌少，你为什么不
片好心，到头来自找没趣。""这话更奇，简直猜不*透*。""好罢，我就实说。三爷，我是在想
极其周到，心里不免转一转念头，有些不大懂得*透*肃顺的态度。又想到西太后的神情口吻
麟请安。这一下四周的闲人，越发惊愕不止！猜不*透*这个乡下土老儿是何身分。彭玉麟对黄翼升
千年铁门槛，终须一个土馒头"的妙玉，还是猜不*透*这一层：所有的槛不过都是人自己设下的

图 7-20 动词"猜"与其搭配词"透"共现的部分索引行

目，又一次让观众领略到音乐的魅力。听音乐猜*歌名*的环节再一次将现场观众的激情点燃，在
，我们采用互动性和参与性都很强的"听音乐猜*歌名*"的游戏，让现场所有的观众都参与其中
起做游戏，让队员播放革命老歌，由老人们来猜*歌名*；请老人们选出最喜爱的一首革命歌曲，
香等诸多经典桥段。现场互动环节包括听音乐猜*歌名*、新浪微博互动、抽奖等。 上半场
关。风险题分为中等问答题、音乐题（听音乐猜*歌名*）、图片题（看图片猜名称）。三类题难
注意事项。伴随着一阵阵号角声，下个游戏"猜*歌名*"开始了，每个小组都在绞尽脑汁想对策，
秀"为宗旨。比赛共分为我爱记歌词、听曲猜*歌名*、终极PK演唱三个环节。活动现场气氛紧张
的游戏环节，其中包括通过TANK的歌曲前奏来猜*歌名*，许多TANK的资深粉丝在歌曲前奏刚响起
暴全场。随后进行的游戏互动环节，以听歌曲猜*歌名*的方式进行比拼，充分调动了观众兴趣，
。主持人权伟、王峥带领现场的观众一起快乐猜*歌名*、有奖问答。活动现场派送了许多惊喜、
获得了同学的一致赞同。之后，精心设计的猜*歌名*游戏更是将现场气氛推向高潮。在大学期
答方式接唱；第四轮，我猜你来唱，听伴奏猜*歌名*，然后接唱歌曲。当一首首经典歌曲在逸
活动以"欢聚、合作"为主题，通过自我介绍、猜*歌名*等一系列的互动活动，让我们们
作"为主题，通过自我介绍、猜*歌名*、猜猜语等一系列的活动，让同学们在音乐
的爱也真，月亮代表我的心……谢谢大家。谁猜中*歌名*和原唱是谁的，且是八月十五日八点十
站在今天的舞台上。活动分为选手演唱和中间猜英文*歌名*互动环节两部分。选手们实力雄厚，精

图 7-21 动词"猜"与其搭配词"歌名"共现的部分索引行

,都仅凭着牵手的感觉正确地找到了对方。而"猜*成语*"是个相当有难度的环节，由于成语大多
跟 蛋黄 2 、一条狗过了独木桥之后就不叫了。猜*成语*。答案：过目不忘 3 、牛小时候叫犊，那
上什么鸡跑的慢？答案：妮可基曼 29 、狗咬狗（猜*成语*）答案：犬牙交错 30 、一个人被老虎
得有些 害羞。但经过"爱心对对碰"、"心有灵犀*成语*"等几个互动游戏后，这群年轻 蚁族们很
同时晚会设置了各种互动游戏，抽取幸运观众和 游戏，大家都积极参与。在笑声如海
和同学的阵阵 掌声和捧腹大笑。随后的传递动作猜古诗、动作猜*成语*、接力智力拼图、分组套圈
掌声和捧腹大笑。随后的传递动作猜古诗、动作猜*成语*、接力智力拼图、分组 套圈等互动游戏
糜世界的国标舞带到了理化所现场。令人捧腹的猜*成语*游戏，通过肢体语言传递成语内容，引来
民获得观众的热烈喝彩。《抢凳子》和《看动作猜*成语*》两个游戏将团拜会带向高潮。
阵阵喝彩，满堂掌声。大家还积极参与了"做动作猜*成语*"的小游戏，冯广将书记、高新陵馆长、
个发现之旅中来。活动共分为五部分，包括看图*成语*、成语接龙、歇后语 挑战赛、谚语诗歌 抢
此，主持人插了一项猜谜游戏。有猜字的、有*成语*和地名的，大家都积极参与其中。 <p
名（物品）"更让会场 笑声 此起彼伏。第三个游戏叫"猜*成语*"，每人只能用动作提示下一位同学猜
播出互动类节目（如解析 姓名、测星运、占卜、猜*成语*、猜字谜等）时，通过虚假 宣传、虚设
类节目（如解析 姓名、测星运、占卜、猜*成语*、猜字谜等）时，通过虚假 宣传、虚设 高额奖金等
播出互动类节目（如解析 姓名、测星运、占卜、猜*成语*、猜字谜等）时，通过虚假 宣传、虚设

图 7-22 动词"猜"与其搭配词"成语"共现的部分索引行

7.1.3 认识心理动词"知道"

《现代汉语词典（第 7 版）》（2016：1678）对"知道"的释义如下："对于事实或道理有认识；懂得"。

（11）他知道的事情很多。（《现代汉语词典（第 7 版）》，2016：1678）

当"知道"用于否定句或疑问句时，就表示对事实或道理的不确定性判断 [例（12）—例（15）]。

（12）我已度过如此倒霉的一个学期。我不知道自己做了些什么，也不知道该怎么办。（CCL 语料库）

（13）假如你不懂得逻各斯，不知道西方人考虑什么，那你就根本不懂西方。（CCL 语料库）

（14）禅宗有一个大师叫临济，临济义玄，临济宗你们知道吗？（CCL 语料库）

（15）大家知道吗，人们需要执着的精神，你拿出执着的精神，世上就没有办不成的事。（CCL 语料库）

下面将使用语料库的方法，从使用频数和典型搭配方面展示心理动词"知道"在 zhTenTen 语料库中的用法特征。

图 7-23 显示，动词"知道"在 zhTenTen 中共出现了 523 834 次（每百万词出现 248.70 次）。

```
Query 知道, V.* 523,834 (248.70 per million)
Page 1 of 26,192  Go    Next | Last
cas.cn        参加了当时留美和留英两项考试。留美考试未录取，后来通过别人查分数才知道我的语文考
cas.cn        居然我被录取，曾使我大吃一惊。以后有机会看到所有考生的评分，这才知道这位考官显
cas.cn        我的父母亲都不因我考试一两次考不好而对我失去信心，他们都知道我以后的能
cas.cn        中第一、第二年仍然是很不用功。第二年的老师对我很好，他知道我家里穷，
jnsq.org.c...  </p><p>第三，列举出逐年或者主要年份的发展变化数据，必要时可列表反映。我们知道，地方志要
eeo.com.cn... 这种消费，也一定要打肿脸充胖子，我可以没钱，但只能我自己知道，一定要让
eeo.com.cn... 要打肿脸充胖子，我可以没钱，但只能我自己知道，一定要让外人知道我有钱。记
jnsq.org.c... 而不是单纯地去给一个企业或集团做宣传、做广告，让读者知道它在历史上曾
univs.cn      标准肥胖给人带来的危害众人皆知，但是对于准确的、科学的肥胖界定概念，知道的人恐怕就
sachina.ed... 分割封闭格局下当然不可能公平，而只有社会化才有可能实现公平。</p><p>新京报：我们知道在已经实现
chinayz.ne... 完题之后一对答案，对了的题直接放过，错了的题看看答案，知道应该怎样得i
chinayz.ne... 做题很重要的一点就是一定要注意思考和总结，对了的题知道它主要考什
jnlcsx.cn... 注意。再次，家长要做孩子的榜样，生活与工作认真、严谨、专心致志。要知道一个做事总
jnlcsx.cn... ，可以经常有意识的引导孩子接触书。当孩子接触书的时候，应该让他们知道，要按照书
cas.cn        了一批科学家和技术专家，同时分配来了一大批大学毕业生。当时大家只知道原子弹、氢
univs.cn      回合的0比2让人不由得心有余悸，到了老特拉福德会发生什么谁也不知道。但要我
```

图 7-23 动词"知道"在 zhTenTen 中的部分索引行

表 7-3 显示了动词"知道"在 zhTenTen 中的前 100 个搭配词。图 7-24 到图 7-33 显示了"知道"与前 10 个搭配词的部分索引行。这些索引行显示，当"知道"跟"什么""怎么""谁""你""大家""才""不""我""想""知道"共现时，都可以表达认识情态意义"不确定"。

表 7-3 动词"知道"在 zhTenTen 中的前 100 个搭配词

序号	搭配词	共现频数	logDice	序号	搭配词	共现频数	logDice
1	什么	37 753	9.732 72	15	我们	51 780	8.471 41
2	怎么	18 246	9.459 25	16	她	18 045	8.364 76
3	谁	15 790	9.281 44	17	为什么	7 690	8.360 99
4	你	52 107	9.238 36	18	他	43 275	8.315 55
5	大家	22 155	9.058 95	19	多少	6 944	8.291 1
6	才	26 460	9.040 91	20	哪里	5 744	8.261 82
7	不	184 532	9.002 72	21	哪	6 194	8.191 36
8	我	109 589	8.959 79	22	因为	13 435	8.107 93
9	想	18 969	8.772 7	23	如何	10 205	8.105 77
10	知道	13 889	8.762 9	24	这个	16 257	8.075 55
11	吗	11 001	8.685 86	25	他们	20 076	8.073 48
12	都	56 334	8.668	26	现在	11 599	8.066 47
13	自己	32 916	8.551 42	27	并不	7 815	8.034 34
14	？	29 265	8.505 05	28	时候	9 673	8.029 59

续表

序号	搭配词	共现频数	logDice	序号	搭配词	共现频数	logDice
29	你们	6 214	8.022 66	58	是	113 717	7.444 57
30	让	17 980	8.007 71	59	还	20 445	7.422 63
31	只	13 487	7.951 23	60	到底	3 125	7.367 71
32	怎样	5 337	7.939 18	61	早	4 218	7.361 26
33	那	12 088	7.875 29	62	做	10 893	7.359 09
34	人	40 467	7.853 75	63	没有	12 606	7.350 25
35	后来	5 098	7.841 02	64	已经	8 377	7.341 3
36	就	44 165	7.794 06	65	东西	3 973	7.314 62
37	但是	9 216	7.774 16	66	很	14 266	7.297 26
38	也	43 565	7.761 43	67	问	4 229	7.295 96
39	事	7 134	7.735 32	68	可是	3 268	7.284 37
40	很多	7 769	7.719 23	69	如果	7 650	7.283 75
41	没	7 083	7.716 14	70	别人	3 372	7.254 08
42	呢	6 409	7.687 69	71	孩子	5 264	7.248 98
43	是否	6 195	7.678 66	72	根本	3 771	7.247 2
44	应该	7 478	7.669 36	73	这样	7 542	7.24
45	说	21 206	7.632 3	74	过	8 000	7.235 11
46	事情	4 846	7.607 37	75	啊	3 487	7.227 94
47	!	11 049	7.582 4	76	原来	3 165	7.227 11
48	会	21 684	7.572 89	77	真的	3 001	7.221 51
49	但	15 308	7.545 62	78	却	5 935	7.217 13
50	真	4 648	7.534 17	79	这么	3 256	7.154 61
51	该	11 224	7.521 92	80	看	7 817	7.150 35
52	这	36 098	7.509 78	81	这些	7 256	7.145 2
53	清楚	3 776	7.507 42	82	只有	4 512	7.145 13
54	其实	4 645	7.497 71	83	可能	6 415	7.130 69
55	去	9 365	7.491 91	84	吧	3 472	7.124 53
56	您	5 788	7.490 45	85	有	41 615	7.109 31
57	要	36 067	7.449 38	86	当时	3 795	7.106 03

续表

序号	搭配词	共现频数	logDice	序号	搭配词	共现频数	logDice
87	人们	4 240	7.073 13	94	名字	2 336	6.964 95
88	叫	3 071	7.043 23	95	当	4 662	6.940 16
89	虽然	4 008	7.026 74	96	钱	3 707	6.905 5
90	能	15 995	7.006 42	97	哪些	2 271	6.849 52
91	它	6 675	6.990 7	98	些	2 327	6.830 89
92	里	7 319	6.981 8	99	朋友	2 781	6.827 9
93	了	76 536	6.970 7	100	以后	3 075	6.819 52

点就是一定要注意思考和总结，对了的题要**知道**它主要考*什么*，还没有可能有其他的问法和拓
心有余悸，到了老特拉福德会发生*什么*谁也不**知道**。但要我并不是没有信心，因为毕竟拼才是罗
个焦点问题，全民高度最敏感的话题。我不**知道**还有*什么*问题比房地产问题更敏感。如果你说
社会情形也是不一样。日本房地产泡沫，你**知道**日本土地价格达到*什么*程度。全日本低价土地的
等到你学习、累积了让你快乐的方法，也就**知道**了*什么*是让你真正快乐的事情。</p><p>陶子幸
去挤进一犄角旮旯去。挤的时候我心想：我**知道**我不是*什么*美女，还拽个破驴，又不是要你
的办事流程和一站式服务，甚至一些居民都不**知道**政内设有*什么*部门，就可以得到满意的结果。
我是楼里的那只鸟。翅膀，在别处，我不**知道***什么*叫飞翔。透过玻璃窗，清冷苍茫的远眺里
" PK "。寒烟虽然不会PK，但还是**知道***什么*叫PK。呵呵，第一次来就有人要PK我，
要修路，好几年过去了，也没有起色？我想**知道**村长的职责是*什么*？难道只要上面发话才会为
如果没有镇民政的扶持，我现在的状况真不**知道**是*什么*样子”。四、做好殡葬服务，让“最悲痛
度设计。如果没有了这样的制度，就真的不**知道**会发生*什么*，一如发生如此骇人听闻的金融危
和潜在交易方只凭一纸契约或一份证书即可**知道**这些权利意味着*什么*，这样的权利在经过任意
复出啊，受伤啊，夺冠的感受啊……都快不**知道**说*什么*了。”他说。婚礼进行曲让赵宏博“上火
。当我捂着脸，甩开妈妈拉我的手时，我**知道**我失去了*什么*。我是一个为了爱可以放弃一切
我知道他在看我，我知道我此刻很美。我**知道**将要发生*什么*。他吻我，先是浅浅的，而后

图 7-24　动词“知道”与其搭配词“什么”共现的部分索引行

也不知道她所面对的生活到底是如何的。但我**知道**，无论*怎么*的生活状态，只要是活在这个现实
从车站上了很多携带新鲜空气的“人”。我会**知道**下面的路*怎么*去行驶，我也知道今后我还会
成长，她说我是她停靠过的车站，她说让她**知道**下面的路*怎么*去行驶。独自走在归家的路上，
收据，对方不承认怎么办？村民们有的表示“不**知道***怎么*办”，有的表示“将钱交给谁就找谁，一
了，她也是从那时开始明白，后来的日子不**知道**是*怎么*过去的，经历过的人会明白，自己也
了悲伤止步来安慰自己，常常上这论坛打发不**知道***怎么*度过的时间，在这我要谢谢这里的大哥
山又买了一架私人飞机？赵本山：“我*怎么*不**知道**呢，别人说的吧，一架都撑着买的。”</p>
</p><p>记者：农业机械品种很多，农民*怎么***知道**购买哪些机具能享受补贴？到哪里去购买？
他摊开双手接着说道，“陈，这*怎么*可能！你**知道**商人是不做赔钱买卖的，我佩服你的冒险精
-- 例如撑开眼皮，敷上药粉 -- 因为他相信我们**知道**对这病*怎么*做是好。”</p><p>“这话不错。”
她问起德奥父母的事情时，德奥犹豫了，他不**知道**该*怎么*回答。莎伦说她从新闻里听到很多卢旺
以老公把套套放在了柜子的衣服上面，后来不**知道***怎么*的，那套套放进了他堂弟的衣服里面。第
全国的室内装潢设计学校实在是太多了，我不**知道***怎么*选择好。后来就挨着看这些学校的网站，
拍屁股走了。“那个时候消防证、税务证，不**知道***怎么*办，还写什么项目书，都不知道怎么写。
务证，不知道怎么办，还写什么项目书，都不**知道***怎么*写。”随后而来的1990年北京亚运会，再
，我们要梳理下生活，这样才不显得乱，才**知道**未来的路该*怎么*走</p><p>虫虫：有道理，可

图 7-25　动词“知道”与其搭配词“怎么”共现的部分索引行

第7章 汉语认识心理动词的习得

得心有余悸，到了老特拉福德会发生什么 **谁** 也 不 知道。但要我并不是没有信心，因为毕竟拼才是
央。地方财政有困难，他们共同找到土地，**谁** 都 知道，通过土地出让获得财政收入。占到地方财政
见蛙鸣，见不到花开。我们不再成长，**谁** 也 不 知道 还有没有蛙鸣，还有没有花开。二他们谁也
赵宏博深情拥抱在一起。"祝你们幸福！"现场不 知道 **谁** 带头喊了一声，在他俩拥抱的那一刻，
慧可断臂求法，曾经是位名噪佛门的高僧。有 **谁** 知道，道育和尼总持，这两位高僧还曾是一双
为它可能供什卫星使用的标识。可是到现在 **谁** 也 不 知道 了呢？我笑着说："这是公司的规定，是要
老人终于理解。善良的老人说："我们不说，**谁** 知道 呢？"我笑着说："这是公司的规定，是要
清华园中，有两个人人们只要一看到背影，就 知道 他 是 **谁**：一个当然是王国维，辫子是他最
不过，是不是也存了这份幻想？那就 **谁** 想 谁 知道 了。 小瑜打开一间房："澡堂在里面
，这能是意外吗？"我盯着湖面发愣，**谁** 他 妈 知道 这是自杀还是他杀！奥运结束，我们回到哈
，她忽然说了一句：片山这几天在上海。他不 知道 **谁** 是 片山，默默地燃起一棵七星，用宽慰
喜爱者，但鲁迅文学奖还颁给了 **谁**，咱就是 不 知道，人家也不想让咱知道。这不，羊羔体还是
果仅存甚至是绝无仅有。尤其那种发达了就 不 知道 自己是 **谁** 了的男人，谁敢担保他有朝一日不会
解释什么，因为她那样的贴近大家，又有 **谁** 不 知道 这份工作的铺天盖地，那一头扎进数字海洋
漂当中 -- 对于生活中的我们来说，**谁** 也 不 知道 明天会发生什么，股市亦是如此。而对于投
出许多感慨，宅院很深，犹如悠悠岁月，**谁** 也 不 知道 里面藏着多少说不清，道不明的故事。

图 7-26 动词"知道"与其搭配词"谁"共现的部分索引行

，按照 90 平米 58 亿，按照 80 多 平米 90 多 亿，**你** 知道 我们 50 亿 房子 要 盖 多 长 时间？我们从 1990
，娶上日本的老婆，那肯定最幸福。我说 **你** 不 知道 这个饭菜我们平时没吃这么好。再加上我们
当时社会情形也是不一样。日本房地产泡沫，**你** 知道 日本 土地 价格 达到 什么 程度。全日本 低价 土地
等到你学习、累积了让你快乐的方法，也就 知道 了什么是让 **你** 真正 快乐 的 事情。</p>陶子
那里。这不是签证官要听到的回答，他们要 知道 的 是，**你** 报考了美国某所大学，你对它了
酷使爱情升华。多少个早知道已经来不及 为早知道 **你** 过 的 不好 我 不会 轻易 让 你 离开 早知道
及 为早知道 你 过的不好我不会轻易让 **你** 离开 早知道 -- 我 爱 你 -- 必须 常挂 在 嘴边 我 不会 吝啬
爱你 -- 必须常挂在嘴边我不会吝啬说出它 早知道 -- 喜欢 **你** -- 必须 过 马路 时 拉 着 你 的 手 我 不
过马路时拉着你的手我不会介意伸出手来 早知道 -- 喜欢 **你** -- 必须 陪 你 逛 百货 公司 在 百忙之中
-- 必须陪你逛百货公司在百忙之中我一定抽空 早知道 -- 我 爱 **你** -- 必须 在 吵架 时 依然 讨 你 欢心 即
时依然讨你欢心即使错在于你我可以颠倒是非 早知道 -- 我 爱 **你** -- -- 爱与被爱 -- 我 不会 选
30% 你爱我 -- 因为爱你多一点 **你** 会 倍感 幸福 早知道 -- 我 爱 你 -- 是 半夜 你 来电 时 必须 陪 你 讲话
你讲通宵我不会跟你说 -- 明天还要上班 -- 早知道 -- 我 爱 **你** -- 是 一种 支持 我 不会 在 你 节食
。说你 -- 无聊 --（因为 你 已够 苗条 美丽）早知道 -- **你** 离开 後 不 是 一种 幸福 我 不会 成全 你
离开 -- 後 不 是 一种 幸福 我 不会 成全 你 和他 早知道 -- 上天 安排 -- **你** 离开 是 一种 错误 我 不会 让
趋前问清 早知道 -- -- 多少个早知道 -- 都 在 **你** 离 去 後 跟 着 出来 ...... 可是 ...... 在 多

图 7-27 动词"知道"与其搭配词"你"共现的部分索引行

，同时分配来了一大批大学毕业生。当时 **大家** 只 知道 原子弹、氢弹 名词，而对其中的作用原理、
引发了一系列物理学新的发现。我们 **大家** 都 知道，量子理论的起点是源于热辐射的研究。这
讲题目是《2010 楼市发展、调控与改革》。**大家** 知道，国务院在 4月17日发布了一个文件，叫
叫 12.5万亿。是全社会的消费品零售总额。**大家** 知道，我们国家经济增长 GDP 靠 3+5，消费、投
格的因素既有成本的因素也有供求的因素。**大家** 知道，绿豆涨价，大蒜涨价，生姜涨价，尽管
曾经出现过严重的供不应求。土地的供不应求 **大家** 知道，国家土地部门，提出今年的土地供应情况
下，我们怎么做呢？首先要做的是调控。**大家** 知道，为什么房地产上涨过快，是供不应求。要
学就是这样，只要坚持住基本就胜利了。**大家** 都 知道 东方有个说法源自老鱼，就是说东方每年
必须高。 （2）课外活动和误区 不 知道 平时 **大家** 有 没有 注意 过 我们 的 各种 学科 大
与同品牌的店也不一样。我们的特点 **大家** 可能 知道，老店，技术实力非常雄厚，有一个很稳
古勘测北京做的不好，特别是宣南地区，**大家** 都 知道 广安门地区是金代中都的遗址，到这里大家
广安门地区是金代中都的遗址，到这里 **大家** 也 不 知道 金代中都留下哪些地下的遗存。这里是北京
 Blog 分类 资料 **大家** 都 知道 爱因斯坦在成名前曾深深地受过"奥林匹亚
是一个公平和正义的社会。 但是 **大家** 都 知道，实现这样的理想，对于我们中国而言，
个古代的县衙门大不了多少，只有 **大家** 都 知道 的角度可以拍摄出它的宏伟，还必须依仗
们的嘉宾聊天马上开始。 各位网友 **大家** 都 知道 今年 3月20号 -6月20号 中国科学院、国家

图 7-28 动词"知道"与其搭配词"大家"共现的部分索引行

试。留美考试未录取，后来通过别人查分数**才**知道我的语文考试只得了24分。在留英考试中，
吃一惊。以后有机会看到所有考生的评分，这**才**知道这位考官显然眼界很高，而打分又很讲分寸
楼看到楼里有不少警察，问了小区门卫后**才**知道楼上出事了。她说，6楼住户刚刚搬来一个
成的艺术品市场，还在潘家园旧货市场转悠了3个多天，**才**把有关唐卡的知识了解清楚："居
这么让人动心的声音？随后的一声报时**才**让我知道——街上不知何时多了一口大钟。心头忽然
出现成为他的惊喜。和小小说了一个晚上，**才**知道他和孤山是好兄弟，孤山曾经告诉他在总站
个万福，旁边的小玉扑通一声倒了。后来**才**知道，小玉就是孤山，他还告诉我，傲雪也是他
别的地方。留意了他这样做很久了，问原因**才**知道，原来因为他们是好朋友，而小小也知道和
照计划经济模式下'种棉花'的思路，出事了**才**知道抱佛脚，只让农民蒙受损失。" 山东省
着浩瀚的沙漠，当你在沙丘上向上行走时，**才**知道那进二步退一步的感觉，登上沙丘向周围望去
我是不予接受。我找到她原来的班主任，**才**知她父母都已外出打工，她跟年迈的爷爷奶奶
传的什么"防水性"之类的广告词，要知IP等级**才**能实实在在地告诉你客观的仪器应用
影响了对行星成分和核心大小的研究。而只知道了这些物理量**才**能进一步去了解巨行星的形成
有他。 这是一种悲哀，我直到现在**才**知道。女人以为的爱情，是一样多么虚无飘渺的东
洗个澡，然后好好睡一觉。""我………………"我不知道说什么**才**好。"谢谢！"我的脑海里只闪现出
中金属的味道，一种发酸的味道"，后来他们**才**知道，这是放射性碘的味道。 但当时他们

图 7-29 动词"知道"与其搭配词"才"共现的部分索引行

心有余悸，到了老特拉福德会发生什么谁也**不**知道。但要我并不是没有信心，因为毕竟拼才是
谓山外有山，人外有人，没有比较就永远**不**知道差距。或许一开始我对自己的定位就偏差
一个焦点问题，全民高度最敏感的话题。我**不**知道还有什么问题比房地产问题更敏感。如果你说
娶上日本的老婆，那肯定最幸福。我说你**不**知道这个饭菜我们平时没吃这么好。再加上我们
标题化。或者误解了，或者断章取义。所以**不**知道是对的。所以这就是我们造成今天这个现象
这两种可能都会爆发的。我最近有个分析**不**知道对不对。我认为只要坚持调控政策，只要18.
掉了"。比如说迟到，学得快忘得也快，**不**知道巩固和加深知识，在学习中自身的心里多少
外的北印度平原观察珠穆朗玛峰，他们还远**不**知道这座耸立在喜马拉雅山中国和尼泊尔边界上的
就是一生的真爱，两人从第一眼看见对方就**不**知道今生将**不**可分割了。凯利·布鲁克与男友Thom
之前，他感到了无比的恐慌和失败，他甚至**不**知道自己还能不能有梦想，**不**知道自己一路走
，他甚至不知道自己还能不能有梦想，也**不**知道自己一路走来，是对是错。要是从大学毕业
如果有未来，那就是1988——我也**不**知道。 故事在书的末尾告一段落，不知道
知道。 故事在书的末尾告一段落，**不**知道它是否能有新的开始。我从来没有用这种方
同志一起学习恩格斯自然辩证法。通过学习我知道了数学**不**仅仅要研究数和形，而且应该研究现
誓旦旦地说，和美女有仇，从此吃素。我**不**知道自己跟美女是否真有仇，因为但凡比她漂亮
血，我就可以回家过年了。不过，**不**会让他知道，我不想让如此美好的东西成为笑柄或美谈，

图 7-30 动词"知道"与其搭配词"不"共现的部分索引行

试。留美考试未录取，后来通过别人查分数才知道*我*的语文考试只得了24分。在留英考试中，
我考试一两次考不好对我失去信心，他们都知道*我*以后的能力是怎样的。 以后我教
然是很不用功。第二年的老师对*我*很好，他知道我家里穷，常拿东西给我吃，即使是处罚
要打肿脸充胖子，我可以没钱，但只能*我*自己知道，一定要让外人知道我有钱。记得一位时尚
可以没钱，但只能我自己知道，一定要让外人知道*我*有钱。记得一位时尚圈的资深人士曾经说
得心有余悸，到了老特拉福德会发生什么谁也不知道。但要*我*并不是没有信心，因为毕竟拼才是
一个焦点问题，全民高度最敏感的话题。*我*不知道还有什么问题比房地产问题更敏感。如果你说
娶上日本的老婆，那肯定最幸福。*我*说你不知道这个饭菜我们平时没吃这么好。再加上我们
产的确有问题，绝对不是日本的泡沫。这点*我*知道。 我们再看亚洲的其他情况。97年以
法国的房地产。坐车绕了半天，有三栋楼。*我*知道法国的房地产。我们中国到八十年代，这是大
？这两种可能都会爆发的。我最近有个分析不知道对不对。*我*认为只要坚持调控政策，只要18.
， 如果有未来，那就是1988——*我*也不知道。 故事在书的末尾告一段落，不知道
尝试用Thom先生引进的那种工具方法，以及*我*知道的一些方法，全面检查拓扑性而不是同伦性的
多同志一起学习恩格斯自然辩证法。通过学习*我*知道了数学不仅仅要研究数和形，而且应该研究现
虽然不久还会回来，但毕竟离别就在眼前。*我*知道她会因此而在站牌下张望，会疑惑，会不开
誓旦旦地说，和美女有仇，从此吃素。*我*不知道自己跟美女是否真有仇，因为但凡比她漂亮

图 7-31 动词"知道"与其搭配词"我"共现的部分索引行

吐血 ， 我 就 可以 回家 过年 了 。 不过 ， 不 会 让 他 **知道** ， 我 不 ***想*** 让 如此 美好 的 东西 成为 笑柄 或 美

挤去 挤进 一 犄角 旮旯 去 。 挤 的 时候 我 心 ***想*** ： 我 **知道** 我 不 是 什么 美女 ， 还 拽 个 破 驴 ， 又 不 是

uot; 小小 不 要 那样 的 多疑 ， 寒烟 已经 下 了 决心 ， **知道** 自己 最 ***想*** 嫁 的 人 是 谁 ， 只是 希望 小小 能 理

事 都 挑明 了 ， 以后 的 生活 肯定 还 会 ***想*** 她 的 ， 不 **知道** 在 一 个 人 的 时候 该 怎么 过 了 …… </p><p> 男

直 说 要 修路 ， 好几 年 过去 了 ， 也 没有 起色？我 ***想*** **知道** 村长 的 职责 是 什么 ？ 难道 只要 上面 发话 才 会

、 比赛 ， 大家 都 成 了 非常 熟悉 的 朋友 ， 他们 也 **知道** 我 一直 ***想*** 在 中国 举办 国际 花 滑 表演 ， 所以

这 次 要 出手 ， 您 怎么 看待 这个 说法 ？ 我们 很 ***想*** **知道** ， 这些 措施 是否 能够 有效 解决 现在 香港 存在

<p> 当代 瓷器 也 有 收藏 价值 </p><p> 众多 收藏者 都 **知道** ， 如今 要 ***想*** 在 古玩 市场 淘件 自己 喜欢 又 货真

警察 想 看看 德奥 的 护照 、 签证 和 机票 ， 而 德奥 ***想*** **知道** 应该 到 哪儿 取回 他 的 行李 。 听到 这个 问题 ，

伴 ， 可 她 接二连三 的 问题 让 德奥 很 困扰 —— 她 ***想*** **知道** 德奥 身上 发生 的 所有 事情 。 德奥 觉得 回答 这

条 狗 围 着 一 堆 黑糊糊 的 什么 东西 乱 叫 ， 而 德奥 **知道** 自己 绝对 不 ***想*** 知道 那 究竟 是 什么 ， 前面 的

糊糊 的 什么 东西 乱 叫 ， 而 德奥 知道 自己 绝对 不 ***想*** **知道** 那 究竟 是 什么 ， 前面 的 香蕉林 上方 有 嗡嗡 成

心 的 问题 全程 公开 ， 热点 问题 及时 公开 ， 职工 ***想*** **知道** 的 问题 彻底 公开 ” 。 加强 了 对 重点 部门 和 岗

月饼 ， 我们 就 能 满足 ， 不管 好坏 。 曾经 ， 我们 不 **知道** 也 不 去 多 ***想*** 什么 是 中秋 ； 而今 ， 每 逢 佳节

于 经济 压力 我 想 申请 这样 的 一 套 住房 ， 。 我 ***想*** **知道** 公办 教师 申请 经济 适用 房 的 相关 事宜 ， 请 予

式 “ 洋 机器 ” 成为 村民们 的 新宠 。 </p><p> “ 俺 ***想*** **知道** 明后天 的 天气 咋样 ， 该 不 该 浇水 ， 一点 它

图 7-32　动词“知道”与其搭配词“想”共现的部分索引行

止 非法 代开 发票 ； 不 得 介绍 他人 转让 发票 ； 对 **知道** 或者 应当 ***知道*** 是 假 发票 的 ， 不 得 受让 、 开具 、

票 ； 不 得 介绍 他人 转让 发票 ； 对 ***知道*** 或者 应当 **知道** 是 假 发票 的 ， 不 得 受让 、 开具 、 存放 、 携带 、

票 的 ， 与 虚开 发票 行为 负 同样 的 法律 责任 ； 对 **知道** 或 应当 ***知道*** 是 私自 印制 、 伪造 、 变造 、 非法 取

开 发票 行为 负 同样 的 法律 责任 ； 对 ***知道*** 或 应当 **知道** 是 私自 印制 、 伪造 、 变造 、 非法 取得 或者 废止

了 停 ， 又 问 说 ： “ 房 啊！新萍 对 您 的 心思 ， 您 **知道** 不 ***知道***？” 道房 听到 这 话 说 得 有点 岔道 ， 不由

又 问 说 ： “ 房 啊！新萍 对 您 的 心思 ， 您 ***知道*** 不 **知道**？” 道房 听到 这 话 说 得 有点 岔道 ， 不由 地 沉思 了

狗 围 着 一 堆 黑糊糊 的 什么 东西 乱 叫 ， 而 德奥 **知道** 自己 绝对 不 想 ***知道*** 那 究竟 是 什么 ， 前面 的 香蕉

糊 的 什么 东西 乱 叫 ， 而 德奥 ***知道*** 自己 绝对 不 想 **知道** 那 究竟 是 什么 ， 前面 的 香蕉林 上方 有 嗡嗡 成群

你们 那 个 会议 代表 大吹特吹 包产 到户 ， 你们 省委 **知道** 不 ***知道*** ？ ” </p><p> 万里 在 电话 那 头 说 ： “ 知道

个 会议 代表 大吹特吹 包产 到户 ， 你们 省委 ***知道*** 不 **知道** ？ ” </p><p> 万里 在 电话 那 头 说 ： “ 知道 ， 周

中 考到 discipline ， 对于 这个 单词 ， 许多 考生 都 **知道** （ 或者 只 ***知道*** ） 是 “ 原则 ” ， 而 在 题中 它 实际

ne ， 对于 这个 单词 ， 许多 考生 都 ***知道*** （ 或者 只 **知道** ） 是 “ 原则 ” ， 而 在 题中 它 实际上 另 有 其 义——

的确 是 两难 ， 我 理解 你 ， 现在 你 的 造句 我 也 **知道** ， 妈妈 真的 不 ***知道*** 怎么 办 好 。 是 鼓励 他 学习 ，

理解 你 ， 现在 你 的 造句 我 也 ***知道*** ， 妈妈 真的 不 **知道** 怎么 办 好 。 是 鼓励 他 学习 ， 你 要 鼓励 他 学习

政策 明确 规定 应 由 指定 部门 处理 的 ； 12 . 消费者 **知道** 或者 应该 ***知道*** 自己 的 权益 受到 侵害 超过 六 个 月

应 由 指定 部门 处理 的 ； 12 . 消费者 ***知道*** 或者 应该 **知道** 自己 的 权益 受到 侵害 超过 六 个 月 的 ； 13 . 因 不

图 7-33　动词“知道”与其搭配词“知道”共现的部分索引行

7.2　汉语认识心理动词“想”和“猜”的习得和使用特征

由于“想”和“猜”的语义比较简单，本部分将从词形和句法的角度阐释这两个词的习得特征。

7.2.1　儿童习得特征

儿童语料中共有 6 句含有认识心理动词“想”和“猜”的语句，其中含有“想”和“猜”的各 3 句。儿童从 4;0 岁开始产出含有认识心理动词“想”的语句[例(16)]，从 5;0 岁开始产出含有认识心理动词“猜”的语句[例（17）]。

情态句的句法结构没有呈现出逐渐复杂化的趋势，而是从一开始就用于结构复杂的多种句型中[例（16）—例（18）]。

（16）（File "cs48fb17.cha"）
*MOT：尾巴.
*CHI：尾巴 怎么 画？
*CHI：我 想 我 的 尾巴 这样 的.
*MOT：老虎 尾巴 啊？
*CHI：小猫 尾巴.

（17）（File "cs60fa06.cha"）
*CHI：两 个 小 树根.
*MOT：哦 好.
*CHI：你 猜 第一 朵 花 是 黄色 的？
*MOT：噢.
*MOT：这 里面 好多 玩具.

（18）（File "cs66fb20.cha"）
*MOT：这 里面.
*MOT：猜猜 看.
*CHI：猜 不 到.
*MOT：猜 不 到 呢.
*CHI：一 本 大 书.

Bowerman（1986）发现，2;0 岁的儿童就能够想象与现实不同的情景，并且能够使用心理动词短语 I think 和 I guess 表达不确定性[例如，"Christy：我想爸爸能做这个。（I think daddy could do it.）"]。张云秋（2014）发现，儿童从 3;6 岁开始习得认识心理动词"想"。不过，"想"表示推测时不是单独出现，而是在"我想"这样具有话题标记性的组合中出现（例如，"SYH：你 妈 呢？""SYY：我 想 我 妈 玩 完 都 回去 了。"）。本研究得到了与张云秋（2014）相似的结论：儿童从 4;0 岁开始习得认识心理动词"想"，且都出现在"我想"这样的构式当中[例（16）、例（19）]。跟说英语儿童相比，说汉语儿童较晚习得心理动词"想"，这可能跟看护者的语言输入有关，Tardif 和 Wellman（2000）发现说英语的看护者和儿童较多使用 think，而说汉语的看护者和儿童极少使用"想"。

就心理动词"想"和"猜"常见搭配关系而言，儿童仅习得了很少一部分。在 zhTenTen 中，当"想"跟"我""你""什么""如果""不"共现时，可以表达认识情态意义"猜测""估计""认为"。儿童语料中仅出现了"想"跟"我"共现的例子[例(19)]。当"猜"跟"猜""灯谜""字谜""猜猜猜""比划""猜猜""透""歌名"和"成语"共现时,可以表达认识情态意义"猜测"。儿童语料中没有出现以上搭配关系。

  (19)（File "cs72ma02.cha"）
    *MOT: 再 画 个 凳子 .
    *MOT: 噢 爸爸 妈妈 坐 在 这个 地方 对 吧 ?
    *CHI: 我 想 腿 又 画 细 了 .
    *MOT: 嗯 ?
    *CHI: 腿 又 画 细 了 .

儿童语料中认识心理动词的句法呈现出以下特征：肯定句最多[50%,如例(16)],疑问句次之[33%,如例(17)],否定句最少[17%,如例(18)];主语指向第一人称占67%,指向第二人称占33%;肯定句和否定句的主语全部指向第一人称[例(16)、例(18)],疑问句的主语则全部指向对话者[例(17)]。

7.2.2 看护者使用特征

1. 词形使用特征

看护者从儿童 4;0 岁开始使用含有认识心理动词"想"的语句[例(20)],从儿童 2;2 岁开始使用含有认识心理动词"猜"的语句[例(21)]。含有"想"的语句共有 8 句,含有"猜"的共有 15 句。

2. 句法使用特征

首先,在看护者语料中,含有心理动词"想"和"猜"的语句从一开始就用于结构复杂的多种句型中[例(20)、例(22)]。

  (20)（File "cs48fa08.cha"）
    *MOT: 嗳 好 很 好 .
    *MOT: 这个 机器人 会 干 什么 事情 ?
    *MOT: 你 想 它 会 干什么 事情 啊 ?
    *MOT: 你 看 能 站 住 了 吧 ?
    *MOT: 这 不 是 会 玩 了 吗 ?

（21）（File "cs26e.cha"）

　　　　*MOT: 这 个 是 什 么 妈 妈 也 不 知 道.
　　　　*MOT: 这 是 什 么 呢？
　　　　*MOT: 猜 一 下.
　　　　*CHI: 嗯 黄 ×××.
　　　　*MOT: 什 么？

（22）（File "cs36fa09.cha"）

　　　　*CHI: 这 是 什 么？
　　　　*MOT: 这 是 什 么？
　　　　*MOT: 你 猜 这 里 面 是 什 么？
　　　　*CHI: 我 开 不 开 来.
　　　　*MOT: 你 先 猜 里 面 是 什 么？

其次，就"想"和"猜"常见搭配关系而言，看护者仅使用了一部分。在 zhTenTen 中，当"想"跟"我""你""什么""如果""不"搭配时，可以表达认识情态意义"猜测""估计""认为"。在看护者语料中出现了"想"跟"你""什么""不"和"我"共现的例子[例（20）、例（23）、例（24）]。当"猜"跟"猜""灯谜""字谜""猜猜猜""比划""猜猜""透""歌名"和"成语"共现时，可以表达认识情态意义"猜测"。在看护者语料中只出现了"猜"跟"猜"共现的例子[例（25）]。

（23）（File "cs54ma04.cha"）

　　　　*MOT: 这 两 个 字 是 妈 妈 吧.
　　　　*MOT: 啊 是 啊？
　　　　*MOT: 想 小 星 星 是 不 是 生 病 了？
　　　　*MOT: 阿[1]呀.
　　　　*MOT: 怎 么 这 么 硬 呀？

（24）（File "cs72fb18.cha"）

　　　　@Eg: drawing
　　　　@Bg: reading
　　　　*MOT: 我 想 应 该 是 一 本 书 吧？
　　　　*MOT: 怎 么 样？
　　　　*MOT: 猜 对 了 吧？

---

[1] "阿"是错别字，此处应该是"哎"，这可能是转写者的笔误，余同。

(25)（File "cs60fa10.cha"）
　　　　*MOT: 你 先 放 回去 .
　　　　@Eg: blocks
　　　　*MOT: 你 猜 一 猜 这 里面 是 什么 东西 ?
　　　　*CHI: 不 知道 .
　　　　*MOT: 打开 箱子 我们 就 看到 了 .

最后，认识心理动词"想"和"猜"与情态句的句型以及情态句的主语指向之间存在某种同现关系。图 7-34 显示，在看护者和儿童语料中，含有心理动词"想"和"猜"语句的句型体现出了相似的分布规律：肯定句和疑问句比较多；否定句很少。看护者产出的三种句型分别如例（26）—例（28）所示。

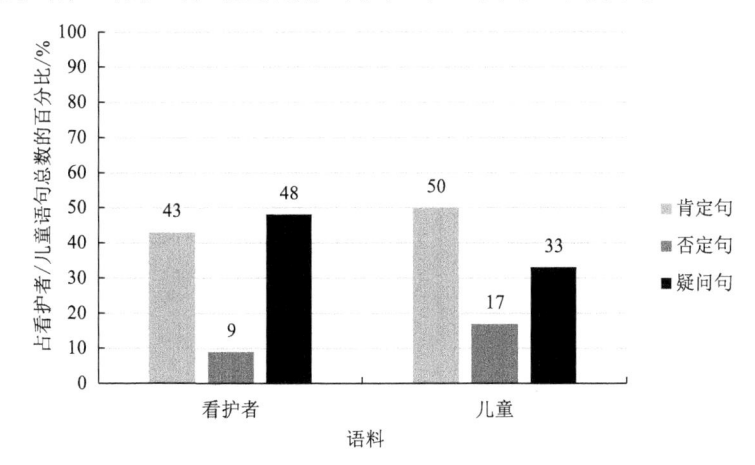

图 7-34　看护者和儿童语料中含心理动词"想"和"猜"语句的句型分布

(26)（File "cs36fa09.cha"）
　　　　*MOT: 是 什么 ?
　　　　*CHI: 打开 来 .
　　　　*MOT: 你 猜 .
　　　　*CHI: 是 麦当劳 .
　　　　*MOT: 是 麦当劳 啊 ?
(27)（File "cs66ma05.cha"）
　　　　*MOT: 猜猜 看 .
　　　　*CHI: 猜 不 到 .
　　　　*MOT: 猜 不 到 呢 .
　　　　*CHI: 一 本 大书 .

*MOT: 哇.
（28）（File "cs54fb19.cha"）
　　*MOT: 拿 一 只 红 颜色 的 水彩笔.
　　*CHI: 这个（这个）阿姨 是 不是 送给 我 啦？
　　*MOT: 你 怎么 老 想 着 送给 你？
　　*CHI: 不是 那（那那）个 小朋友 拿了 一 本 书 走 吗？
　　*MOT: 拿了 本 书 出去 啊？

　　图7-35 显示，在看护者语料中，句子主语指向对话者（第二人称）的比例最高[例（29）]，指向自己（第一人称）的次之[例（30）]，指向交谈第三方的最少[例（31）]。在儿童语料中，句子主语指向自己的最多，指向对话者的次之，指向交谈第三方的不存在。

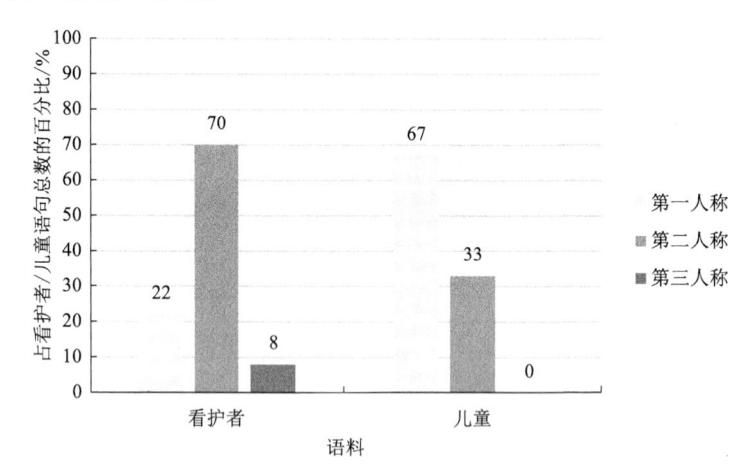

图7-35 看护者和儿童语料中含认识心理动词"想"和"猜"语句的主语指向分布

（29）（File "cs48fb18.cha"）
　　*MOT: 你 猜猜 看 里面 有 什么 东西.
　　*CHI: 好.
　　*MOT: 你 猜.
　　*MOT: 你 猜猜 看.
　　*MOT: 会 有 什么 东西 啊？
（30）（File "cs60fb17.cha"）
　　*MOT: 哎 不 把 它 压坏 了 吗？
　　*MOT: 刚才 人家 摆 好 的.

    *MOT: 我 想 你 应该 能 摆 起来．
    *CHI: 怎么 弄 啊？
    *CHI: 怎么 弄 啊？
（31）（File "cs54ma04.cha"）
    *MOT: 这个 白鹅妈妈．
    *MOT: 这 两个 字 是 妈妈 吧．
    *MOT: 啊是啊？
    *MOT: 想 小星星 是 不是 生病 了？
    *MOT: 阿呀．
    *MOT: 怎么这么硬呀？
    *MOT: 是 不是 刚才 那个 乌龟壳 呀？

  图 7-36 显示，看护者产出的肯定句的主语绝大部分指向对话者[例（21）]，一部分指向自己[例（32）]；儿童产出的肯定句的主语则全部指向自己[例（16）]。看护者产出的否定句的主语一半指向对话者[例（27）]，一半指向第三方[例（33）]；儿童产出的否定句的主语全部指向自己[例（18）]。看护者产出的疑问句的主语大部分指向对话者[例（34）]，一部分指向自己[例（35）]，少数指向第三方[例（31）]；儿童产出的疑问句的主语全部指向对话者[例（17）]。

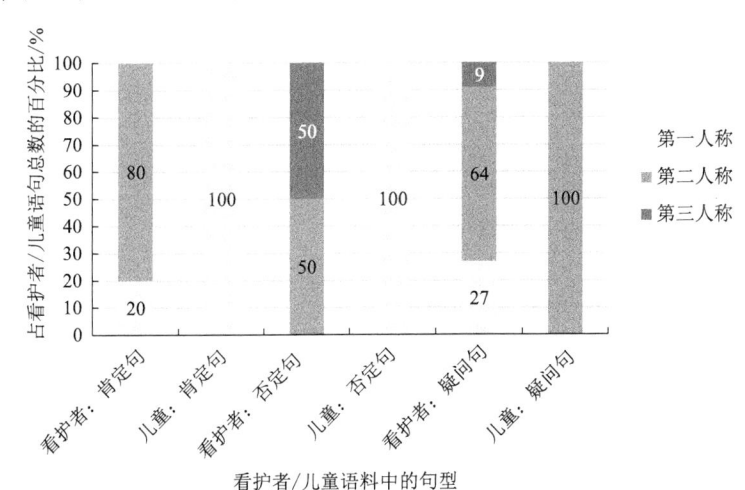

图 7-36 看护者和儿童语料中含认识心理动词"想"和"猜"语句的句型分布和主语指向分布

（32）（File "cs66ma04.cha"）
    *MOT: 热 死．
    *MOT: 哎 对（对）．

*MOT: 妈妈 想 错 了.
*CHI: 要 摆 齐 了.
*MOT: 没 关系.

（33）（File "cs66ma05.cha"）
*MOT: 爸爸 妈妈 又 听到 声音 了.
*MOT: 咦 什么 声音 还 在 响 啊 真 奇怪.
*MOT: 没有 想 到 吧.
*MOT: 看看.
*MOT: 又 有 一只 皮皮鼠 听到 了 又 吓的 骨碌 骨碌 滚 下来 滚到 桌子 上面 去 了.

（34）（File "cs36fa09.cha"）
*MOT: 你 猜 这 里面 是 什么？
*CHI: 我 开 不 开 来.
*MOT: 你 先 猜 里面 是 什么？
*MOT: 这 里面 是 什么？
*MOT: 是 不是 小汽车 变形金刚？

（35）（File "cs48fb20.cha"）
*CHI: 不 告诉 你.
*MOT: 妈妈 很 想 知道 呀.
*MOT: 妈妈 猜 这 是 绿色 的 吧？
*CHI: 不是.
*MOT: 啊？

7.3 汉语认识心理动词"知道"的习得和使用特征

7.3.1 儿童习得特征

由于"知道"的语义比较简单，本部分将从词形和句法的角度阐释"知道"的习得特征。

1. 词形习得特征

儿童从 2;8 岁开始习得认识心理动词"知道"[例（36）]，共产出 129 句含有"知道"的语句。图 7-37 显示，含有"知道"的语句数量在第二阶段占儿童产出的语句总量的 0.8%，在第三阶段维持在 0.8% 的水平，到第四阶段下降至 0.6%，到第五阶段上升至 0.9%。

（36）（File "cs32c.cha"）
　　　　*MOT: 茶杯 上 贴 个 什么 小 动物 呀？
　　　　*MOT: 什么 小 动物？
　　　　*CHI: 不 知道．
　　　　*MOT: 真 的 不 知道 呀？
　　　　*CHI: 什么 什么 都 不 知道．

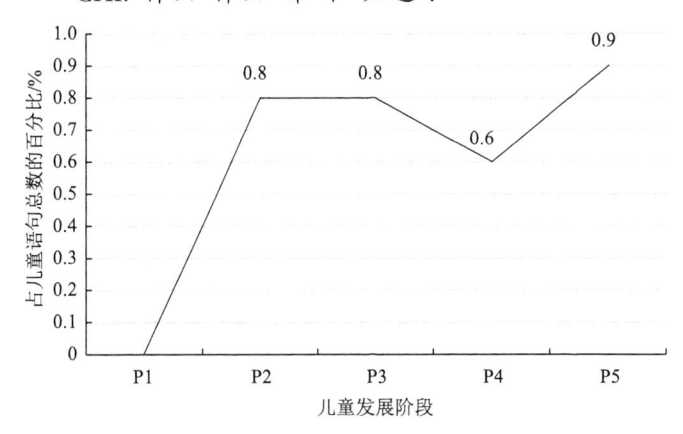

图 7-37　儿童语料中认识心理动词"知道"的产生和发展趋势

Harris、Yang 和 Cui（2017）发现，Sarah 从 2;3 岁开始产出 know，Adam 从 2;4 岁开始产出 know，芊芊从 1;10 岁开始产出"知道"。跟以往的研究结果相比，本研究显示儿童开始习得"知道"的时间比较晚，笔者认为，这可能跟语料收集方式有关。Adam 和 Sarah 的语料收集采用的是纵向跟踪的方法，每个月对每个儿童的录像不少于 2 小时；芊芊的语料收集则采用日记、录音和录像相结合的方式，录音每周两次，录像每两周一次，每次录音/录像持续半个小时左右。本研究的语料收集采用的是分年龄段调查的方式，每两个年龄组之间相差 6 个月左右。跟 Adam、Sarah 和芊芊的语料收集方式相比，用于本研究儿童语料的收集方式时间间隔比较长，这可能导致记录到的语言现象的始现时间比较晚。

2. 句法习得特征

首先，情态句的句型呈现出逐渐多样化的趋势。儿童最早产出的认识情态句是否定的陈述句[例(36)]，从 3;0 岁开始产出肯定的陈述句和疑问句[例（37）—例（38）]，从 4;0 岁开始产出是非问句[例（39）]，从 6;0 岁开始产出选择问句[例（40）]。

(37)（File "cs36fb18.cha"）
　　*CHI: 还有 什么？
　　*CHI: 水彩笔．
　　*CHI: 知道 了．
　　*MOT: 啊．
　　*MOT: 这个 你 自己 玩．

(38)（File "cs36fa06.cha"）
　　*CHI: 这个 白的 是 什么 白的？
　　*MOT: 这个 是 木头 的．
　　*CHI: 这个 白的 我 不 知道 像 什么？
　　*MOT: 嗯 这个 蓝 颜色 像 什么？
　　@Comment: EndTurn

(39)（File "cs48mb13.cha"）
　　*CHI: 有的 肚子 是 白 颜色．
　　*CHI: 有的 肚子 是 黄 颜色．
　　*CHI: 你 知道 吗？
　　*MOT: 知道 了．
　　*MOT: 画 得 不象 啊？

(40)（File "cs72mb15.cha"）
　　@Bg: transformer
　　*CHI: 我 要 玩 那种 象 玩具 的．
　　*CHI: 知道 不 知道？
　　*CHI: 阿姨．
　　*CHI: 这 玩具 是 在 哪 买 的？

其次，情态句的句法结构也呈现出逐渐复杂化的趋势。儿童最早产出的认识情态句是结构比较简单的否定的陈述句[例（36）]，"知道"前项能被范围副词"都"和重复副词"也"修饰[例（41）—例（42）]。从儿童 5;0 岁开始，"知道"前项能受重复副词"还"修饰[例（43）]；从 6;0 岁开始，"知道"前项能受时间副词"现在"修饰[例（44）]；从 5;6 岁开始，"把"字句和从句可以充当句子主语[例（45）—例（46）]；从 5;6 岁开始，"知道"的后项带从句作宾语[例（47）—例（48）]。

(41)（File "cs32c.cha"）
　　*CHI: 不 知道．

*MOT: 真的不知道呀？

*CHI: 什么什么都不知道.

*MOT: 什么都不知道呀.

*MOT: 是不是大象呀？

（42）（File "cs32b.cha"）

*MOT: 好了.

*MOT: 这是什么东西的？

*CHI: 这我也不知道.

*MOT: 这你也不知道呀.

*MOT: 把积木都收起来.

（43）（File "cs60fa07.cha"）

*MOT: 你知不知道？

*CHI: 取得和平星+...

*CHI: 我还不知道呢！

*CHI: 还没放到这里.

*MOT: 来看一看哎.

（44）（File "cs72mb15.cha"）

*CHI: "咚"一下就出来了.

*MOT: 嗯.

*CHI: 现在不知道怎么回事.

*CHI: 坏了.

*CHI: 再去找找.

（45）（File "cs66mb14.cha"）

*MOT: 是绿色的啊？

*MOT: 猜猜里面是什么东西？

*CHI: 把箱子打开看一下就知道了.

*MOT: 打开.

*MOT: 噢原来是卡布达.

（46）（File "cs72mb13.cha"）

*MOT: 家里有？

*CHI: 对呀.

*CHI: 我不用看说明书就知道了.

*MOT: 不看说明书就知道了？

　　　　　　*CHI: 对 呀.

（47）（File "cs72ma05.cha"）

　　　　　　*MOT: 颜色 怎么 说 啊？
　　　　　　*MOT: 红 颜色 怎么 说？
　　　　　　*CHI: 我 知道 黄 颜色 怎么 说.
　　　　　　*MOT: 那 黄 颜色 怎么 说？
　　　　　　*CHI: Yellow.

（48）（File "cs66fa07.cha"）

　　　　　　*CHI: 好.
　　　　　　*CHI: 那 这个 就是 你 的.
　　　　　　*CHI: 我 知道 你 这是 怎么 画 的.
　　　　　　*CHI: 你 乱 画.
　　　　　　*CHI: 你 乱 画 梨子.

再次，就心理动词"知道"常见的搭配关系而言，儿童习得了大部分。在zhTenTen中，当"知道"跟"什么""怎么""谁""你""大家""才""不""我""想"和"知道"搭配时，可以表达认识情态意义"不确定"。在儿童语料中出现了"知道"跟"知道""什么""我""不""怎么""你"和"想"共现的例子[例（40）、例（49）—例（53）]。

（49）（File "cs60ma05.cha"）

　　　　　　*CHI: 不 知道.
　　　　　　*MOT: 这 是 什么 机器人 啊？
　　　　　　*CHI: 不 知道 什么 机器人.
　　　　　　*MOT: 不 知道 什么 机器人 啊？
　　　　　　*CHI: 火 机器人.

（50）（File "cs66ma03.cha"）

　　　　　　*MOT: 为什么 最 喜欢 这个？
　　　　　　*CHI: 因为 是 +...
　　　　　　*CHI: 我 不 知道 啊.
　　　　　　*CHI: 因为 它们 有 火车.
　　　　　　*CHI: 我 现在 喜欢 火车 啊.

（51）（File "cs48mb11.cha"）

　　　　　　*MOT: 看看 这 球 怎么 玩？
　　　　　　*CHI: 玩.

```
    *CHI: 不 知道 怎么 玩 ?①
    *MOT: 不 知道 怎么 玩 啊 ?
    *MOT: 在 幼儿园 的 时候 怎么 玩 的 ?
（52）（File "cs66ma03.cha"）
    *CHI: 只要 我 记住 的 东西 忘 不 掉 的 .
    *MOT: 嗯 .
    *CHI: 你 知道 它 为什么 所以 是 两 个 爪子 ?
    *CHI: 因为 有 了 爪子 它 不倒 啊 .
    *MOT: 对 这样 它 就 象 凳子 一样 .
（53）（File "cs54fb19.cha"）
    *MOT: 妈妈 代 你 打开 .
    *MOT: 想 不想 知道 这 里面 是 什么 东西 ?
    *CHI: 我 想 知道 .
    @Bg: ball
    *MOT: 这个（这个） 盒子 是 什么 颜色 ?
```

最后，认识心理动词与情态句的句型以及情态句的主语指向之间存在某种同现关系。图 7-38 显示，在儿童产出的含有心理动词"知道"的语句中，否定句最多[例（36）]，肯定句次之[例（54）]，而疑问句最少[例（55）]。

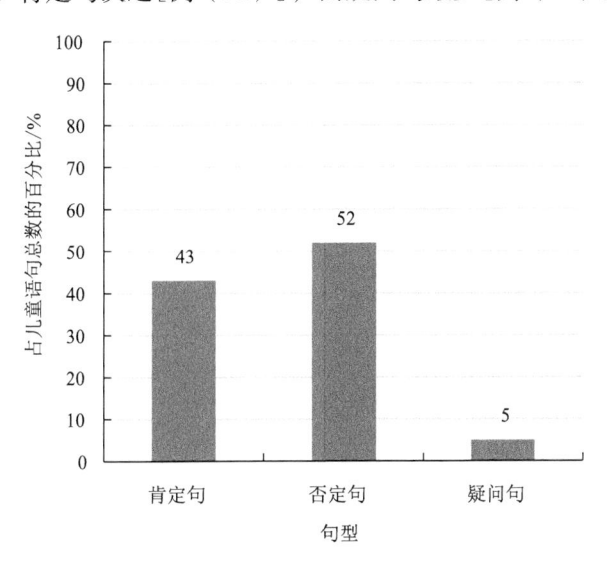

图 7-38 儿童语料中含心理动词"知道"语句的句型分布

肯定句: 43; 否定句: 52; 疑问句: 5

---

① 这是个陈述句，句尾应该是"。"而不是"？"，这可能是转写者的笔误。

（54）（File "cs48fa06.cha"）
　　　　*MOT: 这个 不 能 放 这儿．
　　　　*MOT: 翊翊．
　　　　*CHI: 我 知道 了．
　　　　*CHI: 这个 要 贴 在 这边．
　　　　*MOT: 是啊。

（55）（File "cs60fa10.cha"）
　　　　*MOT: 你 画 的 是 什么 呀？
　　　　*CHI: 这 是 瓜子．
　　　　*CHI: 你 不 知道 吗？
　　　　*MOT: 嗯．
　　　　*CHI: 瓜子．

　　图7-39 显示，儿童产出的含有心理动词"知道"的语句中，句子主语指向第一人称的比例最高［例（56）］，指向第二人称的次之［例（57）］，而指向第三方的不存在。

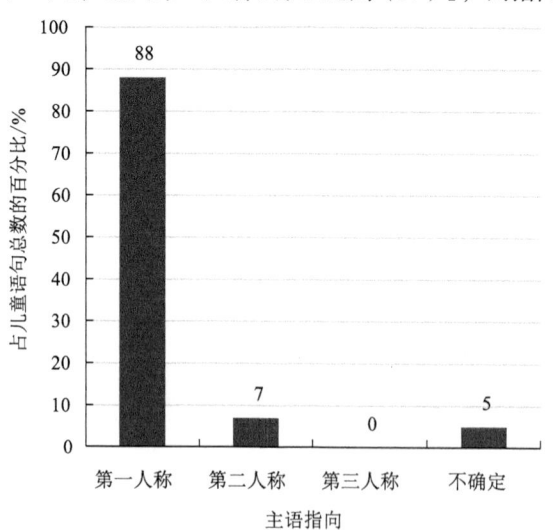

图7-39 儿童语料中含心理动词"知道"语句的主语指向分布

（56）（File "cs72mb15.cha"）
　　　　@Bg: blocks
　　　　*MOT: 放 一起．
　　　　*CHI: 我 知道 光明奶 是 这样子 拼 的．
　　　　*MOT: 几 个？

/ 172 /

```
    *CHI: 往 这里 放开①！
（57）(File "cs54fb18.cha")
    *CHI: 没有．
    *MOT: 有 的．
    *CHI: 你 怎么 知道？
    *MOT: 我 怎么 不 知道？
    *MOT: 舅舅 家 有 的．
```

图 7-40 显示，儿童产出肯定句时，其主语绝大多数指向儿童自己[例（56）]，极少数指向对话者[例（58）]；儿童产出否定句时，主语几乎全部指向儿童自己[例（36）]；儿童产出疑问句时，主语全部指向对话者[例（57）]。

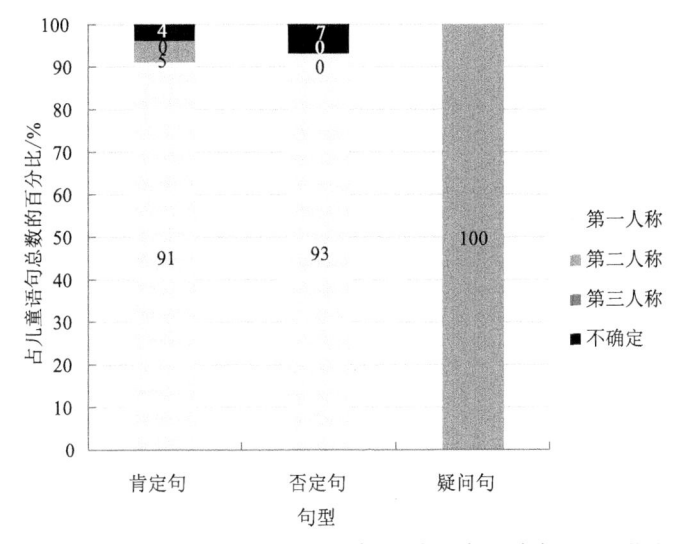

图 7-40 儿童语料中含心理动词"知道"语句的句型分布和主语指向分布

```
（58）(File "cs66ma05.cha")
    *MOT: 我 看 不 出来 它 象 个 什么．
    *CHI: 看 不 出来．
    *CHI: 我 再 画 一 个 东西 你 就 知道 了．
    *MOT: 好 再 画．
    *CHI: 再 画 一 个 你 就 知道 了．
```

Harris、Yang 和 Cui（2017） 发现，儿童产出的含有 know 和"知道"的语句中否定句最多，肯定句次之，疑问句比较少；主语指向第一人称的最多，指向

---

① 儿童说"往这里放开"，意思可能是让妈妈不要老拿着积木，放开积木，把积木往这里摆放。

第二人称的次之，指向第三人称的非常少；此外，肯定句的主语较多指向第一人称，否定句的主语几乎全部指向第一人称（即儿童自己），疑问句的主语全部指向第二人称（即对话者）。跟以往的研究相比，本研究得到了相似的结论：儿童产出的含有心理动词"知道"的语句中否定句最多，肯定句次之，疑问句很少；主语指向第一人称的最多，指向第二人称的很少，没有指向第三人称的；肯定句和否定句的主语几乎全部指向儿童自己，疑问句的主语全部指向第二人称。这说明儿童倾向于肯定或否定自己的知识，同时也向看护者提出问题以获得更多的知识。

7.3.2 看护者使用特征

1. 词形使用特征

看护者从儿童1;2岁开始使用认识心理动词"知道"[例(59)]，共产出202句含有"知道"的语句。图7-41显示，在看护者的语料中，含有"知道"的语句所占的百分比呈现出逐步增大的趋势：第一阶段含有"知道"的语句占语句总量的0.2%，第二阶段升至0.4%，第三阶段和第四阶段维持在0.4%的水平，第五阶段上升至0.7%。儿童语料中含有心理动词"知道"的语句所占的百分比总体来讲也是呈现逐步增大的趋势，跟看护者的数据相比，儿童产出的含有"知道"语句所占比重更大些。

（59）（File "cs14i.cha"）
　　　　*MOT: 是 不 是 啊 ？
　　　　*MOT: 你 下 次 尿尿 要 叫 .
　　　　*MOT: 知道 不 知道 ？
　　　　*MOT: 不 能 碰 .
　　　　*CHI: 哼 .

2. 句法使用特征

首先，认识心理动词"知道"从一开始就用于结构复杂的多种句型中[例(59)—例(63)]。

（60）（File "ld14m.cha"）
　　　　*MOT: 这 是 呢 蝴蝶① .
　　　　*CHI: 花 .

---

① 这句话不通顺，可能是说话者的口误。

第 7 章 汉语认识心理动词的习得

*MOT: 这 个 呢 知道 吗 ？

*CHI: 鸟鸟．

*MOT: 再 说 一 遍 鸟．

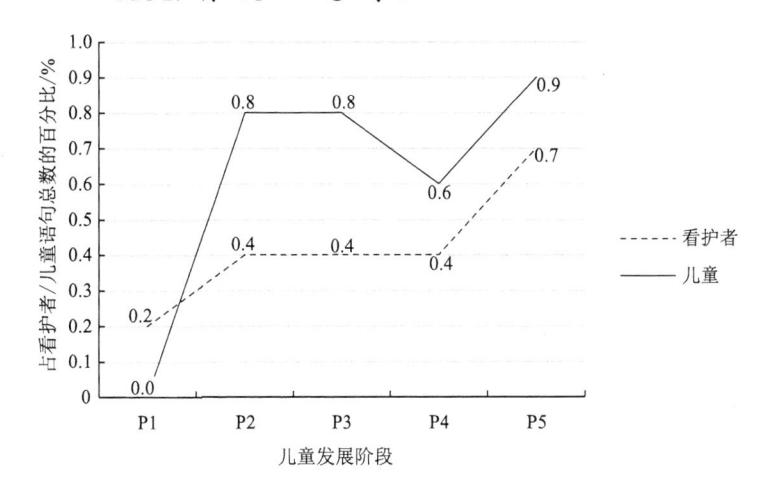

图 7-41 看护者和儿童语料中心理动词"知道"的产生和发展趋势

（61）（File "ld20m.cha"）

*MOT: 说说 看 从 什么 地方 来 的 ？

*MOT: 跟 哥哥 学 的 ？

*MOT: 你 知道 哥哥 在 干 什么 ？

*CHI: 摊摊 床① 睡觉．

*MOT: 书 上 有 个 什么 人 啊 ？

（62）（File "cs26j.cha"）

*MOT: 神仙 老 爷爷 已经 走 了．

*MOT: 孔雀 的 尾巴．

*MOT: 这 回 你 知道 了 吧 ？

*MOT: 神仙 爷爷 和 孔雀．

*CHI: 神仙 和 孔雀．

（63）（File "cs26c.cha"）

*CHI: 房子．

*MOT: 噢 不 知道．

*MOT: 妈妈 不 知道 你 讲 的 是 什么．

---

① "摊摊床"应该是"铺铺床"的意思。

*MOT: 来 看看 这 是 什么 .
*MOT: 告诉 妈妈 这 是 什么 东西 .

其次，就心理动词"知道"的搭配词而言，看护者使用了其中大部分常见的搭配关系。在 zhTenTen 中，当"知道"跟"什么""怎么""谁""你""大家""才""不""我""想"和"知道"搭配时，可以表达认识情态意义"不确定"。在看护者语料中，出现了"知道"跟"不""知道""你""什么""我""怎么""想"和"才"共现的例子[例（59）、例（61）、例（64）—例（67）]。

（64）（File "cs36ma04.cha"）
　　　*MOT: 哎 对 了 .
　　　*CHI: 这 里面 什么 啊 ?
　　　*MOT: 我 不 知道 哎 .
　　　*MOT: 那 你 看看 呢 .
　　　*CHI: 还 是 提 这个 .

（65）（File "cs36mb11.cha"）
　　　*MOT: 这 是 什么 汽车 啊 ?
　　　*CHI: 我 也 不 知道 .
　　　*MOT: 你 怎么 不 知道 ?
　　　*MOT: 妈妈 告诉 过 你 的 .
　　　*MOT: 你 知道 的 这 是 小轿车 .

（66）（File "cs60fa09.cha"）
　　　*MOT: 那 不 漂亮 .
　　　@Comment: EndTurn
　　　*MOT: 我 也 想 知道 往 哪 放 呢 .
　　　*CHI: 奥① 往 这 放 啊 .
　　　*MOT: 这样 呢 ?

（67）（File "cs72ma05.cha"）
　　　*MOT: 这 不 就 可以 变 了 吗 ?
　　　*MOT: 对 不 对 ?
　　　*MOT: 你 要 试 一 试 才 知道 .
　　　*CHI: 嗯 .

---

① "奥"是错别字，此处应该是"哦"，这可能是转写者的笔误，余同。

*CHI: 这 太 不 好 变.

最后，认识心理动词"知道"与情态句的句型以及情态句的主语指向之间存在某种同现关系。图 7-42 显示，在看护者产出的含有心理动词"知道"的语句中，疑问句最多[例（70）]，肯定句次之[例（68）]，而否定句最少[例（69）]；在儿童产出的含有心理动词"知道"的语句中，否定句最多[例（36）]，肯定句次之[例（54）]，而疑问句最少[例（55）]。

（68）（File "cs72fb18.cha"）
　　*CHI: 你 看 你.
　　*CHI: 我 还 没 画 出来 你 怎么 看 出来.
　　*MOT: 我 知道 画 的 是 个 小姑娘.
　　*CHI: 不对.
　　*CHI: 是 一个 小鸡蛋娃娃.

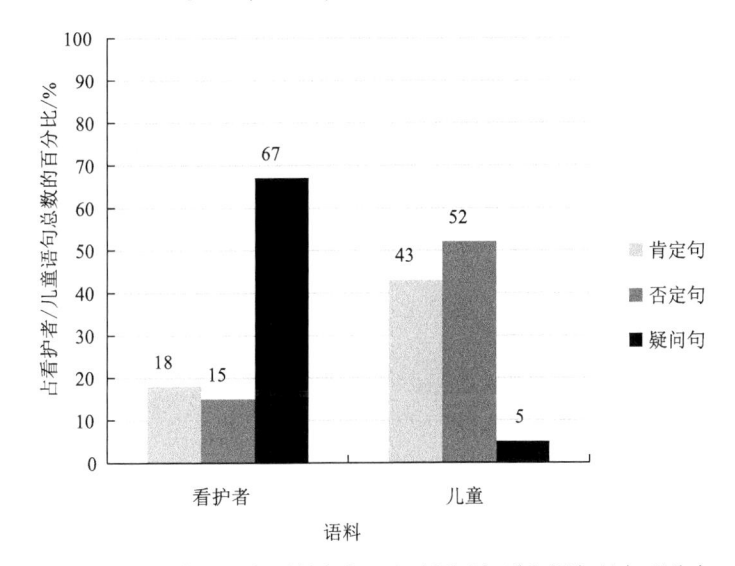

图 7-42　看护者和儿童语料中含心理动词"知道"语句的句型分布

（69）（File "cs60fb18.cha"）
　　*MOT: 玩 这 里面 大 的.
　　*CHI: 大 的 是 什么?
　　*MOT: 我 也 不 知道 呀.
　　*MOT: 打开 看 一下 就 知道 了.
　　*CHI: 快点.

（70）（File "cs36fb16.cha"）
　　　　*CHI: 拼 瑞士糖 .
　　　　*MOT: 晗晗 .
　　　　*MOT: 你 知 不 知道 这 是 什么 形状 ?
　　　　*MOT: 你 告诉 妈妈 .
　　　　*CHI: 绿 的 .

　　图 7-43 显示，看护者产出的含有心理动词"知道"的语句中，句子主语指向第二人称（即儿童）的比例最高[例（72）]，指向第一人称的次之[例（71）]，指向第三方的非常少[例（73）]；在儿童产出的含有心理动词"知道"的语句中，句子主语指向儿童自身的比例最高[例（56）]，指向对话者的次之[例（57）]，而指向第三方的不存在。

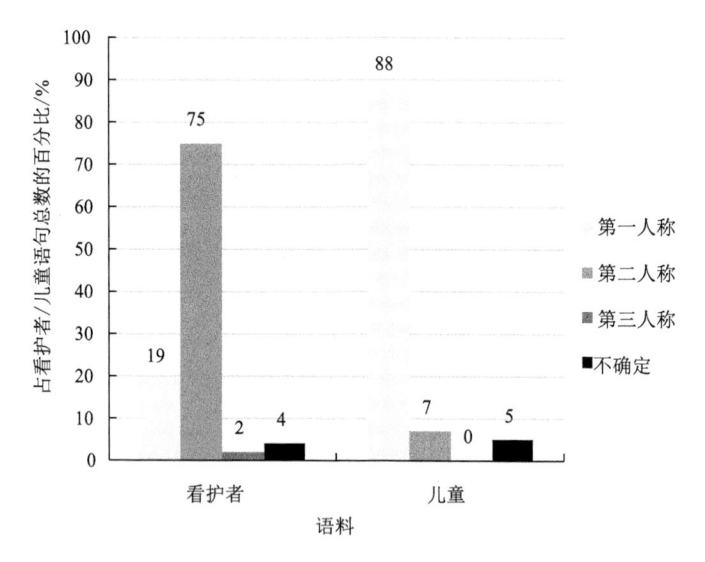

图 7-43　看护者和儿童语料中含心理动词"知道"语句的主语指向分布

（71）（File "cs48fa10.cha"）
　　　　*MOT: 这 是 你 搭 的 .
　　　　*MOT: 很 漂亮 .
　　　　*MOT: 妈妈 知道 了 .
　　　　*MOT: 啊 .
　　　　*MOT: 你 听 妈妈 说 .
（72）（File "cs72ma05.cha"）
　　　　*CHI: 不 会 变 .

　　　　　*MOT: 不会 吧？

　　　　　*MOT: 你 没 试 怎么 会 知道 他 不能 变．

　　　　　*MOT: 这 不 就 可以 变 了 吗？

　　　　　*MOT: 对 不对？

（73）（File "cs54fa09.cha"）

　　　　　*MOT: 这 是 什么 怪兽 啊？

　　　　　*MOT: 下次 我们 记得 去 问 刘畅 哦．

　　　　　*MOT: 刘畅 肯定 会 知道 对 不对？

　　　　　*CHI: 嗯．

　　　　　*MOT: 嗯．

　　图 7-44 显示，在看护者产出的肯定句中，其主语大多数指向自己 [例（68）]，有些指向儿童 [例（74）]；而在儿童产出的肯定句中，其主语绝大多数指向自己 [例（56）]。在看护者产出的否定句中，其主语大多数指向自己 [例（69）]，有些指向儿童 [例（75）]，较少指向第三方 [例（76）]；而在儿童产出的否定句中，其主语绝大多数指向自己 [例（36）]，没有一句是指向对话者或是第三方的。在看护者产出的疑问句中，其主语绝大多数指向儿童 [例（70）]；而在儿童产出的疑问句中，其主语全部指向对话者 [例（57）]。

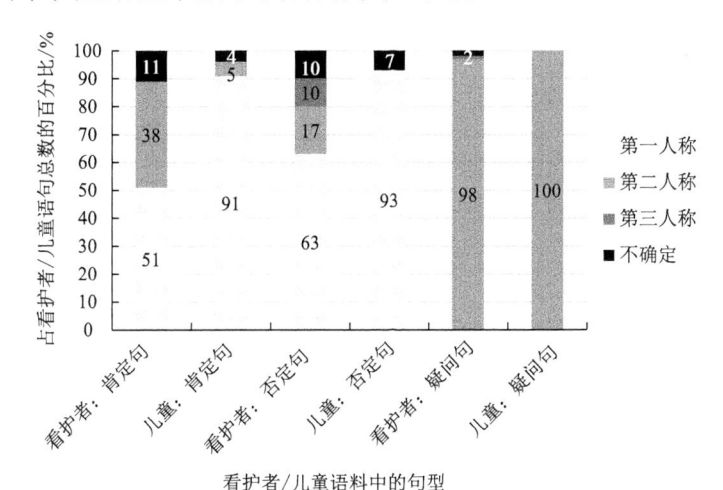

图 7-44　看护者和儿童语料中含心理动词"知道"语句的句型分布和主语指向分布

（74）（File "cs54mb14.cha"）

　　　　　*MOT: 请 你 自己 搭．

　　　　　*MOT: 你 也 按照 这个 像 妈妈 这样 自己 搭 一下．

*MOT: 一样 不 一样 啊 你 就 知道 了．

*CHI: 妈妈．

*CHI: 妈妈．

（75）（File "cs48ma01.cha"）

*MOT: 这 什么 形状 啊？

*MOT: 这 什么 形状？

*MOT: 你 不 知道 吧．

*MOT: 一样 的．

*MOT: 给 它 对齐 了．

（76）（File "cs42fa06.cha"）

*MOT: 是 种子 啊？

*CHI: 是 哪个 种子 啊？

*MOT: 他们 不 知道 啊．

*MOT: 看 第二 天 长 出 什么 东西 来 知 不 知道？

*CHI: 嗯．

7.4 小　　结

儿童从 4;0 岁开始习得认识心理动词"想"，从 5;0 岁开始习得认识心理动词"猜"。"想"和"猜"从一开始就用于结构复杂的多种句型中。就"想"和"猜"常见的搭配关系而言，儿童仅习得了其中的很少一部分。含有"想"和"猜"的语句中肯定句最多，疑问句次之，否定句最少；主语指向第一人称的最多，其余的全部指向第二人称；肯定句和否定句的主语全部指向第一人称，疑问句的主语全部指向第二人称。

看护者从儿童 4;0 岁开始使用认识心理动词"想"，从儿童 2;2 岁开始使用认识心理动词"猜"。"想"和"猜"一开始就用于结构复杂的多种句型中。就"想"和"猜"常见的搭配关系而言，看护者仅使用了其中的一部分。跟看护者相比，儿童语料中含"想"和"猜"的语句中肯定句和否定句较多，疑问句较少；主语指向第一人称的较多，指向第二人称的较少。此外，跟看护者相比，儿童产出的肯定句和否定句的主语全部指向第一人称，这说明儿童更倾向于肯定或者否定自己做出的含"想"和"猜"的不确定性判断；疑问句的主语全部指向第二人称，这说明儿童更倾向于询问看护者做出的含"想"和"猜"的不确定性判断。

儿童从 2;8 岁开始产出含有认识心理动词"知道"的语句，其百分比呈现逐步上升的趋势。儿童含有"知道"语句的句型呈现逐渐多样化的趋势，句法结构呈现逐渐复杂化的趋势。就"知道"常见的搭配关系而言，儿童习得了其中的大部分。儿童含"知道"的语句中否定句最多，肯定句次之，疑问句最少；其主语指向第一人称的最多，指向第二人称的很少，没有指向第三人称或其他事物的；肯定句和否定句的主语绝大多数指向第一人称，疑问句的主语全部指向第二人称。

看护者从儿童 1;2 岁开始产出含有认识心理动词"知道"的语句，其百分比稍低于儿童语料，发展趋势和儿童语料相似。看护者产出的含"知道"的语句从一开始就用于结构复杂的多种句型中。就"知道"常见的搭配关系而言，看护者使用了其中的绝大部分。跟看护者相比，儿童语料中含"知道"的肯定句和否定句较多，疑问句较少；主语指向第一人称的较多，指向第二人称的较少。此外，跟看护者相比，儿童产出的肯定句和否定句的主语指向第一人称的较多，这说明儿童更倾向于肯定或否定自己做出的含"知道"的不确定性判断；疑问句的主语指向对话者的稍多一点，这说明儿童更倾向于询问看护者做出的含"知道"的不确定性判断。

第 8 章

结　　论

8.1　研　究　发　现

本书调查了说汉语儿童不确定性表达的习得特征，同时也调查了看护者不确定性表达的输入特征，以确定输入在哪些方面会对儿童不确定性表达习得产生影响。

儿童不确定性习得过程体现出以下特征：婴幼儿可以使用多种身体语言方式表达不确定性判断。儿童从 2;2 岁以后开始习得不确定性表达，认识情态副词比认识情态动词和认识心理动词早习得。儿童逐步习得了不确定性表达的部分用法，有些用法直至 6;0 岁也未能习得（如"要"用于比较句，表示"估计"）。儿童产出的含有不确定性表达语句的句型呈现逐渐多样化的趋势，句法结构则呈现逐渐复杂化的趋势，不确定性表达跟语句的类型以及主语指向之间存在某些共现关系。

看护者的输入体现出以下特征：输入频率高的不确定性表达形式儿童会较早习得，而输入频率低的则会较晚习得。输入频率高的语义会较早习得，而输入频率低的则会较晚习得，甚至有些语义直至儿童 6;0 岁还没有习得。不确定性表达从一开始就用于结构复杂的多种句型中；不确定性表达跟语句的句型以及主语指向之间存在某些共现关系，这些共现关系跟儿童语料中的共现关系之间存在很大的差异性。

8.2　汉语不确定性表达习得影响因素

8.2.1　儿童心理理论

本研究表明，汉语认识情态表达比动力情态表达和道义情态表达习得得晚，这与儿童心理理论的发展水平有关。由于认识情态体现了说话者对于命题不太肯定的判断，与对信念的理解有关，较难理解，因此，要习得认识情态表达，儿童的心理理论必须发展到较高水平。测试儿童心理理论水平的实验研究（Gopnik &

Astington, 1988; Moore, Pure & Furrow, 1990)表明, 儿童 4;0 岁左右才能够意识到信念跟事实可能会不同, 而信念的确定程度又有高低之分, 而这则是儿童习得认识情态表达的基础条件。根据实验研究的结论, 儿童似乎应该在 4;0 岁以后才开始习得认识情态表达, 然而基于儿童自发语料的研究却显示, 儿童在 2;6 岁左右就已经开始习得认识情态表达了。Choi（2006: 148）认为, 由于实验研究呈现的任务不自然, 对于儿童来讲, 这些任务比自然语言交际更难完成, 因此儿童在实验研究中的表现可能会滞后于他们的实际语言水平。

8.2.2 语言特征

汉语不确定性表达的语义抽象, 用法复杂, 这可能使其较难习得。首先, 情态动词的用法十分复杂。情态按语义类型可分为动力情态、道义情态和认识情态三类。情态动词多数是多义的, 同一个情态动词往往被用来表达不同类型的情态意义, 而同一种情态意义又可以由多个情态动词实现, 因此, 各情态动词的语义既相近又相异, 语义联系错综复杂（图 8-1）。表达同一种情态意义的几个不同的情态动词有时可替换使用, 有时不可替换使用, 这极大程度取决于细微的语义差异或前后语法限制, 这就使情态动词的习得更加复杂。其次, 情态副词和心理动词不仅语义抽象, 有些表达还是多词性的, 例如, "就"可以用作副词、介词和连词, 而且每一种词性都有几种用法。

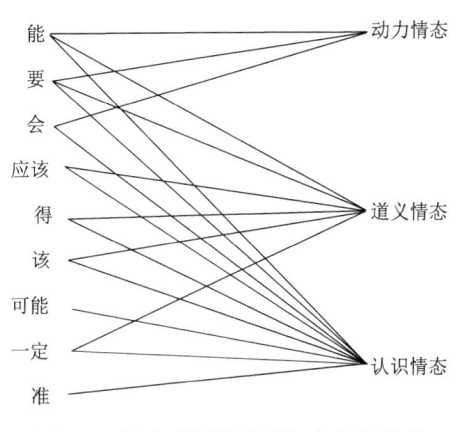

图 8-1 情态动词的词形与意义的关系

认识情态表达的习得顺序与其蕴含的可能性层级部分有关, 有的蕴含可能性层级高的认识情态表达比蕴含可能性层级低的认识情态表达早习得。本研究表明, 表达认识必然的情态动词"要"比表达认识或然的情态动词"可能"和"能"早习得。关于法语认识情态表达习得的研究也发现, 确定性的认识情态表达比不确定性的认识情态表达早习得（Bassano，1996）。此外，实验研究的结果也表明，说法语儿童从 4;0 岁开始就能够理解确定性的认识情态表达，而不确定性的认识情态表达直到 7;0 岁才能够完全理解（Bassano，Hickmann & Champaud，1992）。

8.2.3 看护者使用特征

不确定性表达的习得顺序与看护者输入之间存在部分相关性。一方面，输入频率高的不确定性表达会较早习得，而输入频率低的不确定性表达则会较晚习得。如表 8-1 和表 8-2 所示，在儿童开始习得不确定性表达之前，认识情态动词"要"和"会"、认识情态副词"就"、认识心理动词"知道"的输入频率都比较高，这些不确定性表达的始现年龄都比较早。相反地，认识情态动词"能""应该""可能"和"一定"、认识情态动词"想"的输入频率都很低，这些不确定性表达都较晚习得。另一方面，输入频率低的情态动词不一定就早习得。认识心理动词"猜"被习得之前的输入频率也比较高，但始现时间却比较晚。

表 8-1　不确定性表达的始现年龄　　　（单位：岁）

不确定性表达	能	要	会	应该	可能	一定	就	想	猜	知道
始现年龄	4;0	2;8	2;8	3;6	3;6	6;0	2;2	4;0	5;0	2;8

表 8-2　不确定性表达被习得之前在看护者语料中的输入频率　（单位：%）

不确定性表达	能	要	会	应该	可能	一定	就	想	猜	知道
输入频率	3	13	9	1	1	0	35	0	15	22

情态语义的习得顺序与输入频率相关。首先，本研究表明，汉语动力情态和道义情态从儿童 1;2 岁开始习得，而认识情态从 2;8 岁才开始习得，这跟认识情态动词在输入中较低的使用频率（17%）有关。Shatz 和 Wilcox（1991）也表明，英语认识情态比动力情态和道义情态晚半年左右开始习得，这跟认识情态动词在母亲[①]话语中的使用频率比较低（10%）有关。其次，对于在看护者语料中使用频率高的情态表达用法，儿童往往较早习得。例如，认识情态动词"要"可以表达三种意义："可能""将要""用于比较句表示估计"（吕叔湘，1999：592-593）。在看护者语料中，"要"表示"将要"的用法占所有用法的 87%，儿童从 3;0 岁开始习得此用法；"要"表示"可能"的用法占 12%，表示"用于比较句表示估计"的用法占 1%，儿童直到 6;0 岁也没有习得这两种用法。再例如，认识情态动词"会"表达"有可能，通常表示将来的可能性，但也可以表示过去和现在的"

[①] Shatz 和 Wilcox 的研究只是调查了母亲的话语，没有调查其他看护者的话语。

（吕叔湘，1999：278-279）。在看护者语料中，"会"表示"将来的可能性"的用法占74%，儿童从2;8岁开始习得此用法；"会"表示"过去的可能性"的用法占22%，儿童从3;6岁开始习得此用法；"会"表示"现在的可能性"的用法占4%，儿童直到6;0岁也没有习得此用法。

句法习得特征跟输入似乎关系不大。第一，儿童产出的情态句的句型呈现逐步多样化的趋势，句法结构呈现逐步复杂化的趋势。然而，在看护者的话语中，认识情态动词从一开始就用于结构复杂的多种句型中。第二，在看护者和儿童语料中，含有不确定性表达的语句类型不同。表8-3显示，在儿童语料中，含有认识心理动词"知道"的否定句比例较高，除此以外，看护者和儿童语料都以肯定句和疑问句为主；跟看护者相比，儿童语料中的肯定句比例较高，疑问句比例较低。第三，在看护者和儿童语料中，含有不确定性表达语句的主语指向不同。表8-4显示，跟看护者相比，儿童产出的含不确定性表达语句的主语指向第一人称的比较多，指向第二人称的比较少，这说明儿童较倾向于把对话指向自己，而不倾向于把对话指向看护者。在看护者和儿童语料中，含不确定性表达语句主语指向第三人称的都很少（儿童语料中含认识心理动词语句的主语没有指向第三人称的），这说明谈话往往局限于说话者和听话者，很少涉及第三方。在看护者和儿童语料中，含认识情态动词和认识情态副词语句的主语有很多指向其他事物，这说明看护者和儿童都倾向于把对话指向玩具、小动物或者玩玩具的过程等。第四，在看护者和儿童语料中，含有不确定性表达语句的句型和主语指向分布不同。例如，在看护者语料中，含有认识心理动词"想"和"猜"肯定句的主语80%指向第二人称；然而，在儿童语料中，此类语句主语全部指向第一人称（即儿童自己）（图7-36）。这说明看护者较倾向于肯定儿童的不确定性判断，而儿童却较倾向于肯定自己的不确定性判断。再例如，在看护者语料中，含有认识情态副词"就"否定句的主语40%指向第二人称；然而，在儿童语料中，此类语句主语却没有指向第二人称的（图6-19）。这说明看护者较倾向于否定对话者（即儿童）的不确定性判断，而儿童却较倾向于否定自己的不确定性判断。

表8-3　看护者和儿童语料中不确定性表达的句型分布　　（单位：%）

句型	语料来源	认识情态动词	认识情态副词	认识心理动词"想"和"猜"	认识心理动词"知道"
肯定句	看护者	49	69	43	18
	儿童	80	86	50	43
否定句	看护者	6	10	9	15
	儿童	7	8	17	52
疑问句	看护者	45	21	48	67
	儿童	13	6	33	5

表 8-4　看护者和儿童语料中不确定性表达的主语指向分布　　（单位：%）

主语指向	语料来源	认识情态动词	认识情态副词	认识心理动词"想"和"猜"	认识心理动词"知道"
第一人称	看护者	6	11	22	19
	儿童	26	21	67	88
第二人称	看护者	17	52	70	75
	儿童	5	14	33	7
第三人称	看护者	4	2	8	2
	儿童	2	2	0	0
其他	看护者	72	31	0	0
	儿童	65	61	0	0
不确定	看护者	1	4	0	4
	儿童	3	2	0	5

8.2.4　多因素动态交互

只有综合考虑上述三种因素的动态交互，才能充分解释汉语儿童不确定性表达的习得特征。例如，为什么认识情态动词比动力情态动词和道义情态动词晚习得？笔者认为，由于同一个情态动词往往可以表达多种情态意义，因此，认识情态动词较晚习得应该与词形无关。事实上，以下三种因素的综合作用则可能是其背后的原因。首先，认识情态语义比较抽象。动力情态和道义情态分别表达存在于自然界和社会中的可能性和必然性，而认识情态则表达存在于心理世界的可能性和必然性，后者比前者的语义更加抽象。其次，认识情态对儿童心理理论水平的要求较高。动力情态和道义情态与意图、愿望、允许等心理状态有关，可以被非表征地解释，因此较容易理解；而认识情态则与信念有关，包括对世界的表征和解释，因此较难理解。最后，认识情态动词被习得之前在输入中的使用频率极低，而动力情态动词和道义情态动词被习得之前的输入频率却比较高。例如，为什么认识情态动词"要"比认识情态动词"能"早习得？一方面，"要"表示认识必然性，其蕴含的可能性层级较高，而"能"表示认识或然性，其蕴含的可能性层级较低。另一方面，"要"被习得之前的输入频率较高，而"能"的输入频率却比较低。在这两者的综合作用下，"能"较晚被儿童习得。同理，认识心理动词"知道"比"想"早习得也是多种因素综合作用的结果：一方面，"知道"

的语义用法比较单一，而"想"却有多种用法；另一方面，"知道"被习得之前的输入频率比较高，而"想"的输入频率却比较低。

8.3　后续研究

关于不确定性表达的习得，后续研究可以从以下几个方面进一步展开。第一，开展实验研究，调查不同年龄阶段儿童对于汉语不确定性表达的理解情况。例如，儿童从什么时候开始理解不确定性表达的语义，以及到什么时候能够达到成人的理解水平？儿童是否先理解单个的不确定性表达的语义，然后理解不同的不确定性表达之间的语义关系？儿童是否先理解蕴含可能性层级高的不确定性表达的语义，然后理解蕴含可能性层级低的不确定性表达的语义？儿童是否先理解位于语义连续统两极的不确定性表达之间的语义区别，然后逐渐理解位于语义连续统中间部分的不确定性表达之间的语义区别？第二，开展基于儿童口语语料的对比研究，调查说不同语言的儿童对不确定性表达的习得情况。说不同语言的儿童在习得不确定性表达过程中有何异同？哪些异同与看护者的输入有关？哪些与语言特征有关？哪些与文化背景有关？哪些与儿童的认知发展有关？

参考文献

白梅丽. (1987). 现代汉语中"就"和"才"的语义分析. 中国语文, (5): 390-399.

崔诚恩. (2002). 现代汉语情态副词研究. 北京: 中国社会科学院研究生院博士学位论文.

方富熹, Wellman, H. M., 刘玉娟, 等. (2009). 纵向再探学前儿童心理理论发展模式. 心理学报, (8): 706-714.

郭昭军. (2003). 汉语情态问题研究. 天津: 南开大学博士学位论文.

胡裕树, 范晓. (1995). 动词研究. 开封: 河南大学出版社.

孔令达, 胡德明, 欧阳俊林, 等. (2004). 汉族儿童实词习得研究. 合肥: 安徽大学出版社.

吕叔湘. (1999). 现代汉语八百词(增订版). 北京: 商务印书馆.

马建忠. (1898). 马氏文通. 上海: 商务印书馆/北京: 商务印书馆 1983 年重印.

彭利贞. (2007). 现代汉语情态研究. 北京: 中国社会科学出版社.

沈家煊. (1999). 不对称和标记论. 南昌: 江西教育出版社.

苏彦捷, 刘艳春. (2012). 亲子交流与儿童心理理论的获得和发展: 文化的视角. 心理科学进展, (3): 317-327.

文雅丽. (2007). 现代汉语心理动词研究. 北京: 北京语言大学博士学位论文.

肖晓, 杨娜, 钱乐琼, 等. (2014). 假装游戏训练对自闭症儿童心理理论的干预研究. 中国临床医学杂志, (4): 742-745.

杨贝. (2014a). 汉语儿童情态动词早期习得——个案研究. 北京: 科学出版社.

杨贝. (2014b). 汉语儿童认识情态动词的早期习得. 语言教学与研究, (1): 20-28.

张谊生. (2000). 现代汉语副词研究. 上海: 学林出版社.

张云秋. (2014). 汉语儿童早期语言的发展. 北京: 商务印书馆.

赵元任. (1979). 汉语口语语法. 北京: 商务印书馆.

中国社会科学院研究所. (2016). 《现代汉语词典(第 7 版)》. 北京: 商务印书馆.

Aksu-Koç, A. (1998). The role of input vs. universal predispositions in the emergence of tense-aspect morphology: Evidence from Turkish. *First Language*, 18: 255-280.

Alfandre, D. R. (2010). *The Interdependence of Modality and Theory of Mind* (Unpublished doctoral dissertation). Louisiana State University, Baton Rouge.

Artinger, F., Exadaktylos, F., Koppel, H., et al. (2014). In others' shoes: Do individual differences in empathy and theory of mind shape social preferences? *PLoS One*, 9: e92844.

Astington, J. W. & Jenkins, J. M. (1999). A longitudinal study of the relation between language and theory of mind development. *Developmental Psychology*, 35: 1311-1320.

Astington, J. W. & Pelletier, J. (2018). The language of mind: Its role in teaching and learning. In D. R. Olson & N. Torrance (Eds.), *The Handbook of Education and Human Development: New Models of Learning, Teaching and Schooling* (pp. 569-593). Cambridge, MA: Basil Blackwell.

Bassano, D. (1996). Functional and formal constraints on the emergence of epistemic modality: A longitudinal study on French. *First Language*, 16: 77-113.

Bassano, D., Hickmann, M. & Champaud, C. (1992). Epistemic modality in French children's discourse: To be sure or not to be sure? *Journal of Child Language*, 19: 389-414.

Bates, E. (1976). Pragmatics and sociolinguistics in child language. In D. Morehead & A. Morehead (Eds.), *Normal and Deficient Child Language*. Baltimore: University Park Press.

Bowerman, M. (1986). First steps in acquiring conditionals. In E. C. Traugott, A. Meulen, J. S. Reilly, et al. (Eds.), *On Conditionals* (pp. 285-307). Cambridge: Cambridge University Press.

Brosseau-Liard, P., Penney, D. & Poulin-Dubois, D. (2015). Theory of mind selectively predicts preschoolers' knowledge-based selective word learning. *British Journal of Developmental Psychology*, 33: 464-475.

Brown, R. (1973). *A First Language: The Early Stages*. Cambridge, MA: Harvard University Press.

Byrnes, J. P. & Duff, M. A. (1989). Young children's comprehension of modal expressions. *Cognitive Development*, 4: 369-387.

Charles, D. (1872). *The Expression of the Emotions in Man and Animals*. London: John Murray.

Choi, S. (1991). Early acquisition of epistemic meanings in Korean: A study of sentence-ending suffixes in the spontaneous speech of three children. *First Language*, 11: 93-119.

Choi, S. (1995). The development of epistemic sentence-ending modal forms and functions in Korean children. In J. Bybee & S. Fleischman (Eds.), *Modality in Grammar and Discourse* (pp.165-204). Amsterdam: Benjamins.

Choi, S. (2006). Acquisition of modality. In W. Frawley (Ed.), *The Expression of Modality* (pp. 141-172). Berlin: Mouton de Gruyter.

Clancy, P. (1985). The acquisition of Japanese. In D. I. Slobin (Ed.), *The Crosslinguistic Study of Language Acquisition*, vol. 1 (pp. 373-524). Hillsdale: Lawrence Erlbaum Associates.

Coates, J. (1983). *The semantics of the Modal Auxiliaries*. London and Canberra: Croom Helm.

Coates, J. (1988). The acquisition of the meaning of modality in children aged eight and twelve.

Journal of Child Language, 15: 425-434.

Cowell, J. M., Samek, A., List, J., et al. (2015). The curious relation between theory of mind and sharing in preschool age children. *PLoS One*, 10: e0117947.

de Villiers, P. (2005). The role of language in theory-of-mind development: What deaf children tell us. In J. W. Astington & J. A. Baird (Eds.), *Why Language Matters for Theory of Mind* (pp. 266-297). New York: Oxford University Press.

Durrleman, S., Burnel, M. & Reboul, A. (2017). Theory of mind in SLI revisited: Links with syntax, comparisons with ASD. *International Journal of Language & Communication Disorders*, 52: 816-830.

Ensor, R., Devine, R. T., Marks, A., et al. (2014). Mothers' cognitive references to 2-year-olds predict theory of mind at ages 6 and 10. *Child Development*, 85: 1222-1235.

Erbaugh, M. (1982). *Coming to Order: Natural Selection and the Origin of Syntax in the Chinese-speaking Child* (Unpublished doctoral dissertation). University of California, Berkeley.

Farrar, M. J. & Maag, L. (2002). Early language development and the emergence of a theory of mind. *First Language*, 22: 197-213.

Fletcher, P. (1978). The development of the verb-phrase. In P. Fletcher & M. Garman (Eds.), *Language Acquisition* (pp. 261-284). Cambridge: Cambridge University Press.

Gopnik, A. & Astington, J. (1988). Children's understanding of representational change in its relation to the understanding of false belief and the appearance-reality distinction. *Child Development*, 59: 26-37.

Greenfield, P. (2006). Implications of mirror neurons for the ontogeny and phylogeny of cultural processes: The examples of tools and language. In M. A. Arbib (Ed.), *From Action to Language via the Mirror Neuron System* (pp. 501-533). Cambridge: Cambridge University Press.

Happé, F. G. E. (1995). The role of age and verbal ability in the theory of mind task performance of subjects with autism. *Child Development*, 66: 843-855.

Harris, P. L., Yang, B. & Cui, Y. (2017). 'I Don't Know': Children's early talk about knowledge. *Mind & Language*, 3: 283-307.

Haslett, B. B. & Samter, W. (2015). Parent-Infant communication. https://onlinelibrary.wiley.com/doi/10.1002/9781118540190.wbeic035[2018-06-08].

Hirst, W. & Weil, J. (1982). Acquisition of epistemic and deontic meaning of modality. *Journal of Child Language*, 9: 659-666.

Hoerl, C. (2018). Episodic memory and theory of mind: A connection reconsidered. *Mind &*

Language, 33(2): 148-160.

Hughes, C. & Devine, R. T. (2015). A social perspective on theory of mind. In M. Lamb & R. M. Lerner (Eds.), *Handbook of Child Psychology and Developmental Science*. 7th edn., Volume III: *Social, Emotional and Personality Development* (pp. 1-46). Hoboken, NJ: Wiley.

Hughes, C. & Dunn, J. (1998). Understanding mind and emotion: Longitudinal associations with mental-state talk between young friends. *Developmental Psychology*, 34: 1026-1037.

Hughes, C., Devine, R. T. & Wang, Z. (2017). Does parental mind-mindedness account for cross-cultural differences in preschoolers' theory of mind? *Child Development*, Early Online View, DOI: 10.1111/cdev.12746.

Imuta, K., Henry, J. D., Slaughter, V., et al. (2016). Theory of mind and prosocial behavior in childhood: A meta-analytic review. *Developmental Psychology*, 52: 1192-1205.

Jenkins, J. M. & Astington, J. W. (1996). Cognitive factors and family structure associated with theory of mind development in young children. *Developmental Psychology*, 32: 70-78.

Jester, M. & Johnson, C. J. (2015). Differences in theory of mind and pretend play associations in children with and without specific language impairment. *Infant and Child Development*, 25: 24-42.

Kilgarriff, A. & Rundell, M. (2002). Lexical profiling software and its lexicographic applications—A case study. *Proc EURALEX*. Copenhagen, August, 807-818.

Kilgarriff, A., Baisa, V., Bušta, J., et al. (2014). The sketch engine: Ten years on. *Lexicography*, 1: 7-36.

Kirk, E., Pine, K., Wheatley, L., et al. (2015). A longitudinal investigation of the relationship between maternal mind-mindedness and theory of mind. *British Journal of Developmental Psychology*, 33: 434-445.

Kuchirko, Y., Tafuro, L. & Lemonda, C. S. T. (2017). Becoming a communicative partner: Infant contingent responsiveness to maternal language and gestures. *Infancy*, 2: 1-19.

Li, R. Z. (2003). *Modality in English and Chinese: A Typically Perspective* (Unpublished doctoral dissertation). University of Antwerp, Antwerp.

Liszkowski, U. & Ramenzoni, V. C. (2015). Pointing to nothing? Empty places prime infants' attention to absent objects. *Infancy*, 20: 433-444.

Lock, A. & Goldring, P. Z. (2010). Preverbal communication. In J. G. Bremner & T. D. Wachs (Eds.), *The Wiley-Blackwell Handbook of Infant Development*(pp. 351-353). Hoboken, NJ: Wiley–Blackwell.

Low, J. & Perner, J. (2012). Implicit and explicit theory of mind: State of art. *British Journal of Developmental Psychology*, 1: 1-13.

MacWhinney, B. (2010). Language development. In M. Bornstein & M. Lamb (Eds.), *Developmental Science: An Advanced Textbook Sixth Edition* (pp. 389-423). New York: New Psychology Press.

MacWhinney, B. (2018). *Child Language Data Exchange System.* https: //childes.talkbank.org/ [2018-03-20].

Mehrabian, A. (1971). *Silent Messages.* Belmont, CA: Wadsworth.

Milligan, K., Astington, J. A. & Dack, L. A. (2007). Language and theory-of-mind: Meta-analysis of the relation between language ability and false belief understanding. *Child Development,* 78: 622-646.

Moore, C., Pure, K. & Furrow, D. (1990). Children's understanding of the modal expression of speaker certainty and uncertainty and its relation to the development of a representational theory of mind. *Child Development,* 61: 722-730.

Morris, D. (1969). *The Naked Ape: A Zoologist's Study of the Human Animal.* London: Corgi Books.

Morris, D. (1978). *Man Watching: A Field Guide to Human Behaviour.* London: Triad Books.

Mulder, H. D. (2011). *Putting the Pieces Together: The Development of Theory of Mind and (Mental) Language.* Utrecht:LOT Publications.

Nilsson, K. K. & López, K. J. (2015). Theory of mind in children with specific language impairment: A systematic review and meta-analysis. *Child Development,* 87: 143-153.

O'Neill, D. & Atance, C. (2000). 'Maybe my daddy gives me a big piano': The development of children's use of modals to express uncertainty. *First Language,* 20: 29-52.

Palmer, F. R. (1986). *Mood and Modality.* Cambridge: Cambridge University Press.

Papafragou, A. (2002). The acquisition of modality: Implications for theories of semantic representation. *Mind and Language,* 13: 370-399.

Partington, A. (2003). *The Linguistics of Political Argument.* London: Routledge.

Pea, R. & Mawby, R. (1984). Semantics of modal auxiliary verb uses by preschool children. *Proceedings of the International Congress for the Study of Child Language,* 2: 204-219.

Pelligra, V., Isoni, A., Fadda, R., et al. (2015). Theory of mind, perceived intentions and reciprocal behaviour: Evidence from individuals with autism spectrum disorder. *Journal of Economic Psychology,* 49: 95-107.

Peterson, C. & Siegal, M. (1999). Representing inner worlds: Theory of mind in autistic, deaf, and normal-hearing children. *Psychological Science,* 10: 126-129.

Peterson, C. & Siegal, M. (2000). Insights into theory of mind from deafness and autism. *Mind and Language,* 15: 123-145.

Premack, D. & Woodruff, G. (1978). Does the chimpanzee have a theory of mind? *Behavioral and*

Brain Sciences, 1: 515-526.

Richman, K. A. & Ridshahri, R. (2017). Autism, theory of mind, and the reactive attitudes. *Bioethics*, 32: 43-49.

Rizzolatti, G. & Arbib, M. A. (1998). Language within our grasp. *Trends in Neurosciences*, 21: 188-194.

Ruffman, T., Slade, L. & Crowe, E. (2002). The relation between children's and mothers' mental state language and theory-of-mind understanding. *Child Development*, 73: 734-751.

Ruffman, T., Slade, L., Rowlandson, K., et al. (2003). How language relates to belief, desire, and emotion understanding. *Cognitive Development*, 18: 139-158.

Shatz, M. & Wilcox, S. (1991). Constraints on the acquisition of English modality. In S. Gelman & J. Byrnes (Eds.), *Perspectives on Language and Thought* (pp. 319-353). Cambridge: Cambridge University Press.

Shatz, M., Billman, D. & Yaniv, I. (1986). *Early Occurrences of English Auxiliaries in Children's Speech* (Unpublished manuscript). *Ann Arbor: University of MichAigan.*

Shatz, M., Grimm, H., Wilcox, S., et al. (1990). *Modal Expressions in German and American Mother-Child Conversations: Implications for Input Theories of Language Acquisition* (Unpublished manuscript). *University of Michigan, Ann Arbor.*

Slaughter, V. (2015). Theory of mind in infants and young children: A review. *Australian Psychologist*, 50: 169-172.

Slaughter, V., Peterson, C. C. & Mackintosh, E. (2007). Mind what mother says: Narrative input and theory of mind in typical children and those on the autism spectrum. *Child Development*, 78: 839-858.

Smoczyńska, M. (1993). The acquisition of Polish modal verbs. In N. Dittmar & A. Reich (Eds.), *Modality in Language Acquisition* (pp.145-170). Berlin/New York: Mouton de Gruyter.

Stephany, U. (1986). Modality. In P. Fletcher & M. Garman (Eds.), *Language Acquisition* (pp. 375-400). Cambridge: Cambridge University Press.

Stephany, U. (1993). Modality in first language acquisition: The state of the art. In N. Dittmar & A. Reich (Eds.), *Modality in Language Acquisition* (pp. 133-144). Berlin: Mouton de Gruyter.

Sweetser, E. (1990). *From Etymology to Pragmatics: Metaphorical and Cultural Aspects of Semantic Structure*. Cambridge: Cambridge University Press.

Takada, A. (2011). Preverbal infant–caregiver interaction. In A. Duranti, E. Ochs & B. B. Schieffelin (Eds.), *The Handbook of Language Socialization* (pp. 56-80). Hoboken: Wiley-Blackwell.

Tardif, T. & Wellman, H. M. (2000). Acquisition of mental state language in Mandarin- and Cantonese-Speaking children. *Developmental Psychology*, 36: 25-43.

Tardif, T., Gelman, S. A. & Xu, F. (1999). Putting the "noun bias" in context: A comparision of English and Mandarin. *Child Development*, 70: 620-635.

Taumoepeau, M. & Ruffman, T. (2008). Stepping stones to others' minds: Maternal talk relates to child mental state language and emotion understanding at 15, 24 and 33 months. *Child Development*, 79: 284-302.

Tomasello, M. (2003). *Constructing a Language: A Usage-based Theory of Language Acquisition*. Cambridge: Harvard University Press.

Torr, J. (1998). The development of modality in the pre-school years: Language as a vehicle for understanding possibilities and obligations in everyday life. *Functions of Language,* 5: 157-178.

Tsang, C-L. (1981). *A Semantic Study of Modal Auxiliary Verbs in Chinese* (Unpublished doctoral dissertation). Stanford University, Palo Alto.

Watson, A. C., Painter, K. M. & Bornstein, M. (2001). Longitudinal relations between 2-year-old language and 4-year-old theory of mind. *Journal of Cognition and Development*, 4: 449-457.

Wellman, H. M. (2002). *Understanding the Psychological World: Developing a Theory of Mind*. Hoboken: Wiley-Blackwell.

Wellman, H. M. (2014). *Making Minds: How Theory of Mind Develops*. New York: Oxford University Press.

Wellman, H. M. (2016). The development of theory of mind: Historical reflections. *Child Development Perspective*, 11: 207-214.

Wellman, H. M. (2017). The development of theory of mind: Historical reflections. *Child Development Perspectives*, 11: 207-214.

Wellman, H. M. & Liu, D. (2004). Scaling of theory of mind tasks. *Child Development*, 75: 523-541.

Wellman, H. M., Fang, F. X., Liu, D., et al. (2006). Scaling of theory-of-mind understanding in Chinese children. *Psychological Science*, 17: 1075-1081.

Wells, G. (1979). Learning and using the auxiliary verb in English. In V. Lee (Ed.), *Cognitive Development: Language and Thinking from Birth to Adolescence* (pp. 250-270). London: Croom Helm.

Wells, G. (1985). *Language Development in the Preschool Years*. Cambridge: Cambridge University Press.

Woolfe, T., Want, S. C. & Siegal, M. (2002). Signposts to development: Theory of mind in deaf children. *Child Development*, 73: 768-778.

附　　录

汉语儿童语料中含不确定性表达的语句

认识情态动词"能"

序号	文件名	例句
1	File "cs48fa10.cha"	*CHI: 能.
2	File "cs48mb13.cha"	*CHI: 这个（这个）能 摆 上.
3	File "cs54ma03.cha"	*CHI: 也 能 搭 这样子 搭 吗？
4	File "cs54ma03.cha"	*CHI: 你 看 也 能 吗？
5	File "cs60mb11.cha"	*CHI: 我 看 这 是 不 是 能 摆 进去.

认识情态动词"要"

序号	文件名	例句
1	File "cs20b.cha"	*CHI: 它 要 吃 小 白兔 了.
2	File "cs32d.cha"	*CHI: 要 倒.
3	File "cs32d.cha"	*CHI: 要 倒 呀.
4	File "cs32d.cha"	*CHI: 要 倒 呀.
5	File "cs32e.cha"	*CHI: 要 便秘 了.
6	File "cs36mb12.cha"	*CHI: 我 也 要 搭 好 了.
7	File "cs42fb17.cha"	*CHI: 你 要 画 大眼睛 哎.
8	File "cs42fb19.cha"	*CHI: 那 我 要 涂 颜色 了.
9	File "cs42fb19.cha"	*CHI: 我 要 涂 颜色 呢.
10	File "cs42fb19.cha"	*CHI: 我 要 涂 黄 颜色.
11	File "cs42fb19.cha"	*CHI: 我 要 换.
12	File "cs42fb19.cha"	*CHI: 我 要 换 黄 颜色 了.

续表

序号	文件名	例句
13	File "cs42mb12.cha"	*CHI: 它 就 要 吃 了.
14	File"cs42mb15.cha"	*CHI: 你 要 画 大 眼睛 哎.
15	File "cs48fb18.cha"	*CHI: 我 要 来 了.
16	File "cs48fb18.cha"	*CHI: 我 要 出 水 了.
17	File "cs48fb18.cha"	*CHI: 我 要 出 水 了.
18	File "cs48fb18.cha"	*CHI: 我 要 出 水 了.
19	File "cs48fb18.cha"	*CHI: 要 掉 下来 了.
20	File "cs48mb15.cha"	*CHI: 困了 要 睡觉 了.
21	File "cs48mb15.cha"	*CHI: 要 睡觉 了.
22	File "cs54fa07.cha"	*CHI: 快 要 拼 成功 了.
23	File "cs54fb17.cha"	*CHI: 要 +...
24	File "cs54fb19.cha"	*CHI: 我 要 把 它 拿走 了.
25	File "cs54fb20.cha"	*CHI: 眼睛 它 要 闭 起来.
26	File "cs54mb11.cha"	*CHI: 我 要 变好 了.
27	File "cs54mb14.cha"	*CHI: 我 要 睡觉 啦!
28	File "cs54mb14.cha"	*CHI: 现在 我 要 开始 拼 了.
29	File "cs60fa07.cha"	*CHI: 下面 我 要 画 山顶 了.
30	File "cs60fa07.cha"	*CHI: 我 过会儿 还 要 涂 颜色 呢.
31	File "cs60ma01.cha"	*CHI: 要 变形.
32	File "cs60ma04.cha"	*CHI: 这个 也 要 熟 了.
33	File "cs60ma05.cha"	*CHI: 我(我) 要 让 人家 出来 了.
34	File "cs60ma05.cha"	*CHI: 我 的 草 都 快 要.
35	File "cs60mb11.cha"	*CHI: 我 要 快 搭 好 了.
36	File "cs66fa10.cha"	*CHI: 要 搭 脚 了.
37	File "cs66ma03.cha"	*CHI: 妈 要是 我 这个 能 完成 的 话 我 也 要 变成 研究生 了.
38	File "cs72mb11.cha"	*CHI: 它 要 飞 了.

认识情态动词"会"

序号	文件名	例句
1	File "cs32b.cha"	*CHI: 会.
2	File "cs32b.cha"	*CHI: 会.
3	File "cs32d.cha"	*CHI: 不 会 呀.
4	File "cs32h.cha"	*CHI: 这边 不 会 淋雨.
5	File "cs36ma10.cha"	*CHI: 会 掉 的.
6	File "cs36mb11.cha"	*CHI: 会 开.
7	File "cs42fa06.cha"	*CHI: 太阳公公 会 不 会 掉到 水 里 去?
8	File "cs42fa07.cha"	*CHI: 晚上 吃了 糖 会 坏牙.
9	File "cs42fb17.cha"	*CHI: 妈妈 它 会.
10	File "cs42fb17.cha"	*CHI: 妈妈 等 它 会.
11	File "cs42fb17.cha"	*CHI: 它(它) 会 露(露) 到 外面(外面) 的.
12	File "cs42fb18.cha"	*CHI: 它 老 会 掉.
13	File "cs42fb19.cha"	*CHI: 怎么 会 是 这么 ××× 啊?
14	File "cs42ma05.cha"	*CHI: 它 就 会.
15	File "cs42ma05.cha"	*CHI: 就 会 一 发 炮弹.
16	File "cs42mb15.cha"	*CHI: 它 会 露 到 外头 来 的.
17	File "cs48fa06.cha"	*CHI: 这样 会 掉 下来.
18	File "cs48fb18.cha"	*CHI: 会 摔 下去.
19	File "cs48fb19.cha"	*CHI: 不 会.
20	File "cs54fa07.cha"	*CHI: 下面 太 冷 会 冻 冰块.
21	File "cs54fa09.cha"	*CHI: 会.
22	File "cs54fa09.cha"	*CHI: 我 会.
23	File "cs54fa09.cha"	*CHI: 我 会 找 一 只 天鹅.
24	File "cs54ma01.cha"	*CHI: 跳跳糖 怎么 会 吃了 就 跳?
25	File "cs60fb19.cha"	*CHI: 怎么 会 有 这么 多 腿 呢?
26	File "cs60ma05.cha"	*CHI: 它(它) 才 会 倒.
27	File "cs60ma05.cha"	*CHI: 它 就 会 咚.
28	File "cs60ma05.cha"	*CHI: 然后 过了 一段 时间 它 就 会 热 起来 了.

续表

序号	文件名	例句
29	File "cs60mb15.cha"	*CHI: 怎么 会 没有 出口 呢？
30	File "cs60mb15.cha"	*CHI: 怎么 会 没有 出口 啊？
31	File "cs66ma02.cha"	*CHI: 它 总 会 变成 一 个 鸟 .
32	File "cs66ma02.cha"	*CHI: 怎么 会 一个 爪子 也 动 不 起来 的？
33	File "cs66ma02.cha"	*CHI: 因为 会 把 家里 搞得 稀巴烂 .
34	File "cs72fa08.cha"	*CHI: 会 的 .
35	File "cs72fa10.cha"	*CHI: 星期六 会 发 一 本 书 吧 .
36	File "cs72ma03.cha"	*CHI: 那 怎么 会 有 这个 要 放 电池 的 呢？
37	File "cs72mb11.cha"	*CHI: 会 .
38	File "cs72mb12.cha"	*CHI: 我 会 睡觉 .

认识情态动词"应该"

序号	文件名	例句
1	File "cs42fa09.cha"	*CHI: 应该 有 这个 的 .
2	File "cs48ma03.cha"	*CHI: 十 二 应该 是 +...
3	File "cs54fb19.cha"	*CHI: 应该 讲话 的 .
4	File "cs54fb19.cha"	*CHI: 人 应该 讲话 的 .
5	File "cs54mb14.cha"	*CHI: 那个 应该 比较 好玩 吧 .
6	File "cs54mb15.cha"	*CHI: 应该 这个 破 了 .
7	File "cs60ma05.cha"	*CHI: 应该 行 .
8	File "cs60mb11.cha"	*CHI: 应该 是 放 这儿 的 吧 .
9	File "cs66fa07.cha"	*CHI: 哦 应该 是 这种 的 .
10	File "cs66ma02.cha"	*CHI: 神勇斗士 的 头 应该 在 这 背后 的 .
11	File "cs72fa07.cha"	*CHI: 你 看 应该 是 +...
12	File "cs72fa07.cha"	*CHI: 这边 应该 是 这种 .
13	File "cs72ma02.cha"	*CHI: 不（不）应该 是 玄武湖公园 .

认识情态动词"可能"

序号	文件名	例句
1	File "cs42ma05.cha"	*CHI: 这 可能 不是 帽子 吧 .
2	File "cs48mb11.cha"	*CHI: 可能 是 这个 上面 .
3	File "cs54fb18.cha"	*CHI: 怎么 可能 ?
4	File "cs60fb18.cha"	*CHI: 可能 不圆 吧 ?
5	File "cs60ma04.cha"	*CHI: 可能 是 吧 .
6	File "cs60mb13.cha"	*CHI: 哎 卡布达 它 是 不 可能 断 的 .
7	File "cs60mb14.cha"	*CHI: 这 可能 坏 了 .
8	File "cs66ma05.cha"	*CHI: 不 可能 吧 .
9	File "cs72ma01.cha"	*CHI: 不 可能 吧 .
10	File "cs72ma01.cha"	*CHI: 不可能 吧 .
11	File "cs72ma05.cha"	*CHI: 这 可能 是 个 秃头 .
12	File "cs72mb11.cha"	*CHI: 这个 可能 冷 .
13	File "cs72mb12.cha"	*CHI: 可能 没有 四边形 .

认识情态动词"一定"

序号	文件名	例句
1	File "cs72ma01.cha"	*CHI: 这个 一定 是 卡布达 .

认识情态副词"就"

序号	文件名	例句
1	File "ld26m.cha"	*CHI: 小朋友 就 夸 我 .
2	File "ld26m.cha"	*CHI: 碰 到 奶奶 就 喊 奶奶 好 .
3	File "ld26m.cha"	*CHI: 上 托儿所 就 喊 老师 早 .
4	File "cs32e.cha"	*CHI: 我 站 在 这里 就 接住 了 .
5	File "cs36fb16.cha"	*CHI: 要 不 听话 我 就 不 给 她 吃 下次 .
6	File "cs36ma01.cha"	*CHI: 就 几 号 接球 .

续表

序号	文件名	例句
7	File"cs36ma03.cha"	*CHI: 一 打开 就 变成 这个 了.
8	File"cs36ma03.cha"	*CHI: 你 喜欢 就 说 呀.
9	File"cs36mb14.cha"	*CHI: 一个 圆圈 就 弯 过 了.
10	File "cs42fa07.cha"	*CHI: 就 睡觉.
11	File "cs42fa08.cha"	*CHI: 摆 两 个 就 行 了.
12	File "cs42fa08.cha"	*CHI: 拿 两个 就 行 了.
13	File "cs42fa10.cha"	*CHI: 拿 不 着 就 过去 拿.
14	File"cs42ma01.cha"	*CHI: 放上 就 没有 了.
15	File"cs42ma01.cha"	*CHI: 你 看（你看） 把 这个 拔 下来 就 靠 上去 了.
16	File"cs42ma01.cha"	*CHI: 这样子 拼 就 上 了.
17	File"cs42ma01.cha"	*CHI: 就 上 了 [x 2].
18	File"cs42ma01.cha"	*CHI: 就 变形.
19	File"cs42ma01.cha"	*CHI: 在 地上 打 就 行 了.
20	File"cs42ma01.cha"	*CHI: 把 它 打 乱 了 再 拼 起来 就 行 了.
21	File"cs42ma01.cha"	*CHI: 我 自己 拿 钱 给 它 就 够 买 了.
22	File "cs42ma01.cha"	*CHI: 不要 的 就 给 我 买.
23	File "cs42ma01.cha"	*CHI: 不 应该 的 就 给 我 买.
24	File "cs42ma01.cha"	*CHI: 不 贵 的 就 给 我 买.
25	File "cs42ma01.cha"	*CHI: 这个 样子 就 行 了.
26	File "cs42ma01.cha"	*CHI: 没 (.) 给 两个 钱 给 他 就 行 了.
27	File "cs42ma01.cha"	*CHI: 给 阿姨 就 行 了.
28	File "cs42ma01.cha"	*CHI: 如果 还有 钱 我 就 放 小罐罐 里面 拿 来 买 书 呀.
29	File "cs42ma05.cha"	*CHI: 手 一 松 就 这么 一响.
30	File "cs42ma05.cha"	*CHI: 它 就 会.
31	File "cs42ma05.cha"	*CHI: 就 会 一 发 炮弹.
32	File "cs42ma05.cha"	*CHI: 子弹 就 露出 火 来.
33	File "cs42mb14.cha"	*CHI: 圈住 里面 就 有 水 了.
34	File "cs42mb14.cha"	*CHI: 不 圈住 就 干掉 了.
35	File "cs48fa08.cha"	*CHI: 那 我们 就 搭 小鸟 啊行 ?

续表

序号	文件名	例句
36	File "cs48fb16.cha"	*CHI: 把 这些 东西 都 搞 出来 就 好 了.
37	File "cs48fb18.cha"	*CHI: 这样 就 不 摔 下来.
38	File "cs48fb20.cha"	*CHI: 没有 就 用 这个.
39	File "cs48ma02.cha"	*CHI: 要 画 就 画 坏 的.
40	File "cs48ma02.cha"	*CHI: 全 坏 就 黑色 了.
41	File "cs48mb13.cha"	*CHI: 对 那 你 就 画 细细长长的 腿.
42	File "cs48mb15.cha"	*CHI: 面条 一咬 就 咬断 了.
43	File "cs54fa09.cha"	*CHI: 我 想 不 起来 鱼 就 画 小火车 吧.
44	File "cs54ma01.cha"	*CHI: 跳跳糖 怎么 会 吃 了 就 跳?
45	File "cs54ma02.cha"	*CHI: 一 翻 他 就 皱 过去 了.
46	File "cs54mb15.cha"	*CHI: 他们 跌伤 了 就 不能 再 跳 了.
47	File "cs54mb15.cha"	*CHI: 吃 了 跳跳糖 就 蹦 跳 蹦 跳.
48	File "cs60fa06.cha"	*CHI: 他 反 过来 就 会 变形.
49	File "cs60fa06.cha"	*CHI: 他 的 脚 就 反 过 来 变形.
50	File "cs60fa08.cha"	*CHI: 就 从 桌子 上面.
51	File "cs60ma04.cha"	*CHI: 那 就 拿 绿的 吧.
52	File "cs60ma05.cha"	*CHI: 三 次 行 的 话 那 就 行 了?
53	File "cs60ma05.cha"	*CHI: 五 次 要 行 的 话 就.
54	File "cs60ma05.cha"	*CHI: 汽车 我 就 不 会 搭 了.
55	File "cs60ma05.cha"	*CHI: 它 就 会 咚.
56	File "cs60ma05.cha"	*CHI: 它 就 倒.
57	File "cs60ma05.cha"	*CHI: 毛 一重 就 全 包 起来.
58	File "cs60ma05.cha"	*CHI: 然后 过 了 一段 时间 它 就 会 热 起来 了.
59	File "cs60mb11.cha"	*CHI: 连 起来 就 砸 不 碎 了.
60	File "cs60mb11.cha"	*CHI: 再 吵 就 把 你们 送 到 医院 去.
61	File "cs60mb12.cha"	*CHI: 月亮 涂 上 就 好 了.
62	File "cs66ma02.cha"	*CHI: 图上 这个 就 不 好看.
63	File "cs66ma02.cha"	*CHI: 如果 再 一 回来 的 话 就 把 家里 搞 得 ×××了.
64	File "cs66ma03.cha"	*CHI: 为什么 我 弄 一 个 你 就 拿 一 个?

续表

序号	文件名	例句
65	File "cs66ma03.cha"	*CHI: 我最喜欢玩的没玩那就完蛋了．
66	File "cs66ma03.cha"	*CHI: 你不抱的住你就输了．
67	File "cs66ma03.cha"	*CHI: 只要我一扔就行了对吧？
68	File "cs66ma03.cha"	*CHI: 吃了跳跳糖想停下来就停不下来了．
69	File "cs66ma05.cha"	*CHI: 我再画一个东西你就知道了．
70	File "cs66ma05.cha"	*CHI: 再画一个你就知道了．
71	File "cs66mb12.cha"	*CHI: 因为爸爸妈妈一走他就不听话了．
72	File "cs66mb14.cha"	*CHI: 把箱子打开看一下就知道了．
73	File "cs72fa06.cha"	*CHI: 就简单了．
74	File "cs72fa06.cha"	*CHI: 把膀子改一下就行了．
75	File "cs72fa06.cha"	*CHI: 没那个颜色我就用这个．
76	File "cs72fa08.cha"	*CHI: 就把巫婆打得稀巴烂．
77	File "cs72fa09.cha"	*CHI: 要不然球就掉了．
78	File "cs72fa09.cha"	*CHI: 只要这个头翘下去就算我赢了．
79	File "cs72fa09.cha"	*CHI: 我说等一等就等一等．
80	File "cs72fa09.cha"	*CHI: 又吃了跳跳糖就跳起来了．
81	File "cs72fa10.cha"	*CHI: 皮皮鼠吃跳跳糖他就跳起来．
82	File "cs72fa10.cha"	*CHI: 要再吵的话就把你．
83	File "cs72fa10.cha"	*CHI: 哼就不送你到医院去了．
84	File "cs72fa10.cha"	*CHI: 一听到爸爸妈妈的声音就滚下来．
85	File "cs72ma01.cha"	*CHI: 他说通上电极棒这个就变成电极棒．
86	File "cs72ma01.cha"	*CHI: 通上电极棒他这个就变成电极棒．
87	File "cs72ma01.cha"	*CHI: 他说通上电极棒他这个就会变电极棒．
88	File "cs72ma02.cha"	*CHI: 如果皮球大就好拍．
89	File "cs72ma02.cha"	*CHI: 小就没法瞄准．
90	File "cs72ma03.cha"	*CHI: 那我就画直的啊？
91	File "cs72mb13.cha"	*CHI: 我不用看说明书就知道了．
92	File "cs72mb14.cha"	*CHI: 你等一下就好．
93	File "cs72mb15.cha"	*CHI: "轰"一下就掉出来了．

续表

序号	文件名	例句
94	File "cs72mb15.cha"	*CHI: "咚" 一 下 就 出来 了.
95	File "cs72mb15.cha"	*CHI: 再 打开 它 就 可以 出来 一 个 大头.
96	File "cs72mb15.cha"	*CHI: 就 变成 一 个 狼.
97	File "cs72mb15.cha"	*CHI: 然后 这边 一 打开 头 就 +...

认识心理动词"想"

序号	文件名	例句
1	File "cs48fb17.cha"	*CHI: 我 想 我 的 尾巴 这样 的.
2	File "cs54mb14.cha"	*CHI: 我 想 玩具 好玩.
3	File "cs72ma02.cha"	*CHI: 我 想 腿 又 画 细 了.

认识心理动词"猜"

序号	文件名	例句
1	File "cs60fa06.cha"	*CHI: 你 猜 第一 朵 花 是 黄色 的?
2	File "cs66fb20.cha"	*CHI: 猜 不 到.
3	File "cs72ma03.cha"	*CHI: 你 猜 是 什么 东西 啊?

认识心理动词"知道"

序号	文件名	例句
1	File "cs32b.cha"	*CHI: 这 我 也 不 知道.
2	File "cs32c.cha"	*CHI: 什么 什么 都 不 知道.
3	File "cs32c.cha"	*CHI: 不 知道.
4	File "cs32e.cha"	*CHI: 这 不 知道.
5	File "cs36fa06.cha"	*CHI: 不 知道 哎.
6	File "cs36fa06.cha"	*CHI: 我 不 知道 了.
7	File "cs36fa06.cha"	*CHI: 我 不 知道.

续表

序号	文件名	例句
8	File "cs36fa06.cha"	*CHI: 这个 白 的 我 不 知道 像 什么.
9	File "cs36fa06.cha"	*CHI: 我 不 知道 了.
10	File "cs36fa06.cha"	*CHI: 妈妈 我 不 知道.
11	File "cs36fa06.cha"	*CHI: 不 知道 哎.
12	File "cs36fa06.cha"	*CHI: 不 知道 哎.
13	File "cs36fb20.cha"	*CHI: 不 知道.
14	File "cs36fb18.cha"	*CHI: 知道 了.
15	File "cs36ma03.cha"	*CHI: 这个 我 不 知道.
16	File "cs36ma04.cha"	*CHI: 不 知道.
17	File "cs36ma04.cha"	*CHI: 我 不 知道.
18	File "cs36mb11.cha"	*CHI: 我 也 不 知道.
19	File "cs36mb11.cha"	*CHI: 不 知道.
20	File "cs36mb13.cha"	*CHI: 我 不 知道.
21	File "cs36mb15.cha"	*CHI: 不 知道.
22	File "cs36mb15.cha"	*CHI: 嗯 不 知道.
23	File "cs42fa07.cha"	*CHI: 我 知道.
24	File "cs42fb19.cha"	*CHI: 四边形 不 知道.
25	File "cs42fb20.cha"	*CHI: 不 知道.
26	File "cs42fb17.cha"	*CHI: 知道.
27	File "cs42fb18.cha"	*CHI: 我 知道 了.
28	File "cs42fb18.cha"	*CHI: 知道 了.
29	File "cs42ma01.cha"	*CHI: 不 知道.
30	File "cs42ma05.cha"	*CHI: 不 知道.
31	File "cs42mb14.cha"	*CHI: 不 知道.
32	File "cs42mb12.cha"	*CHI: 知道 了.
33	File "cs42mb15.cha"	*CHI: 知道.
34	File "cs48fa07.cha"	*CHI: 我 不 知道.
35	File "cs48fa08.cha"	*CHI: 我 不 知道.
36	File "cs48fa06.cha"	*CHI: 我 知道 了.

续表

序号	文件名	例句
37	File "cs48fa06.cha"	*CHI: 我 知道.
38	File "cs48fa09.cha"	*CHI: 我 知道 的 这 一 个.
39	File "cs48fb18.cha"	*CHI: 我 不 知道.
40	File "cs48fb20.cha"	*CHI: 我 也 不 知道.
41	File "cs48fb20.cha"	*CHI: 我 不 知道.
42	File "cs48fb20.cha"	*CHI: 不 知道.
43	File "cs48fb20.cha"	*CHI: 不 知道.
44	File "cs48fb17.cha"	*CHI: 我 知道 啦!
45	File "cs48fb18.cha"	*CHI: 知道 了.
46	File "cs48ma03.cha"	*CHI: 没人 知道.
47	File "cs48ma02.cha"	*CHI: 知道 画 香蕉.
48	File "cs48mb11.cha"	*CHI: 我 不 知道.
49	File "cs48mb11.cha"	*CHI: 不 知道 怎么 玩?
50	File "cs48mb11.cha"	*CHI: 我 不 知道.
51	File "cs48mb11.cha"	*CHI: 不 知道.
52	File "cs48mb13.cha"	*CHI: 是 不 知道.
53	File "cs48mb13.cha"	*CHI: 这个 我 不 知道.
54	File "cs48mb13.cha"	*CHI: 不 知道.
55	File "cs48mb15.cha"	*CHI: 不 知道.
56	File "cs48mb13.cha"	*CHI: 我 知道 了.
57	File "cs48mb13.cha"	*CHI: 你 知道 吗?
58	File "cs54fa08.cha"	*CHI: 我 知道 了 有 四 个.
59	File "cs54fb19.cha"	*CHI: 我 想 知道.
60	File "cs54fb18.cha"	*CHI: 你 怎么 知道?
61	File "cs54ma02.cha"	*CHI: 不 知道.
62	File "cs54ma06.cha"	*CHI: 我 也 不 知道.
63	File "cs54ma03.cha"	*CHI: 我 知道 了.
64	File "cs54ma04.cha"	*CHI: 我 知道.
65	File "cs54ma03.cha"	*CHI: 你 怎么 知道?

续表

序号	文件名	例句
66	File "cs54mb14.cha"	*CHI: 不 知道 .
67	File "cs54mb15.cha"	*CHI: 不 知道 .
68	File "cs60fa07.cha"	*CHI: 不 知道 .
69	File "cs60fa07.cha"	*CHI: 我 还 不 知道 呢 !
70	File "cs60fa09.cha"	*CHI: 嗯 不 知道 .
71	File "cs60fa10.cha"	*CHI: 不 知道 .
72	File "cs60fa10.cha"	*CHI: 不 知道 .
73	File "cs60fa10.cha"	*CHI: 你 不 知道 吗 ?
74	File "cs60fb20.cha"	*CHI: 我 不 知道 .
75	File "cs60fa06.cha"	*CHI: 我 知道 .
76	File "cs60fa09.cha"	*CHI: 我 知道 了 .
77	File "cs60ma05.cha"	*CHI: 不 知道 .
78	File "cs60ma05.cha"	*CHI: 不 知道 .
79	File "cs60ma05.cha"	*CHI: 不 知道 什么 机器人 .
80	File "cs60ma01.cha"	*CHI: 我 知道 了 .
81	File "cs60ma03.cha"	*CHI: 知道 了 .
82	File "cs60ma04.cha"	*CHI: 我 知道 在 后背 这儿 .
83	File "cs60mb15.cha"	*CHI: 第一 个 不 知道 .
84	File "cs60mb15.cha"	*CHI: 不 知道 .
85	File "cs60mb15.cha"	*CHI: 不 知道 .
86	File "cs60mb13.cha"	*CHI: 知道 .
87	File "cs60mb13.cha"	*CHI: 知道 了 .
88	File "cs66fa06.cha"	*CHI: 不 知道 .
89	File "cs66fa07.cha"	*CHI: 哦 知道 了 .
90	File "cs66fa07.cha"	*CHI: 哦 我 知道 了 .
91	File "cs66fa07.cha"	*CHI: 我 知道 .
92	File "cs66fa07.cha"	*CHI: 我 知道 你 这 是 怎么 画 的 .
93	File "cs66fa09.cha"	*CHI: 我 知道 .
94	File "cs66fb18.cha"	*CHI: 我 知道 .

续表

序号	文件名	例句
95	File "cs66ma03.cha"	*CHI: 我 不 知道 啊 .
96	File "cs66ma01.cha"	*CHI: 蟑螂恶霸 我 知道 .
97	File "cs66ma02.cha"	*CHI: 呃 我 知道 了 .
98	File "cs66ma02.cha"	*CHI: 你 知道 它 有 这个 东西 .
99	File "cs66ma04.cha"	*CHI: 我 知道 圆的 怎么 拼 了 .
100	File "cs66ma05.cha"	*CHI: 这个 我 知道 .
101	File "cs66ma05.cha"	*CHI: 我 再 画 一 个 东西 你 就 知道 了 .
102	File "cs66ma05.cha"	*CHI: 再 画 一 个 你 就 知道 了 .
103	File "cs66ma02.cha"	*CHI: 可以 变成 啊 我 不 知道 .
104	File "cs66ma03.cha"	*CHI: 你 知道 它 为什么 所以 是 两 个 爪子 ?
105	File "cs66mb11.cha"	*CHI: 不 知道 .
106	File "cs66mb11.cha"	*CHI: 我 知道 了 !
107	File "cs66mb13.cha"	*CHI: 知道 .
108	File "cs66mb13.cha"	*CHI: 知道 .
109	File "cs66mb13.cha"	*CHI: 知道 .
110	File "cs66mb13.cha"	*CHI: 我 知道 是 这样子 搞 的 .
111	File "cs66mb13.cha"	*CHI: 我 知道 .
112	File "cs66mb13.cha"	*CHI: 我 知道 怎么 拼 了 .
113	File "cs66mb14.cha"	*CHI: 把 箱子 打开 看 一下 就 知道 了 .
114	File "cs66mb14.cha"	*CHI: 知道 了 .
115	File "cs72fa07.cha"	*CHI: 啊 我 知道 .
116	File "cs72fa08.cha"	*CHI: 我 知道 .
117	File "cs72fa08.cha"	*CHI: 我 知道 又 没 巫婆 .
118	File "cs72fa09.cha"	*CHI: 我 知道 .
119	File "cs72fb16.cha"	*CHI: 我 知道 是 我 最 喜欢 最喜欢 的 玩具 .
120	File "cs72ma02.cha"	*CHI: 没有 人 知道 × × × .
121	File "cs72ma05.cha"	*CHI: 不 知道 .
122	File "cs72ma05.cha"	*CHI: 不 知道 .
123	File "cs72ma05.cha"	*CHI: 这 不 知道 .

续表

序号	文件名	例句
124	File "cs72ma05.cha"	*CHI: 我 知道 .
125	File "cs72ma05.cha"	*CHI: 我 知道 黄 颜色 怎么 说 .
126	File "cs72mb13.cha"	*CHI: 我 不用 看 说明书 就 知道 了 .
127	File "cs72mb15.cha"	*CHI: 我 知道 光明奶 是 这样子 拼 的 .
128	File "cs72mb15.cha"	*CHI: 现在 不 知道 怎么 回事 .
129	File "cs72mb15.cha"	*CHI: 知道 不 知道 ?